普通高等教育新形态教材

公司战略
与风险管理

主 编
邱 婕 黄 翀

副主编
赵川云 李思元 王 琴 周文露

GONGSI ZHANLUE
YU FENGXIAN GUANLI

清华大学出版社
北 京

内 容 简 介

全书共九章。第一章介绍公司战略与风险管理的基本概念，以及企业使命与目标。第二、三章为"战略分析"的内容，主要包括企业外部环境分析、企业内部环境分析。第四至六章为"战略选择"的内容，主要包括总体战略、业务单位战略、职能战略的制定与选择。第七章为"战略实施"的内容，主要包括战略实施要点，领导、组织和文化，战略评价与控制。第八、九章为公司治理与企业风险管理，主要包括公司治理理论与机制、影响企业实现其战略目标的风险种类、风险管理技术方法、风险管理基本流程及风险管理体系。

本书按照战略管理过程组织内容，追求教材结构与战略管理过程的一致性。各章内容主要包括学习要点及目标、引导案例、教学内容、本章小结、课后自测。正文内配有一定数量的视野拓展、案例、补充阅读等栏目。本书提供多媒体课件、习题参考答案、模拟试卷等资料，可扫描书中二维码获取。

本书可作为经济管理类专业本科生的教材，以及企业管理人员的培训教材和自学参考书。

图书在版编目(CIP)数据

公司战略与风险管理 / 邱婕，黄翀主编. --北京：清华大学出版社，2024.6. --(普通高等教育新形态教材). --ISBN 978-7-302-66430-7

Ⅰ. F276.6

中国国家版本馆 CIP 数据核字第 2024Y820D3 号

责任编辑：贺　岩
封面设计：汉风唐韵
责任校对：宋玉莲
责任印制：刘　菲

出版发行：清华大学出版社
网　　址：https://www.tup.com.cn，https://www.wqxuetang.com
地　　址：北京清华大学学研大厦 A 座　　　　邮　编：100084
社 总 机：010-83470000　　　　　　　　　邮　购：010-62786544
投稿与读者服务：010-62776969，c-service@tup.tsinghua.edu.cn
质量反馈：010-62772015，zhiliang@tup.tsinghua.edu.cn
印 装 者：三河市少明印务有限公司
经　　销：全国新华书店
开　　本：185mm×260mm　　　印　张：13.5　　　字　数：320 千字
版　　次：2024 年 7 月第 1 版　　　印　次：2024 年 7 月第 1 次印刷
定　　价：45.00 元

产品编号：104908-01

前　言

"公司战略与风险管理"是管理类专业的专业基础课，是高等院校财会类专业的核心课程，是一门系统研究企业战略及战略管理全过程、风险与风险管理全过程的基本原理和方法的课程。

外部环境不确定性和不稳定性的增加使战略和风险管理的作用突显，战略与风险管理已成为企业管理人员及即将成为企业管理人员的工商管理类学生的必修课。会计作为业务流、信息流和资金流的重要节点，在企业管理中占有重要地位。为社会培养具有战略和风险意识，懂得战略和风险管理的基本理论、方法和技术的会计人才具有十分重要的作用。目前，各院校纷纷在会计学、财务管理和审计学专业的人才培养计划中增加"公司战略与风险管理"课程。

对管理类专业的高年级学生开设"公司战略与风险管理"课程是为了达到以下四个目的：一是希望通过本课程的学习，使学生深入了解企业经营战略的基本构成和具体知识，掌握企业战略管理活动所涉及的基本内容与工作程序，能从战略层面考虑企业的总体发展；二是希望通过本课程的学习，帮助学生充分融合所学的专业知识、能力，深刻理解管理的内涵，从战略高度看待管理；三是希望通过本课程的学习，帮助学生学会从战略角度规划自己的发展生涯，以利于其在未来的人生发展历程中正确规划就业与创业；四是希望培养学生掌握战略与风险管理的知识和技能，通过对当前社会中的典型案例的学习，培养学生运用战略与风险管理理论，分析我国当前市场经济中不同的公司战略选择、实施途径及风险管理的技能。

为了有效实现上述课程教学目的，本书在广泛参考国内外相关资源的基础上，结合国内外研究成果，编排出了以战略分析、战略选择、战略实施、风险与风险管理四大板块为主体的教材体系。本书从介绍企业战略与战略管理的基本概念出发，遵循战略分析、战略选择、战略实施、战略评价、战略控制、风险分析、风险管理的思路，分析了企业战略管理过程中的各个阶段所涉及的相关问题、理论、技术与方法等方面的知识。本书内容具有以下几方面特色。

（1）结构严谨。本书在编写过程中对所讨论的内容按战略管理过程和风险管理过程进行组织，即依据战略管理活动过程的逻辑关系对各章节做了精心安排,努力使各章节之间实现有机联系,环环相扣,全书体系构成一个和谐的整体,并力求实现教材结构与战略管理过程的一致性。

(2)通俗易懂,实用性强。书中各章配有案例分析、案例延伸阅读材料、复习思考题,以帮助学生和读者更好地学会战略管理的分析方法并灵活运用,从而为解决企业战略管理过程中的一些现实问题提出有效的思路及方案。此外,在组织案例时,力求使案例的内容与教学重点密切联系,并为每一个案例安排了引导性分析。

(3)一体化思维。本书将战略与战略管理同风险与风险管理结合起来,介绍了在企业战略管理的过程中,企业面对的内外部风险,以及如何应对风险、如何构建风险管理体系等内容,帮助企业达成其战略目标。这是现有绝大多数战略管理教材所没有涉及的内容。

(4)融汇课程思政。将习近平新时代中国特色社会主义思想融入教材,注重发挥社会主义核心价值观的引领作用,强化伦理与社会责任意识,融入中国传统战略与风险管理思想内容,体现文化自信和时代担当等理念。

本书在编写过程中主要参阅了全国会计职称考试、注册会计师考试指定用书等教材和其他同类教材、教案及相关文献资料,对此向上述资料的作者表示诚挚的感谢。由于编写时间所限,加之编者水平有限,教材中难免存在错漏和不妥之处,敬请读者批评指正,以便日后补正修订。

编　者

2023 年 11 月 1 日

目　录

第一章　战略与风险管理概述

学习要点

战略的定义、战略层次

战略管理的定义、战略管理过程、权力与企业战略管理的关系

风险的定义、风险的特征

风险管理的定义、风险管理的历史演进

学习目标

本章属于一般重要性章节，主要介绍了公司战略的基本概念和公司战略管理。本章所介绍的概念和原理在其他章节会深入学习，属于统领教材内容的基础框架章。对于本章内容而言，应重点掌握基本概念和思路，以为后续各章节的学习奠定基础。本章主要了解公司战略的定义，掌握公司的使命与目标，了解公司战略的层次和战略管理的内涵和特征，掌握战略管理过程、战略创新管理、战略管理中的权力与利益相关者等内容。

第一节　公司战略概述

一、公司战略的基本概念

"战略"一词主要源于军事，指军事家对战争全局的规划与指挥，或指导重大军事活动的方针、政策与方法。随着生产力水平的不断提高和社会实践内涵的不断丰富，"战略"一词逐渐被人们广泛地运用于军事以外的其他领域，从而给"战略"一词增添了许多新的含义。1962年，美国学者钱德勒（Chandler A. D.）在其《战略与结构》一书中，将战略定义为"确定企业基本长期目标、选择行动途径和为实现这些目标进行资源分配"。这标志着"战略"一词被正式引入企业经营管理领域，由此形成了企业战略的概念。

至今，许多学者和企业高层管理者曾经分别赋予了企业战略不同的含义。对企业战略含义的多种表述可分为传统概念和现代概念两大类，相关概念的含义、特征等，具体信息如表1-1所示。

表 1-1　战略的概念

概　　念	含　　义	特　　征	阐　　释
传统概念	战略是公司为之奋斗的终点与公司为达到它们而寻求的途径的结合物。	计划性	公司战略是一种有意识、有预计、有组织的行动程序，用来解决一个公司如何从现在的状态达到将来预期的问题。战略主要为公司提供发展方向和途径，包括一系列处理某种特定情况的方针政策，属于公司"行动之前的概念"。
		全局性	公司战略是以公司的全局为对象，根据公司总体发展的需要而制定的。它所规定的是公司的总体行动，追求的是公司的总体效果。
		长期性	公司战略既是公司谋取长远发展要求的反映，又是公司对未来较长时期内如何生存和发展的通盘筹划。
现代概念	战略为"一系列或整套的决策或行动方式"，这套方式包括刻意安排的(计划性)战略和任何临时出现的(非计划性)战略。	应变性	由于公司所处的内外部环境是动态多变的，因此要求公司战略既要有一定的稳定性，又要有一定的适应性，即要求公司战略要具有主动适应的能力。
		竞争性	战略是关于公司在激烈的竞争中如何与竞争对手抗衡的行动方案，同时也是针对来自各方面的冲击、压力、威胁和困难，从而迎接这些挑战的行动方案。市场如战场，现代的市场总是与激烈的竞争密切相关，公司制定战略就是为了取得优势地位，战胜对手，保证自己的生存和发展。
		风险性	公司战略的制定为公司的发展明确了方向，便于公司齐心协力地前进，但公司战略是一把"双刃剑"，也隐含着风险。
联系	战略既不是完全深思熟虑的事先计划(常规战略)，也不是纯粹的突发应变(应急战略)，而是两者的组合体。因此，公司既需要有一个正确的战略定位，事先做出缜密的战略计划，又必须顺应内外部环境的变化，不拘泥于原有的战略计划，即时地、有意识地、主动地进行战略调整。		

二、公司的使命与目标

对于波特关于公司战略定义所提出的公司"终点"的概念，有的公司用"使命"或者"目的"，也有的公司用"使命"与"目标"加以层次上的区别。在这里，本书将企业生存、发展、获利等根本性目的作为公司使命的一部分，而将公司目标作为使命的具体化。

（一）公司的使命

公司的使命首先要阐明企业组织的根本性质与存在理由，一般包括三个方面，如表 1-2 所示。

表 1-2　公司使命的三方面内容解读

内　　容	定　　位	点　　睛	具体阐释	举　　例
公司目的	生存目的定位	为谁做	其为公司全体员工树立了一个共同为之奋斗的价值标准，一般包括股东财富和社会责任。	美国赫德森零售公司的公司目的："为我们的股东提供一种有吸引力的财务收益""改进我们经营所在社区的环境"。

内　容	定　位	点　睛	具体阐释	举　例
公司宗旨	经营范围定位	做什么	通常包括公司的产品（服务）、顾客对象、市场和技术等几个方面，其为实现公司目的应进行哪些经营活动指明了方向。	宝洁公司的宗旨："为现在和未来的世世代代，提供优质、超值的品牌日用品和服务。"
经营哲学	文化定位	怎么做	其阐明了公司的经营思想，是公司为其经营活动方式所确立的价值观、基本信念和行为准则，反映了公司处理自身和社会关系的重点和态度。	同仁堂的经营哲学："品味虽贵，必不敢减物力；炮制虽繁，必不敢省人工。"

▶ **1. 公司目的**

公司目的是企业组织的根本性质和存在理由的直接体现。组织按其存在理由可以分为两大类：营利组织和非营利组织。以营利为目的而成立的组织，其首要目的是为其所有者带来经济价值。例如，通过满足客户需求、建立市场份额、降低成本等来增加企业价值。其次要目的是履行社会责任，以保障企业主要经济目标的实现。相反，以非营利为目的成立的组织，其首要目的是提高社会福利、促进政治和社会变革，而不是营利。一般而言，企业是最常见的营利组织，红十字会是最常见的非营利组织。

▶ **2. 公司宗旨**

公司宗旨旨在阐述公司长期的战略意向，其具体内容主要说明公司目前和未来所从事的经营业务范围。美国学者德鲁克认为，提出"公司的业务是什么"也就等价于提出"公司的宗旨是什么"。公司的业务范围应包括企业的产品或服务、顾客对象、市场和技术等几个方面。

公司宗旨反映出企业的定位。定位指企业采取措施适应所处的环境，包括相对于其他企业的市场定位，如生产或销售什么类型的产品或服务给特定的部门，或以什么样的方式满足客户和市场的需求，如何分配内部资源以保持企业的竞争优势等。

▶ **3. 经营哲学**

经营哲学是公司为其经营活动方式所确立的价值观、基本信念和行为准则，是企业文化的高度概括。经营哲学主要通过公司对利益相关者的态度、公司提倡的共同价值观、政策和目标及管理风格等方面体现出来。经营哲学同样影响着公司的经营范围和经营效果。

值得注意的是，尽管公司使命涉及很多内容，但是许多公司关于使命的表述往往不详尽、不全面，只是展示公司主要的战略方向。这在很大程度上是由于在复杂多变环境下，详尽的、全面的使命表述可能会使企业在战略实施过程中比较被动。这是公司战略的现代概念定义中应变性、竞争性和风险性的具体体现。

(二) 公司的目标

公司目标是公司使命的具体化。德鲁克对公司目标做了恰如其分的概括："各项目标必须从'我们的企业是什么，它将会是什么，它应该是什么'引导出来。它们不是一种抽象的概念，而是行动的承诺，借以实现企业的使命；它们也是一种用以衡量工作成绩的标准。换句话说，目标是企业的基本战略。"

▶ 1. 公司目标是一个体系

建立目标体系就是将公司的使命转换成明确具体的业绩标准，从而使得公司的进展有一个可以测度的目标。从整个公司的角度来看，需要建立两种类型的业绩标准：和财务业绩有关的标准以及和战略业绩有关的标准。获取良好的财务业绩和良好的战略业绩要求公司的管理层既建立财务目标体系，又建立战略目标体系。

财务目标体系表明公司必须致力于在下列指标上达到较好的结果：市场占有率、收益增长率、投资回报率、股利增长率、股票价格评价、现金流，以及公司的信任度等。

战略目标体系则不同，它的建立目的在于为公司赢得下列结果：获取足够的市场竞争优势，在产品质量、客户服务或产品革新等方面压倒竞争对手，使整体成本低于竞争对手的成本；提高公司在客户中的声誉，在国际市场上建立更强大的立足点；建立技术上的领导地位，获得持久的竞争力，抓住诱人的成长机会等。战略目标体系的作用是让人密切注意，公司的管理层不但要提高公司的财务业绩，还要提高公司的竞争力量、改善公司长远的业务前景。

财务目标体系和战略目标体系都应该从短期目标和长期目标两个维度体现出来。短期目标体系主要集中精力提高公司的短期经营业绩和经营结果；长期目标体系则主要促使公司的管理者考虑现在应该采取什么行动，才能使公司进入一种可以在相当长的一段时期内良性经营的状态。

▶ 2. 目标体系的建立需要所有管理者的参与

公司中的每一个单元都必须有一个具体的、可测度的业绩目标，各个单元的目标必须与整个公司的目标相匹配。如果整个公司的目标体系分解成了各个组织单元和低层管理者的明确具体的分目标，那么，在整个公司中就会形成一种以结果为导向的氛围。如果公司对内部的所作所为混沌无知，那么，公司将一事无成。最理想的情形是，建立团队工作精神，组织中的每一个单元都奋力完成其职责范围内的任务，从而为公司业绩目标的完成和公司使命的实现作出应有的贡献。

【案例 1.1】

独特的阿里文化

阿里巴巴的企业文化是鲜明的。作为最早成立的互联网公司之一，阿里巴巴自创立伊始就确定了富有激情和梦想的使命、愿景和价值观，并保持着创业者的状态，以应对瞬息万变的互联网行业。

"聚一群有情有义的人，一起快乐地做有意义、有价值的事"一直以来都是阿里巴巴招聘、培训和留住人才的最高宗旨与目标。在 2016 中国年度最佳雇主评选活动中，一个重要的发现是，大多数荣膺最佳雇主的企业，都非常重视企业的文化建设，特别强调员工对企业文化的认同。几乎所有的企业都不否认文化建设对企业发展的重要性，但并不是所有的企业都能将文化建设落到实处，特别是在年轻一代聚集的互联网行业里，如何让有个性的 90 后，甚至 00 后愿意相信、秉承公司文化，是许多互联网企业的难题。阿里的文化特色鲜明，如大众所熟知的"花名"文化，让上下级员工间消除了隔阂，拉近了距离。

阿里巴巴自 1999 年成立之初就确定了公司使命、愿景和价值观，这与同时代的互联网同行相比相对超前。虽然越来越多的公司逐渐认识到使命等理念对企业长期发展的重要性，但阿里巴巴始终强调对自身理念的坚持与实践，这甚至已经成为公司文化的最大特点之一。

使命驱动型企业。阿里巴巴将使命定位于"让天下没有难做的生意"。阿里巴巴集团人力资源部资深总监梁音认为，企业前进的驱动力可以分为三层：位列第一层的企业推崇个人成就感，努力让员工及其团队为自身工作和突出能力感到自豪；第二层的企业受价值驱动，价值可以表现为激发思考、带来快乐等；第三层的企业受使命驱动，它们面向未来，为普罗大众的长久利益寻求解决方案。阿里巴巴对使命的定义与第三层的驱动力更契合。公司将放眼天下，关注如何利用领先技术帮助客户，以向客户不断传递价值作为公司全体员工工作能量的来源。

愿景促进创新。阿里巴巴的三大愿景之一为持续发展至少 102 年，而对于互联网公司而言，难度是可想而知的。在风云骤变的互联网领域，只有持续创新，才能实现长期发展。因此，互联网公司普遍都有去中心化的倾向，通过网状的工作形态给年轻人广阔的发展和创新空间。

拓展阅读 1-1
KA 汽车集团的
使命与战略目标
案例分析

（独特的阿里文化经管之家（原人大经济论坛）https://bbs.pinggu.org/thread-3122500-1-1.html）

三、公司战略的层次

一般将公司战略分为三个层次：总体战略（corporate strategy）、业务单位战略或竞争战略（business or competitive strategy）和职能战略（operational strategy）。图 1-1 概括了企业各层次的战略所涉及的管理层次。

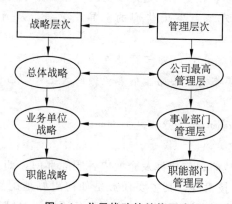

图 1-1 公司战略的结构层次

（一）总体战略

总体战略又称公司层战略，是企业总体的、最高层次的战略。公司战略的侧重点在两个方面。一是从公司全局出发，根据外部环境的变化及企业的内部条件，选择企业所从事的经营范围和领域，即要回答这样的问题：我们的业务是什么？我们应当在什么业务上经营？二是在确定所从事的业务后，要在各事业部门之间进行资源分配，以实现公司整体的战略意图，这也是公司战略实施的关键内容。公司战略的制定者一般应是公司的最高管理者或公司总部，它在决定公司的组织结构、对设定目标进行资源分配和评估业绩等方面发挥着重要作用。公司层战略常常涉及整个企业的财务结构和组织结构等方面的问题。

【案例 1.2】

"我成立 GAP 源于一个非常简单的想法：让人们找到一条合身的牛仔裤变得更容易。直到今天，我们仍然坚守这一信条。"这就是 GAP 品牌创始人唐费舍尔最初的愿望。而这一简单的想法促使他开创了服装零售领域最为成功的品牌之一。今天的 GAP 已经成为一个拥有包括 GAP、GAP 童装、BANANA REPUBLIC、OLD NAVY、PIPERLIME 及 ATHLETA 等品牌在内的服装零售集团。在零售服装专卖这一领域，GAP 无疑是一个非常成功的案例。

(GAP 官网企业介绍)

(二) 业务单位战略

公司的二级战略常常被称作业务单位战略或竞争战略。业务单位战略涉及各业务单位的主管及辅助人员。这些经理人员的主要任务是将公司战略所包括的企业目标、发展方向和措施具体化，形成本业务单位具体的竞争与经营战略。业务单位战略要针对不断变化的外部环境，在各自的经营领域中有效竞争。为了保证企业的竞争优势，各经营单位要有效地控制资源的分配和使用。

对于一家单业务公司来说，总体战略和业务单位战略只有一个，即合二为一；只有对业务多元化的公司来说，总体战略和业务单位战略的区分才有意义。

【案例 1.3】

20 世纪 70 年代，美国的航空业已经比较成熟，利润较高的长途航线基本被瓜分完毕，新进入者很难找到立足的缝隙；短途航线则因单位成本高、利润薄而无人去做。在这种情况下，成立不久的西南航空审时度势，选择了把汽车作为竞争对手的短途运输市场，这一别出心裁的想法实现了与现有航空大佬们的差异化竞争，从而开辟了一个新的巨大的市场。

"我们的对手是公路交通，我们要与行驶在公路上的福特车、克莱斯勒车、丰田车、尼桑车展开价格战。我们要把高速公路上的客流搬到天上来。"西南航空的操刀者赫伯·凯莱赫这样解释道。

(中国会计网 http://www.canet.com.cn/cg/624034.html)

(三) 职能战略

职能战略又称职能层战略，主要涉及企业内各职能部门，如营销、财务、生产、研发 (R&D)、人力资源、信息技术等，其主要任务是如何更好地配置企业内部资源，为各级战略服务，并提高组织效率。各职能部门的主要任务不同，关键变量也不同，即使在同一职能部门中，关键变量的重要性也因经营条件不同而有所变化，因而难以归纳出一般性的职能战略。在职能战略中，协同作用具有非常重要的意义。这种协同作用一方面体现在单个的职能中各种活动的协调性与一致性，另一方面体现在各个不同职能战略和业务流程或活动之间的协调性与一致性。

三个层次的战略都是企业战略管理的重要组成部分，但侧重点和影响的范围有所不同。

第二节　公司战略管理

一、战略管理的概念

企业战略管理一词是由安索夫（Ansoff H. I.）在其 1976 年出版的《从战略规划到战略管理》一书中首先提出来的。1979 年，安索夫又出版了《战略管理论》，他认为，战略管理是将企业的日常业务决策同长期计划决策相结合而形成的一系列经营管理业务。美国学者斯坦纳（Steiner G. A.）在他 1982 年出版的《企业政策与战略》一书中则认为，战略管理是根据企业外部环境和内部条件确定企业目标，保证目标的正确落实，并使企业使命最终得以实现的一个动态过程。此外，一些学者和企业家也对战略管理提出了各自见解。有人认为，战略管理是企业处理自身和环境关系过程中实现其使命的管理过程。还有人提出，战略管理是决定企业长期表现的一系列重大管理决策和行动，包括企业战略的制定、实施、评价和控制。

由此可以将战略管理定义为：为实现企业的使命和战略目标，科学地分析企业的内外部环境与条件，制定战略决策，评估、选择并实施战略方案，控制战略绩效的动态管理过程。

二、战略管理的特点

以往的企业管理将企业的活动分成多种职能，如生产、财务、市场营销等，对不同的职能实行不同的管理，因而出现了企业的"职能管理"一词。对企业进行"职能管理走向对企业进行战略管理"是现代企业管理的一次飞跃。战略管理是对企业最重要、最全面以及最高层次的管理。与传统的职能管理相比，战略管理具有如下特点。

第一，战略管理是企业的综合性管理。战略管理为企业的发展指明基本方向和前进道路，是各项管理活动的精髓。战略管理的对象不仅包括研究开发、生产、人力资源、财务、市场营销等具体职能，还包括统领各项职能战略的竞争战略和公司层战略。战略管理是一项涉及企业所有管理部门、业务单位及所有相关因素的管理活动。

第二，战略管理是企业的高层次管理。战略管理的核心是对企业现在及未来的整体经营活动进行规划和管理，它是一种关系到企业长远生存发展的管理。战略管理追求的不仅是眼前财富的积累，更是企业长期健康稳定的发展和长久的竞争力。与企业的日常管理和职能管理不同，战略管理必须由企业的高层领导来推动和实施。

第三，战略管理是企业的一种动态性管理。战略管理的目的是依据企业内部条件和外部因素制定并实施战略决策和战略方案，以实现战略目标。由于企业的内外部条件和因素总是不断变化，因此，战略管理必须及时了解、研究和应对变化的情况，并对战略进行必要的修正，从而确保战略目标的实现。因此，企业战略管理活动应具有动态性，即为适应企业内外部各种条件和因素的变化进行适当调整或变更。

三、战略管理的过程

战略管理是为一个企业的未来发展方向制定决策和实施这些决策的动态管理过程。一个规范性的、系统性的、全面的战略管理过程由三大主要要素组成，它们分别是战略分析、战略选择、战略实施，这三个要素也构成了本书的主要结构框架。

图 1-2 展示了这些要素，本应以直线形式列出战略管理三个要素的先后顺序关系，即战略分析之后是战略选择，战略选择之后是战略实施，但实际上战略管理各要素之间并不是直线联系的，而是相互关联的。理解战略管理最直接的方式是开始实施战略，同样，对战略分析更深入的理解也是在战略实施的经验基础上建立起来的。本书为了更好地理解战略管理过程和有逻辑性地阐述战略管理的内容，将战略管理过程分成三大部分来讨论，但这并不意味着战略管理过程必须遵循这种整齐划一的方式。

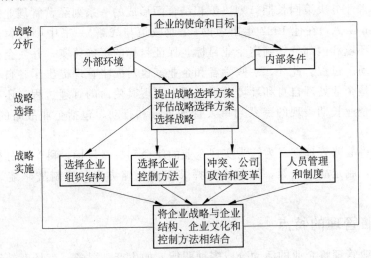

图 1-2　战略管理过程

（一）战略分析

战略分析的主要目的是评价影响企业目前和今后发展的关键因素，并确定在战略选择步骤中的具体影响因素。战略分析需要考虑许多方面的问题，主要是外部环境分析和内部环境分析，具体内容如表 1-3 所示。

表 1-3　战略分析要点

回答的问题	目　的	内　容	阐　述
公司目前状况	评价影响公司目前和今后发展的关键因素，并确定在战略选择步骤中的具体影响因素	外部环境分析	外部环境分析要了解公司所处的环境（宏观环境、产业环境和竞争环境）正在发生哪些变化，这些变化将给公司带来哪些机会和威胁。
		内部环境分析	内部环境分析可以从资源与能力、价值链和业务组合等几个方面展开。内部环境分析要了解公司自身所处的相对地位，公司具有哪些资源及战略能力。波士顿矩阵、通用矩阵、SWOT分析等都是常用的战略分析工具。

战略目标的确定是企业战略管理中至关重要的一步。只有明确了战略目标，企业才能根据实现目标的需要，合理地分配各种资源，正确地安排经营活动的优先顺序和时间表，恰当地指明任务和职责。

（二）战略选择

战略分析阶段明确了"企业目前处于什么位置"，战略选择阶段所要回答的问题是"企业向何处发展"。企业在战略选择阶段要考虑可选择的战略类型和战略选择过程两个方面的问题。

▶ 1. 可选择的战略类型

在公司战略的三个层次上存在着各种不同的战略类型，分别是：总体（公司层）战略，包括发展战略、稳定战略、收缩战略三种基本类型；业务单位（竞争）战略，包括基本竞争战略、中小企业的竞争战略、蓝海战略三类战略；职能（职能层）战略，包括市场营销战略、生产运营战略、研究与开发战略、采购战略、人力资源战略、财务战略等多个职能部门的战略。

▶ 2. 战略选择过程

战略选择过程的实质就是战略决策过程，即对战略进行探索、制定，以及选择。约翰逊和施乐斯（Johnson G. & Scholes K.）在1989年提出了战略选择过程的三个组成部分：制定战略选择方案、评估战略备选方案、选择战略。

首先，制定战略选择方案。在制定战略过程中，可供选择的方案越多越好。根据不同层次管理人员介入战略分析和战略选择工作的程度，可以将战略形成的方法分为三种。

（1）自上而下的方法。即先由企业总部的高层管理人员制定企业的总体战略，然后由下属各部门根据自身的实际情况将企业的总体战略具体化，形成系统的战略方案。

（2）自下而上的方法。在制定战略时，企业最高管理层对下属部门不做具体规定，而要求各部门提交战略方案。企业最高管理层在各部门提交的战略方案基础上，加以协调和平衡，对各部门的战略方案进行必要的修改后加以确认。

（3）上下结合的方法。即企业最高管理层和下属各部门的管理人员共同参与，通过上下级管理人员的沟通和磋商，制定出适宜的战略。

以上三种方法的主要区别在于在战略制定中对集权与分权程度的把握不同。企业可以从对企业整体目标的保障、对中下层管理人员积极性的发挥，以及企业各部门战略方案的协调等多个角度考虑，选择适宜的战略制定方法。

其次，评估战略备选方案。评估备选方案通常使用三个标准。

（1）适宜性标准。考虑选择的战略是否发挥了企业的优势，克服了劣势；是否利用了机会，将威胁削弱到最低程度；是否有助于企业实现目标。

（2）可接受性标准。考虑选择的战略能否被企业利益相关者接受。实际上并不存在最佳的、符合各方利益相关者的统一标准，经理们和利益相关团体的不同价值观和期望在很大程度上影响着战略的选择。

（3）可行性标准。对战略的评估最终要落实到战略收益、风险和可行性分析的财务指标上。

▶ 3. 选择战略

选择战略即最终的战略决策，确定准备实施的战略。如果用多个指标对多个战略方案的评价产生不一致的结果，最终的战略选择可以考虑以下几种方法。

（1）根据企业目标选择战略。企业目标是企业使命的具体体现，因而，选择对实现企业目标最有利的战略方案。

（2）提交上级管理部门审批。对于中下层机构的战略方案来说，提交上级管理部门审批能够使最终选择的方案更加符合企业整体战略目标。

（3）聘请外部专家进行战略选择工作。专家们拥有广博、丰富的经验和知识，能够提供比较客观的意见。

（三）战略实施

企业的战略方案确定后，只有通过具体化的实际活动，才能实现战略及战略目标。一般来说可从三个方面推进一个战略的实施：一是对企业的组织结构进行构建，以使构造出的结构能够适应所采取的战略，为战略实施提供一个有利的组织环境；二是要使领导者的素质及能力与所执行的战略相匹配，即挑选合适的企业高层管理者来贯彻既定的战略方案；三是有效管理和实施战略变革。管理和实施战略变革的方法应因环境而异，管理者需要考虑如何根据其面临的不同情况而在不同的战略变革管理方式中进行平衡。

战略实施要切实做好以下工作。

（1）调整和完善企业的组织结构，使之适合公司战略的定位。

（2）推进企业文化的建设，使企业文化成为实现公司战略目标的驱动力和重要支撑，以及调动企业员工积极性，促进战略实施的保证。

（3）运用财务和非财务手段、方法，监督战略实施进程，及时发现和纠正偏差，确保战略实施达到预定的目标，或者对战略做出适当修改，以利于企业绩效的持续提升。

（4）采用先进技术，尤其是数字化技术，构建新型企业组织，转变经营模式，支持企业数字化转型和数字化战略的实施。

（5）协调好企业战略、组织结构、文化建设和技术创新与变革诸方面的关系。

四、战略创新管理

企业战略创新指企业为了获得可持续竞争优势，根据所处的内外部环境已经发生或预测会发生的变化，结合环境、战略、组织三者之间的动态协调性原则，并涉及企业组织各要素同步支持性变化，对新的创意进行搜索、选择、实施、获取的系统性过程。

（一）创新的重要性

（1）创新是企业适应不断变化的外部环境、确保自身生存发展至关重要的能力。外部环境日新月异的变化给企业带来新的机会和挑战。例如，科学技术的发展推动企业产生新的创意，以满足社会不断增长的新需求；竞争者推出的新产品也可能会构成对企业既有市场地位的重大威胁等。企业只有具备了创新能力，才能在各种动态变化中迅速做出反应，确保企业健康地生存和发展。

（2）创新是企业获得持续竞争优势最主要的来源。尽管诸如企业规模和企业资产等方面的因素也是企业竞争优势的来源，但在当今的竞争格局中，那些能够利用其知识、技能和经验开发出新产品、新服务和新工艺流程的企业更有优势。

（3）持续不断的创新是维持企业竞争优势的根本保障。从创新中获得的优势会随着其他企业的竞相模仿而逐渐消失。模仿创新的企业会及时主动地改变产品或服务、业务流程或基础商业模式，甚至能够获得"后来者居上"的优势。原创企业只有持续不断地创新，才能维持企业在市场上难以被超越的竞争优势。

（二）战略创新的类型

战略创新共有四种类型，即产品创新、流程创新、定位创新和范式创新。

▶ 1. 产品创新

产品创新指组织提供的产品和服务的变化，包括创造某种新产品或对某一新产品或老产品的功能进行改进和创新。

例如，向市场推出一款新设计的轿车，为容易发生事故的婴儿提供新的保险种类，提供安装新的家庭娱乐系统服务等。

▶ 2. 流程创新

流程创新指产品和服务的生产和交付方式的变化，包括操作程序、方式方法和规则体系的创新，其本质是改变业务过程。流程创新的基本方法是对现有的流程进行清理、简化、整合和自动化处理，当然在恰当的时候还需要增加一些流程来实现对整个业务的优化。

例如，生产汽车及家庭娱乐系统的制造方法和设备的变化，保险业务办公手续和任务排序的变化等。

▶ 3. 定位创新

定位创新指产品和服务进入市场的环境的变化，即通过在特定用户情境下重新定位对既有产品和流程的感知来实现的创新。以前企业通过定位打造品牌更多是考虑竞争，一开始呈现出来的就是差异化的业务或运营。而现在企业定位的作用更多是考虑如何让产品和服务更好地适应企业的市场环境。

例如，好想你旗下的枣博士之前的目标客户是企事业单位的团购，后来其对该产品进行重新定位，专注于为25~45岁的白领女性提供日常休闲食品。

▶ 4. 范式创新

范式创新指影响组织业务的潜在思维模式的变化。革除旧有的既定看法和思维模式，以新的视角、新的方法和新的思维模式，形成新的结论或思想观点，进而用于指导新的实践过程。

例如，特斯拉的成功被业界归为是互联网思维的成功，而马斯克的开放专利之举，也正是体现了互联网"自由、平等、开放、分享"的精神。特斯拉开放所有专利的目的就在于让更多的人或企业在一个较低的门槛上就可以投入到世界电动汽车发展和普及的浪潮当中。从开放专利表面上看，是让竞争对手占了便宜，然而此举无形中提高了特斯拉技术的普适性，使得它在未来标准制定中抢占了有利的地位。

上述四种创新类型经常交织在一起，其界限并不十分清晰。例如，一艘喷气式海洋渡轮既有产品创新，也有流程创新。将咖啡和果汁这样的饮料重新定位为高端产品既是定位创新，也是范式创新。

（三）探索战略创新的不同方面

企业在做战略创新决策之前，有必要考虑创新各方面的特点，这些特点有可能影响企业关于创新时机和领域的战略决策。

▶ 1. 创新的新颖程度

创新管理的一个关键问题涉及创新的新颖程度——渐进性或突破性。

（1）渐进性创新是一系列持续、稳步前进的变化过程，使企业能够保持平稳、正常运转。它往往发生在某些时点，影响企业体系当中的某些部分，强调"做得更好"。

（2）突破性创新是全面性的变化过程，使企业整个体系发生改变，强调"颠覆性创新"。

大量企业创新的实践表明，从渐进性创新到突破性创新是一个量变到质变的过程，企业在经历了多次渐进性创新后，往往会实现更高层次的突破性创新。

▶ 2. 创新的基础产品和产品家族

要使持续的创新达到理想的效果，途径之一是借助"基础产品"或"产品家族"这一概念，依托一个稳健的基础产品或可以扩展的产品家族，为创新提供一定范围的延展空间。而基础产品或产品家族通过将技术应用于若干市场，能有效地补偿公司在研发上的高额初始投资。

（1）依托基础产品创新。例如，最初由索尼公司作为可携带的收音机和卡带机研发出来的基础产品概念已经支撑起这个市场上各大生产商的各种产品，并采用了诸如迷你唱片CD、DVD 和后来的 MP3 播放器等技术。

（2）依托产品家族创新。例如，英特尔公司的主要投资在一定程度上都用于产品家族的设计和生产，其处理器家族从低端到高端有一系列不同的产品。

▶ 3. 创新的层面

认识创新机会的重要视角还有创新的层面。有些创新改变了组件层面，有些创新则改变了整个系统架构。成功的创新要求管理者既能掌握和使用关于组件的知识，又能掌握如何将这些组件组合在一起的架构的知识（组件的融合）。

例如，对于飞机制造来说，组件层面上的改变也许包括采用新的金属或者复合材料来制造机翼，或者使用新的电子控制系统来取代控制线或液压装置。但是如果在系统架构层面上对如何连接机翼、控制系统和推动系统等知识不做更新，则组件层面的这些创新可能很难实现。

▶ 4. 创新的时机

创新的机会随着时间的推移而改变。在新的行业，围绕着新产品和服务的概念进行创新大有作为。而更为成熟的行业趋向于关注流程创新和定位创新，寻找成本更低、更快捷地销售产品和服务的方法，或者找到并占有新的细分市场。

阿伯内西和厄特巴克开发了创新生命周期模型，以描述创新模式的三个不同发展阶段，如图 1-3 所示。

全新的技术或市场在出现时，存在一个"流变阶段"。这个阶段有很大的不确定性。没有人知道技术手段和市场需要的"正确"配置是怎样的，因此许多市场参与者（包括大量新创企业）都在进行大量的实验（伴随着许多失败）和快速学习。流变阶段的特征是新旧技术的共存和两者的快速提高。在这一阶段常常可以观察到"帆船效应"，即成熟的技术加快自己的改进速度，以此作为对新的竞争技术的回应。

"过渡阶段"开始融会形成"主导设计"，开始确定游戏的规则，并且侧重点转向模仿和开发，关键特征日益稳定，实验也转向排除缺陷和完善主导设计。在这一阶段，创新的主要活动从根本概念的开发转向关注产品差异化，以及更稳定、更廉价、更高质量和更多样的功能。

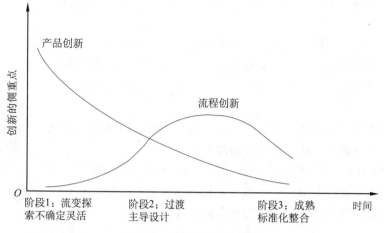

图 1-3 创新生命周期模型

在"成熟阶段"中，渐进性创新变得更加重要，重点也转向价格等因素。这意味着围绕这些产品而成长起来的行业日益将注意力转向合理化、规模经济和流程创新，以此来降低成本，提高生产率。产品创新更多的是通过定制化来满足特定客户的特殊需求。

（四）战略创新的情境

成功的战略创新赖以实现的关键情境包括建立创新型组织和制定创新战略。

创新型组织指创新能力和创新意识较强，能够源源不断进行一系列创新活动的组织。创新型组织的组织要素如下。

（1）共同使命、领导力和创新的意愿。明确阐述共同的使命感；延伸战略目标——"高管层的承诺"。

（2）合适的组织结构。组织设计使得创造力、学习和互动成为可能；关键问题是在"有机的"和"机械的"模式之间找到恰当的平衡。

（3）关键个体。在企业创新活动中，关键人物可以发挥多方面的作用，对项目的结果产生重要影响。发明者、组织发起者、技术把关人员和其他角色赋予创新活力或促进创新。

（4）全员参与创新。大量企业创新的宝贵经验显示，绩效的提高源自日益增加的全员创新。组织的全体成员都是创新活动的积极响应者和参与者。

（5）有效的团队合作。适当地使用团队（在本部门、跨职能和组织间）来解决问题，需要在团队选择和建设上给予投入。

（6）创造性的氛围。氛围被定义为经常性的行为模式、态度和感情，这些都是组织的生活特征。培育创新文化；营造激励创新的环境氛围。

（7）跨越边界。内部和外部的顾客导向；以某种网络系统形式与其他组织——供应链、产业集群、合作学习俱乐部等进行融合。

（五）创新管理的主要过程

从创新的视角来看，一个创新模型是将创意变成现实，并从中获取价值的过程。创新管理一般经历"搜索—选择—实施—获取"四个阶段。

（1）搜索阶段——如何找到创新的机会，主要涉及搜索环境中有关潜在变革的信号。

这些信号可能是新技术的产生，或局部市场新需求的显现，也可能是政府政策或竞争者行为的变化。

（2）选择阶段——要做什么，以及为什么，主要涉及对不同的机会和市场做出选择。创新在本质上是冒险的，即使是实力很强的公司也不能无节制地冒险。基于公司已有的技术领域和能力对不同的机会和市场做出符合公司整体商业战略的选择非常必要。

拓展阅读 1-2
共享单车的创新
之路案例分析

（3）实施阶段——如何实现创新，主要涉及将潜在的想法变成现实，逐渐汇集各种知识，并产生创新的过程。

（4）获取阶段——如何获得利益，创新的最终目的很少局限于个人的兴趣，而是要从中获得一些价值，无论是获得商业上的成功、扩大市场占有率、降低成本，还是作为社会创新改变世界。

五、战略管理中的权力与利益相关者

公司的使命与目标是公司主要的利益相关者权力与利益均衡的结果。因此，权力与利益相关者分析是公司战略分析的重要组成部分。公司战略的制定与实施和各利益相关者的利益与权力的均衡密不可分。利益相关者是对企业产生影响的，或者受企业行为影响的任何团体和个人。利益相关者理论认为，企业各类利益相关者的利益期望、利益冲突、利益均衡及相对权力是问题的关键。

（一）企业主要的利益相关者

企业主要的利益相关者可分为内部利益相关者和外部利益相关者。

▶ **1. 企业内部利益相关者**

（1）向企业投资的利益相关者。包括股东与机构投资者。投资者向企业提供资本，一般不直接经营企业，而是将企业委托给经理人员经营。不论投资者是否直接经营企业，他们都要直接参与企业的利益分配。投资者对企业主要的利益期望就是资本收益，即股息、红利。如果一个企业的投资者不止一方，那么，争得多数股权也是各方股东的利益所在。

（2）经理阶层。一般指对企业经营负责的高、中层管理人员。他们向企业提供管理知识和技能，将各种生产力要素结合成整体。经理阶层对企业的主要利益期望是销售额最大化。

（3）企业员工。企业员工是一个包括企业操作层劳动者、专业技术人员、基层管理人员及职员在内的具有相当厚度的阶层。企业员工对企业的利益期望是多方面的，但从影响企业目标选择的角度看，企业员工主要追求个人收入和职业稳定的极大化。

▶ **2. 企业外部利益相关者**

（1）政府。政府向企业提供许多公共设施及服务，是企业生产经营必不可少的环境条件。政府对企业的期望也是多方面的，其中最直接的利益期望是政府对企业税收的期望。

（2）购买者和供应者。购买者包括消费者和经销商，他们是企业产品或服务的直接承受者，是企业产品实现价值的基本条件。购买者与供应者对企业的期望是在他们各自所处的阶段增加更多的价值。

（3）债权人。债权人与投资者一道，向企业提供资金，但与投资者不同的是，企业以偿付贷款本金和利息的方式给予债权人回报。因此，债权人期望企业有理想的现金流量管理状况，以及较高的偿付贷款和利息的能力。

（4）社会公众。企业是社会经济生活的一部分，它的行为会给社会公众带来各种影响。社会公众期望企业能够承担一系列的社会责任，包括保护自然环境、赞助和支持社会公益事业等。

（二）企业利益相关者的利益矛盾与均衡

企业的发展是企业各种利益实现的根本条件，是企业利益相关者的共同利益所在。但是，由于利益相关者的利益期望不同，他们对企业发展的方向和路径也就有不同的要求，因而会产生利益的矛盾和冲突。这些矛盾与均衡主要表现在以下几方面。

▶ 1. 投资者与经理人员的矛盾与均衡

鲍莫尔提出了"销售最大化"模型，马里斯提出了"增长最大化"模型，威廉姆森提出了"经理效用最大化"模型，也称"管理权限理论"，这些都对传统的利润最大化理论提出了挑战。这些模型被称为"经理型厂商理论"，其共同点是强调经理为了追求个人效用最大化的目标，而有可能背离最大利润原则。

"经理型厂商理论"将经理效用函数纳入企业的目标函数中，用多目标取代利润最大化的单一目标，在一定程度上揭示了股东与经理之间的矛盾，可以解释用简单的利润最大化假说解释不了的企业行为。

▶ 2. 企业员工与企业（股东或经理）之间的利益矛盾与均衡

列昂惕夫（Leontief W.）模型描述了企业员工与企业之间的利益矛盾与均衡。在这个模型中，企业员工代表企业工会决定工资，企业决定就业水平。企业员工追求工资收入最大化和工作稳定（反映在企业就业水平高）；而企业追求利润最大化就要选择最佳就业水平，在工资水平的约束下实现企业利润最大化。那么，企业员工与企业讨价还价的博弈结果将在一条直线上实现均衡，而最终均衡点更偏向于哪一方的利益，要取决于双方讨价还价的实力大小。

▶ 3. 企业利益与社会效益的矛盾与均衡

本书用"社会效益"代表所有企业外部利益相关者的共同利益。企业外部利益相关者对企业的共同期望是企业应承担一系列社会责任。这些社会责任包括保证企业利益相关者的基本利益要求、保护自然环境、赞助和支持社会公益事业。

（三）权力与战略过程

权力指个人或利益相关者能够采取（或者说服其他有关方面采取）某些行动的能力。权力不同于职权，它们主要有以下四点区别。

（1）权力的影响力在各个方面；而职权沿着企业的管理层次方向自上而下。

（2）受制权力的人不一定能够接受这种权力；而职权一般能够被下属接受。

（3）权力来自各个方面；而职权包含在企业指定的职位或功能之内。

（4）权力很难识别和标榜；而职权在企业的组织结构图上很容易确定。

▶ 1. 企业利益相关者的权力来源

（1）对资源的控制与交换的权力

对资源的控制与交换的权力来源于对资源的所有权。能够向企业提供资源的利益相关者显然比其他成员拥有更多的话语权。这种权力的大小取决于他们所提供资源的稀缺程度和企业对这些资源的依赖程度。

（2）在管理层次中的地位

企业管理层次的不同地位使得处在层次高的位置上的人比处于层次低的位置上的人拥有更多的正式权力，这种权力被称为职权。因在管理层次中的地位而获得的权力主要有三个基础：法定权、奖励权和强制权。法定权力指依据在组织中的职位而具有的，它来源于组织的正式规定；奖励权属于法定权的引申，指领导者提供奖金、提薪、晋级、表扬等权力；强制权属于法定权的引申，指领导者对下属具有的强制其服从的权力。奖励权与强制权的区别在于实施者和被实施者之间关系强度的含义不一样。强制权意味着实施者和被实施者之间产生一种敌对关系，而且会减少长期合作的预期；奖励权则更为积极，并能发展为一种长期关系。

（3）个人的素质和影响

个人的素质和影响是一种非正式职权的权力的重要来源。约翰·科特（Kotter J.）提出：成功的管理者需要建立起一些基本权力，尤其是榜样权和专家权，这两者比正式职权、奖励权或强制权更具有持久性。榜样权和专家权是个人素质和影响的重要方面。专家权指由个人的特殊技能或某些专业知识而形成的权力。榜样权指由个人的人格、品德、魅力、表率等而形成的权力。

例如，一位知名的外科医生在医院可以施加相当大的影响力，是因为他虽然没有高于他人的正式职权，但其他人都依赖于他的知识、技能和判断力，这就是专家权。

（4）参与或影响企业的战略决策与实施过程

参与或影响企业战略决策与实施也会形成一定权力。

例如，近年来，新能源汽车制造产业的供应商在不断扩大，且更加复杂化，包括智能软硬件、互联网公司等。为了与这些供应商建立长期的战略合作伙伴关系，提升新能源汽车制造企业整体供应链的灵活性与适应性，这些供应商也逐渐参与或影响新能源汽车制造企业的战略决策与实施过程。

（5）利益相关者集中或联合的程度

利益相关者的权力与他们自身的集中或联合程度有关。紧密团结起来的劳工对雇主而言具有更大的讨价还价能力。

▶ 2. 在战略决策与实施过程中的权力运用

权力本身是战略管理过程中的重要基础，制定战略和有效地实施战略需要权力和影响力。战略家应该是一个有效的政治家。下面介绍的是五种一般的政治性策略，代表了企业各方利益相关者在企业战略决策与实施过程中对权力的应用。

（1）对抗

对抗是坚定行为和不合作行为的组合。企业利益相关者运用这种模式处理矛盾与冲突，目的在于使对方彻底就范，根本不考虑对方的要求，并坚信自己有能力实现所追求的目标。

【案例 1.4】

某企业管理层拟将该公司旗下的两家子公司合并，以实现业务重组，因此，这两家子公司的大部分员工面临工作环境改变，甚至下岗的风险。这些员工联合起来进行了坚决的抗争，致使公司管理层放弃了上述决定。公司员工对待和处理这场冲突的策略是对抗。

（2）和解

和解是不坚定行为与合作行为的组合。一方利益相关者面对利益矛盾与冲突时，设法满足对方的要求，目的在于保持或改进现存的关系。和解模式通常表现为默认和让步。

【案例1.5】

2017年，年仅2岁的男童因宜家马尔姆系列三屉柜倾倒丧命。男童父母次年起诉宜家，指控宜家明知这一系列抽屉柜和衣柜存在倾倒风险，且先前已导致多名儿童受伤，甚至死亡，但是没有提醒消费者这些家具必须用零件固定在墙上才能使用。2019年12月18日，宜家与该家庭达成了协议，宜家向男童父母赔偿4600万美元，以结束长达2年的法律诉讼。宜家采取的策略属于和解。

（3）协作

协作是坚定行为与合作行为的组合。在对待利益矛盾与冲突时，既考虑自身利益的满足，也考虑对方的利益，力图寻求相互利益的最佳结合点，并借助于这种合作，使双方的利益都得到满足。

【案例1.6】

某中外合资企业的合资双方就合资企业管理方式的选择产生了分歧，外资高管提倡采取"自由式"的管理方式，而中资高管提倡使用强权集中的管理方式。后来，合资双方本着坦诚相待、互相尊重、平等合作、互相理解、求同存异的原则，最终就合资企业管理方式取得了一致意见。

（4）折中

折中是中等程度的坚定性和中等程度的合作性行为的组合。通过各方利益相关者之间的讨价还价，相互做出让步，达成双方都能接受的协议。折中模式既可以采取积极的方式，也可以采取消极的方式。前者指对冲突的另一方做出承诺，给予一定的补偿，以求得对方的让步；后者则以威胁、惩罚等要挟对方做出让步。多数场合是双管齐下。

【案例1.7】

亚通网络公司是一家中日合资企业。在日本工作加班加点司空见惯，而且没有报酬。亚通公司经常要求中国员工加班，而且没有报酬，为此引起中国员工的不满。后来，公司管理层与中国员工经过多次谈判，公司管理层愿意考虑员工的需求而尽可能减少加班，同时给予员工适当的加班补助，员工也愿意接受管理层的解决方案，不再坚持每小时50元加班费的诉求。

（5）规避

规避模式是不坚定行为与不合作行为的组合。以时机选择的早晚来区分，这种模式可分为两种情况：一种是当预期将要发生矛盾与冲突时，通过调整来躲避冲突；另一种情况是当矛盾与冲突实际发生时，主动或被动撤出。

第三节 风险概述

一、风险的概念与构成要素

(一) 风险的概念

风险是未来的不确定性对企业实现其经营目标的影响。理解这个定义需要从以下四个方面把握。

(1) 企业风险与企业战略相关。企业风险是影响企业实现战略目标的各种因素和事项，在公司经营中，战略目标不同，企业面临的风险也就不同。

(2) 风险是一系列可能发生的结果，而不能简单地理解为最有可能的结果。由于风险的可能结果不是单一的，而是一系列的，所以，在理解和评估风险时，"范围"这个概念对应了众多的不确定性。

(3) 风险既具有客观性，又具有主观性。风险是事件本身的不确定性，是在一定具体情况下的风险，可以由人的主观判断来选择不同的风险。

(4) 风险往往与机遇并存。大多数人只关注风险不利的一面，如风险带来的竞争失败、经营中断、法律诉讼、商业欺诈、无益开支、资产损失、决策失误等，因而害怕风险。但风险不一定是坏事，在许多情况下，风险孕育着机会，有风险是机会存在的基础，必须学会把握风险可能带来的机遇。

(二) 风险的构成要素

风险由风险因素、风险事件(事故)、损失三个基本要素构成。

▶ 1. 风险因素

风险因素指促使某一风险事件发生，或增加其发生的可能性，或提高其损失程度的原因或条件。它是风险事件发生的潜在原因，是造成损失的内在或间接原因。风险因素根据其性质，可以分为有形风险因素和无形风险因素。

▶ 2. 风险事件(事故)

风险事件指造成损失的偶发事故。风险事件是导致损失的直接原因，是风险与损失的媒介物。风险事件发生的根源主要有自然力作用、社会经济变动、人的行为等。火灾、洪水、地震、车祸、核泄漏、疾病、股市崩盘等都是导致财产损失的风险事件。

▶ 3. 损失

在风险管理中，损失指非故意的、非预期的、非计划的经济价值的减少。损失可分为直接损失和间接损失两种类型。直接损失指风险事件导致的财产损毁和人身伤害，这类损失又称为实质损失；间接损失则指由直接损失引起的其他损失，即派生损失，包括额外费用损失、收入损失和责任损失等。间接损失有时大于直接损失。

风险因素、风险事件和损失是共同构成风险的统一体。三者相互依存、相互作用。

第四节　风险管理概述

一、风险管理的概念与特征

全面风险管理指企业围绕总体经营目标，通过在企业管理的各个环节和经营过程中执行风险管理的基本流程，培育良好的风险管理文化，建立健全全面风险管理体系，包括风险管理策略、风险理财措施、风险管理的组织职能体系、风险管理信息系统和内部控制系统，从而为实现风险管理的总体目标提供合理保证的过程和方法。

这一定义体现了企业风险管理的主要特征，包括以下五个方面。

（1）战略性。尽管风险管理渗透到企业各项活动中，存在于企业管理者对企业的日常管理当中，但它主要运用于企业战略管理层面，站在战略层面整合和管理企业层面风险是全面风险管理的价值所在。

（2）全员性。企业全面风险管理是一个由企业治理层、管理层和所有员工参与，旨在把风险控制在风险容量以内，增进企业价值的过程。企业风险管理本身并不是一个结果，而是实现结果的一种方式。在这个过程中，只有将风险意识转化为全体员工的共同认识和自觉行动，才能确保风险管理目标的实现。

（3）专业性。要求风险管理的专业人才实施专业化管理。

（4）二重性。企业全面风险管理的商业使命在于：①损失最小化管理；②不确定性管理；③绩效最优化管理。当风险损失不能避免时，尽量将损失最小化；风险损失可能发生，也可能不发生时，设法降低风险发生的可能；风险预示着机会时，化风险为增进企业价值的机会。全面风险管理既要管理纯粹的风险，也要管理机会风险。

（5）系统性。全面风险管理必须拥有一套系统的、规范的方法，建立健全全面风险管理体系，包括风险管理策略、风险理财措施、风险管理的组织职能体系、风险管理信息系统和内部控制系统，从而为实现风险管理的总体目标提供合理的保证。

二、风险偏好与风险承受度

风险偏好和风险承受度是风险管理概念的重要组成部分。

风险偏好是企业希望承受的风险范围，分析风险偏好要回答的问题是公司希望承担什么风险，以及承担多少风险。风险偏好是一个企业运营风格的体现，受到企业利益相关各方价值取向和利益追求方式的影响和调节。

风险承受度指企业风险偏好的边界，分析风险承受度可以将其作为企业采取行动的预警指标，企业可以设置若干承受度指标，以显示不同的警示级别。

风险偏好和风险承受度概念的提出基于企业风险管理理念的变化。全面风险管理的理念认为风险具有二重性，风险总是与机遇并存。企业风险管理要在机遇和风险中寻求平衡点，以实现企业价值最大化的目标。

因此，风险偏好和风险承受度概念提出的意义在于研究企业风险和收益的关系，明确了企业的风险偏好和风险承受度，企业就能够把握在风险和收益之间如何选择平衡点。

三、风险管理的目标

传统的风险管理与企业战略联系不紧，目标是转移或避免风险，重点放在对公司行为的监督和检查上，因而传统的风险管理的目标一般与实现公司战略目标没有关系。全面风险管理则紧密联系企业战略，为实现公司总体战略目标寻求风险优化措施，因而风险管理目标的设计要充分体现这一思想。

我国《中央企业全面风险管理指引》设定了如下风险管理总体目标，充分体现了上述思想。

（1）确保将风险控制在与总体目标相适应并可承受的范围内。

（2）确保内外部，尤其是企业与股东之间实现真实、可靠的信息沟通，包括编制和提供真实、可靠的财务报告。

（3）确保遵守有关法律法规。

（4）确保企业有关规章制度和为实现经营目标而采取重大措施的贯彻执行，保障经营管理的有效性，提高经营活动的效率和效果，降低实现经营目标的不确定性。

（5）确保企业建立针对各项重大风险发生后的危机处理计划，保护企业不因灾害性风险或人为失误而遭受重大损失。

本章小结

通过本章的学习，我们可以了解到战略一词的历史演进，学习传统型战略与现代型战略的区别与联系，战略与公司目标、宗旨之间的关联关系；了解战略的分类以及实施过程，包括战略分析、战略选择与战略实施；深刻理解权力与企业战略管理之间的联系，认识战略决策与实施过程中的权力运用。

风险是未来的不确定性对企业实现其经营目标的影响，主要由风险因素、风险事件和损失三个要素构成，三者相互依存、相互作用。全面风险管理指企业围绕总体经营目标，通过在企业管理的各个环节和经营过程中执行风险管理的基本流程，培育良好的风险管理文化，建立健全全面风险管理体系，包括风险管理策略、风险理财措施、风险管理的组织职能体系、风险管理信息系统和内部控制系统，从而为实现风险管理的总体目标提供合理保障的过程和方法。

课后自测

【即测即练】

【简答题】

1. 什么是战略管理。

2. 企业存在什么样的战略层次。

3. 全面风险管理的特征。

【案例分析题】

甲公司通过其在我国的 30 家店铺销售多种高质量的运动服和运动鞋。在国家经济不断增长的情况下，该公司目前是盈利的，但这几年的利润空间一直在减少，公司尚未对此查明原因。每家店铺均采用电子系统记录库存。所有商品都由各店铺提供详细的产品要求，由驻孟加拉国的总部集中订购。订单通过邮寄方式发给供应商，并用美元进行结算，由于塔卡兑换美元的汇率波动性大，甲公司位于孟加拉国的总部公司时常会因为汇率的变动而多支付塔卡来兑换美元。最近有新闻报道称，甲公司在我国独家代理的防辐射服装在生产中使用了一种化学药品，在阳光下暴晒时间过长会释放毒烟。公司管理层正对此事进行调查。

2021 年，我国陕西省举办了全国运动会，引发了体育消费热情。甲公司借助全民参与运动会的热情，通过向银行借款等方式筹集大笔资金，借助一系列的商业赞助和营销，短时间内店铺数量激增至 1000 家。由于店铺数量的激增并不是事先规划的结果，且甲公司管理水平没有得到相应提高，资产负债率高达 75%。运动会结束后，赶上消费人群骤降带来的行业低谷，导致运动类产品整体上处于供大于求的状况。受上述不利影响，甲公司抗风险能力明显下降，公司产品销售大不如前，库存居高不下，银行还款压力剧增，最终甲公司不得不进行清仓甩卖，大规模关店。

2022 年，甲公司进行了战略收缩：一是更换了公司的董事长，并且和银行协商，重新签订了偿还协议，以减轻目前的资金压力；二是对目前的产品线进行调整，以使生产的产品更为符合年轻人的消费需求；三是加大广告宣传，并执行新的价格策略，开展"买二赠一"的促销活动。通过上述策略的综合运用，甲公司逐渐走出了目前的经营困境。

问题：简要分析甲公司可能面临的风险类型。

第二章　企业外部环境分析

学习要点

PEST 分析的四要素及具体内容
产品生命周期四个阶段的特征
波特五种力量模型
竞争对手分析

学习目标

通过本章的学习，了解企业外部环境分析包含的内容，掌握宏观环境分析中的 PEST 分析；掌握产品生命周期四个阶段的特征；掌握产业的五种竞争力类型及其战略；掌握成功关键因素的内容；了解竞争环境分析的基本特征和类型。

第一节　外部环境概述

企业要寻求更好的发展，就必须把握外部环境的变化趋势，了解自身所处的环境现状，抓住并利用有利于企业发展的机会，这是从公司战略角度分析企业外部环境的动因。企业的外部环境可以从宏观环境、产业环境、竞争环境等几个方面分析。

一、环境分析的意义

▶ 1. 保证战略决策的科学性和正确性

科学性指战略决策和计划要有客观的依据，反映事物的发展趋势，符合客观规律的要求；正确性指主观符合客观，不仅符合当前实际，而且要尽可能地符合客观实际的动态变化，符合未来的发展趋势。企业进行战略决策和编制具体经营计划前，必须认真研究客观实际情况，掌握大量的数据资料，明确发展方向、环境要求和限制条件。只有通过分析这些来自企业外部的环境因素及其变化趋势，企业所制定的发展战略和经营策略才能符合实际，做到科学性和正确性的统一，从而有效地避免盲目决策和战略失误。

▶ 2. 保证战略决策的及时性和灵活性

及时性指企业战略制定时掌握信息迅速，决策不失时机；灵活性则指在企业的外部环境发生变化时，能够迅速做出相应的有效决策，抓住对企业有利的机会，避开对企业不利的威胁，求得企业的生存和发展。企业的外部宏观环境经常会出现以下两种情况：一是出现有利于企业的条件，即有利于企业发展的"机会"；二是出现不利于企业的因素，即有碍于企业生存发展的"威胁"。企业如果重视环境的调查研究，那么，一旦企业外部环境出现了有利于企业发展的机会，就能及时掌握这些信息，做出迅速、正确的决策，从而采取相应的有力措施，推动企业进一步发展；当不利于企业的因素出现时，企业同样能敏感地掌握这些情况，及时研究对策，避开威胁，趋利避害，从而大大增强企业的适应能力和经营活力。

▶ **3. 提高战略决策的稳定性和效益性**

稳定性指企业一旦做出决策，就要求在计划期内把决策方案贯彻始终，不允许朝令夕改；效益性就是决策方案要以尽可能小的代价，取得尽可能好的经济效益。企业的环境条件，尤其是外部环境在不断发生变化，如市场上出现新需求或出现需求停滞现象时，往往使企业的决策与计划不得不做出相应的调整。战略决策一方面要求相对稳定，另一方面要适时调整，这就出现了矛盾。解决这一矛盾的重要办法就是要加强对环境的调查和预测，提高战略决策工作的预见性，尽可能预见到未来一定时期的发展趋势，努力做到以小变应大变，以少变应多变，适应变化着的环境的新要求，减少调整带来的损失，保证企业在比较长的时期内，能够带来尽可能满意的经济效益和社会效益。

二、环境分析的内容

存在于企业周围、影响企业经营活动及其发展的各种客观因素和力量的总体被称为企业的外部环境。企业的外部环境是一个复杂的系统，具有多层次的结构特征和不断变化发展的属性。由于对环境的研究目的、任务和方式不同，因此，对环境的分类也呈现出不同的态势。以时间为标准，可分为过去环境、当前环境和未来环境；以空间为标准，可分为宏观环境和微观环境；以环境对企业发展的影响程度为标准，可分为直接环境和间接环境。

本书以空间为环境的划分标准，将外部环境划分为宏观环境和微观环境。在这里，宏观环境指对企业及其微观环境各因素具有重大影响力的客观因素的总体，即企业的一般环境；微观环境则包括了直接影响企业发展的各类客观因素，又可称为具体环境。一般环境指影响某一特定社会中一切企业的宏观环境，对企业的影响是比较直接的，通常有以下三个特点。

（1）变化性。环境总是在不断变化、不断发展，企业战略的制定必须适应一般环境的变化，跟随其变动的脚步，在变化的外部环境中发现机遇与威胁。

（2）差异性。不同的企业所面临的一般环境各不相同，一般环境对于不同企业的影响也各有差异，这就需要企业在制定战略分析环境时要根据自身的实际情况，具体问题具体分析。

（3）难以控制性。一般环境的变化都是有着潜在根源的，其背后的影响因素有很多，不可能受单个企业的控制。

第二节　宏观环境分析

一、宏观环境分析概述

对宏观环境进行分析首先要了解宏观环境因素。一般来说，宏观环境因素包含政治和法律因素（political factors）、经济因素（economical factors）、社会和文化因素（social factors）、技术因素（technological factors），这四个因素的英文第一个字母组合起来是 PEST，所以宏观环境分析也被称为"PEST 分析"。

二、宏观环境分析

（一）政治和法律环境

政治和法律环境指那些制约和影响企业的政治要素和法律系统，以及其运行状态。政治环境包括国家的政治制度、权力机构、颁布的方针政策、政治团体和政治形势等因素。法律环境包括国家制定的法律、法规、法令，以及国家的执法机构等因素。政治和法律环境是保障企业生产经营活动的基本条件。在一个稳定的法治环境中，企业能够真正通过公平竞争获取自己的正当权益，并得以长期稳定地发展。国家的政策和法规对企业的生产经营活动具有控制、调节作用，同一个政策或法规可能会给不同的企业带来不同的机会或制约。

▶ 1. 政治环境分析

政治因素包含几个方面：一是企业所在国家和地区的政局稳定状况，如没有政变或者恐怖活动等；二是政府行为对企业的影响；三是执政党所持的态度和推行的基本政策（如产业政策、税收政策、进出口限制、价格管制、外汇管制等），以及这些政策的连续性和稳定性；四是各政治利益集团对企业经营活动产生的影响。

▶ 2. 法律环境分析

法律是政府管理企业的一种手段。一般来说，政府主要是通过制定法律法规来间接影响企业的活动。法律因素主要包括政府制定的法律、法规等。国家制定法律法规主要是为了保护企业，反对不正当竞争；保护消费者的合法权益；保护员工；保护公众权益免受不合理企业行为的损害。

（二）经济环境

经济环境指构成企业生存和发展的社会经济状况及国家的经济政策，包括社会结构、经济发展水平与状况、经济体制、宏观经济政策和其他经济条件。经济环境对企业生产经营产生直接且具体的影响。

▶ 1. 社会结构

社会结构指国民经济中不同的经济成分（如公有制经济中的国有和集体，非公有制经济中的个体和私营）不同的产业部门及社会再生产的各个方面在组成国民经济整体时，相互的适应性及量的比例和排列关联的状况，主要包括：产业结构、分配结构、交换结构、消费结构、技术结构。

▶ **2. 经济发展水平与状况**

经济发展水平指一个国家经济发展的规模、速度和所达到的水平，主要指标为国内生产总值（GDP）、人均 GDP 和经济增长速度，以及其他经济影响因素（包括税收水平、通货膨胀率、贸易差额和汇率、失业率利率、信贷投放，以及政府补助等）。相较而言，与 GDP 较高的国家比，GDP 较低的国家的企业经济发展水平较低，发展机会较少。

▶ **3. 经济体制**

经济体制指国家经济组织的形式，规定了国家与企业、企业与企业、企业与各经济部门之间的关系。

▶ **4. 宏观经济政策**

宏观经济政策是实现国家经济发展目标的战略和策略，它包括综合性的全国发展战略和产业政策、国民收入分配政策、价格政策、物资流通政策等比较典型的货币政策、财政政策。

▶ **5. 其他经济条件**

其他经济条件包括工资水平、某类产品出厂价格指数、竞争价格指数等，可能会影响行业内竞争的激烈程度，也可能会延长产品生命周期、鼓励企业用自动化取代人工、促进外商投资或引入本土投资、使强劲的市场变弱或使安全的市场变得具有风险等。

（三）社会和文化环境

社会和文化环境指企业所处的社会结构、社会风俗和习惯、信仰和价值观念、行为规范、生活方式、文化传统、人口规模与地理分布等因素的形成和变动。社会和文化环境对企业生产经营的影响是不言而喻的。例如，人口规模、社会人口年龄结构、家庭人口结构、社会风俗对消费者消费偏好的影响是企业在确定投资方向、产品改进与革新等重大经营决策时必须考虑的因素。

社会和文化环境主要包括人口因素、社会流动性、消费心理、生活方式变化、文化传统和价值观等。

（1）人口因素。人口因素包括企业所在地居民的地理分布及密度、年龄、受教育水平、国籍等。对人口因素进行分析可以使用以下一些变量：结婚率、离婚率、出生率和死亡率、人口的平均寿命、人口的年龄和地区分布、人口在民族和性别上的比例、地区人口在教育水平和生活方式上的差异等。例如，在人口方面，适龄劳动力人口的数值会影响投资人的投资决策。

（2）社会流动性。社会流动性主要涉及社会的分层情况，各阶层之间的差异，人们是否可在各阶层之间转换，人口内部各群体的规模、财富及其构成的变化，及不同区域（城市、郊区及农村地区）的人口分布等。例如，2001 年年底，我国的社会阶层包含国家与社会管理者阶层、经理人员阶层、私营企业主阶层等在内的十种，不同阶层的经济状况、消费能力、受教育背景等不同，这使得各个阶层的需求情况各不相同。社会流动性的研究对企业产品定位与调整、市场细分等策略的制定是非常重要的。

（3）消费心理。消费心理有不同分类，如从众、求异、攀比、求实、理智、冲动，对企业战略的制定也会产生影响。例如，"女人和孩子的钱最好赚"是由于两者属于冲动型消费者，所以此项属于消费心理，不属于人口因素。

（4）生活方式变化。不同的生活方式会产生不同的行为选择，最终影响企业决策：为不同消费者提供什么产品或服务，怎样对产品或服务定价，以何种方式将产品或服务转移给消费者。

（5）文化传统。文化传统是一个国家或地区在较长历史时期内形成的一种社会习惯，如西方忌讳数字13，我国送礼物不送钟表等。

（6）价值观。价值观是社会公众评价各种行为的观念和标准。

（四）技术环境

技术环境指企业所处环境中的科技要素及与该要素直接相关的各种社会现象的集合，包括国家科技体制、科技政策、科技水平和科技发展趋势等。市场或行业内部和外部的技术趋势与事件会对企业战略产生重大影响。某个特定行业内的技术水平在很大程度上决定了应生产哪种产品或提供哪种服务、应使用哪些设备，以及应如何进行经营管理。

技术环境对战略所产生的影响包括：

（1）技术进步使企业能对市场及客户进行更有效的分析，如利用大数据技术推送有关信息；

（2）新技术的出现使社会对本行业产品和服务的需求增加，如人工智能的出现；

（3）技术进步可创造竞争优势；

（4）技术进步可导致现有产品被淘汰，或大大缩短产品的生命周期；

（5）新技术的发展使企业可更多关注环境保护、企业的社会责任及可持续成长等问题。

【案例2.1】

雅安市茶产业的 PEST 分析

在"中国茶叶区域公用品牌价值评估"中，2014—2021年，雅安共有2个茶叶区域公用品牌参与评估。其中，在2021中国茶叶区域公用品牌价值评估中，"蒙顶山茶"的品牌价值达40.99亿元，全国排名第10位，较2014年上升9位，持续位列四川茶叶区域公用品牌第一。

（1）政治优势。雅安市委、市政府先后出台了《雅安市人民政府关于加快雅茶产业发展建设茶业强市的意见》（雅府发〔2014〕16号）和《中共雅安市委农村工作领导小组关于深化雅茶产业化发展的具体意见》（雅农领〔2014〕4号）等重要文件，编制了《雅安市中长期茶叶产业发展规划》。这是立足于雅安市茶产业过去的发展经验，结合茶产业发展现状制定的相关政策，为雅安市的茶叶产业发展提供了政策支持。

（2）经济优势。雅安茶叶产业基础良好，产茶历史久远，产业发展时间相对较长，已形成较为完善的茶产业生产加工体系，包括种植到销售的整条产业链；茶叶种植经验丰富，茶叶销售渠道广泛，相对而言，交易成本较低，并且已经形成了一批茶叶产业龙头企业。

在乡村振兴的背景下，雅安市建成牛碾坪、红草坪、藏茶村等以茶叶为主题的乡村旅游景区，不断推进一、二、三产业融合发展，以此推动茶叶产业绿色、高质量发展。

（3）社会优势。雅安地处四川盆地的西部边缘，地表崎岖，地貌类型较为复杂，山地多，丘陵平坝少。茶园多分布在山区或半山区，雅安的地质大部分属古生代岩层，多为页岩、沙砂岩、石灰岩，故其土壤多为含较多有机物的砂质土壤和砂质黏土，组织松软、表土层深厚，宜于排水，有利于茶树生长。雅安的空气质量十分优越；气候类型为亚热带季风性湿润气候，但是雅安以大相岭为分水岭，以北气候湿润，适合茶叶生长；以南气候较为干燥，不适合茶叶生长。因此，在雅安市的2区6县中，有6个区县的气候适宜种植茶树。雅安的茶叶主要分布在雨城区、名山区、天全县、宝兴县、泸定县和荥经县。

雅安市蒙顶山被视为世界茶文化发源地，有最早的人工种茶记录。蒙顶山是公认的茶文化发源地，记录了最早的人工种植茶叶先例。

（4）技术优势。位于雅安的四川农业大学是"211"工程重点院校和双一流高校，有着实力雄厚的师资和科研力量，省茶叶研究所是四川省重点研究所之一。雅安市与高校和研究所之间已形成稳固的合作和交流机制，充分发挥科研团队力量，深化校企合作，将先进的科学技术引入茶产业，助力产业发展。雅安依托四川农业大学和四川茶叶研究所的茶叶技术优势，建设茶叶专家大院，助力雅安茶产业绿色、高质量发展。

拓展阅读2-1
企业PEST分析

（中国新闻网．海外华文媒体聚焦四川雅安：一片小叶子"串起"乡村振兴大产业［EB/OL］．［2023-04-21］．https：//baijiahao.baidu.com/s？id=17636841063314072378&wfr=spider&for=pc．）

第三节　产业环境分析

一、产业环境分析概述

产业是提供功能相近的产品或服务的一群企业，即由提供高度替代性产品或服务的一群企业构成。产业环境是企业外部环境的重要组成部分，产业环境只对处于某一特定行业内的企业，以及与该行业存在经营业务联系的企业产生影响，并且这种影响是连续不断、动态发展的。

二、产品生命周期

产品生命周期指产品从准备进入市场开始到被淘汰退出市场为止的全部运动过程，由需求与技术的生产周期决定，是产品或商品在市场运动中的经济寿命，即在市场流通过程中，由于消费者的需求变化，以及影响市场的其他因素所造成的商品由盛转衰的周期。产品生命周期主要由消费者的消费方式、消费水平、消费结构和消费心理的变化决定。产业生命周期理论是从产品生命周期理论、企业生命周期理论逐步演化而来的，是生命周期理论在产业经济学中的运用和发展。以产业销售额增长率曲线的拐点来划分，产品生命周期分为导入、成长、成熟和衰退四个阶段，产业的增长与衰退因新产品的创新和推广过程而呈"S"形，如图2-1所示。

波特对常见的关于产业在其生命周期中如何变化，以及它如何影响战略的预测进行了总结。

（一）导入期

一般来说处于导入期的产品质量均有待提高，产品类型、特点、性能和目标市场等尚在不断发展变化当中。在销量方面，该时期的产品用户很少，只有高收入用户会尝试新的产品。为了说服客户购买，导入期的产品营销成本高，广告费用大，而且销量小，产能过

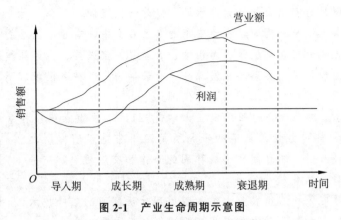

图 2-1　产业生命周期示意图

剩，生产成本高。此外，产品的独特性和客户的高收入使得价格弹性较小，虽然可以采用高价格、高毛利的政策，但是销量小使得净利润较低，企业的规模可能会非常小，只有很少的竞争对手，但是此时的企业经营风险非常高。

此时需要投资于研究开发和技术改进，通过提高产品质量来达到扩大市场份额，争取成为"领头羊"的战略目标。

（二）成长期

成长期的特点是产品销量节节攀升，产品的客户群已经扩大，消费者对质量的要求不高。各厂家的产品在技术和性能方面有较大差异。在成本方面，广告费用较高，但是每单位销售收入分担的广告费在下降。生产能力不足，需要向大批量生产转换，并建立大宗分销渠道。处于成长阶段的产品价格最高，单位产品净利润也最高，市场扩大，竞争加剧。成长期的经营风险有所下降，主要是产品本身的不确定性在降低。但是，经营风险仍然维持在较高水平，原因是竞争激烈导致市场的不确定性增加。这些风险主要与产品的市场份额及该份额能否保持到成熟期有关。

成长期的战略目标是争取最大的市场份额，并坚持到成熟期的到来，战略路径是通过市场营销来提升价格形象和质量。

（三）成熟期

到了成熟期，产品逐步标准化，差异不明显，技术和质量改进缓慢，市场上新的客户减少，主要靠老客户的重复购买支撑。市场巨大，但已经基本饱和。生产稳定，局部生产能力过剩。产品价格开始下降，毛利率和净利润率均下降，利润空间适中，竞争者之间开始出现价格竞争。成熟期的经营风险进一步降低，达到中等水平，销售额和市场份额、盈利水平都比较稳定，现金流量变得比较容易预测。经营风险主要是稳定的销售额可以持续多长时间，以及总盈利水平的高低。

成熟期要提高效率，降低成本，以实现其在巩固市场份额的同时提高投资报酬率的战略目标。

（四）衰退期

衰退期的客户大多很精明，对性价比要求很高。由于各企业的产品差别小，因此价格差异也会缩小。为降低成本，产品质量可能会出现问题。产能严重过剩，只有大批量生产，并有自己销售渠道的企业才具有竞争力。有些竞争者先于产品退出市场。产品的价格、毛利都很低。只有到后期，多数企业退出后，价格才有望上扬。

企业在衰退期的经营战略目标首先是防御，获取最后的现金流。战略途径是控制成本，以求能维持正的现金流量。如果缺乏成本控制的优势，则应采用退却战略，尽早退出。进入衰退期后，经营风险会进一步降低，主要的悬念是在什么时间节点将产品完全退出市场。

运用产品生命周期理论受到的批评有以下四点。

（1）各阶段的持续时间随着产业的不同而显著不同，且一个产业究竟处于生命周期的哪一阶段通常不清楚。这就削弱了此概念作为规划工具的有用之处。

（2）产业的增长并不总是呈"S"形。

（3）公司可以通过产品创新和产品的重新定位来影响增长曲线的形状。

（4）与生命周期每一阶段相联系的竞争属性随着产业的不同而不同。

【案例 2.2】

胶片相机行业生命周期

"你按快门，剩下的交给我们！"这则闻名世界的广告语是柯达公司创始人乔治·伊士曼在一个多世纪前提出的著名口号。如今，柯达相机却在前不久申请了破产保护，柯达相机从形成到衰退就是一个典型的产品生命周期。

1880 年，乔治利用自己的发明专利技术成立了伊士曼干板公司。作为胶卷、胶片和第一部给非专业人士使用的相机的研发者，他在 1888 年注册了一个自编的品牌名称"柯达"，这宣告柯达相机的形成。

在接下来的几年里，柯达的产品不断优化，相机变得越来越小和容易使用。1950 年，廉价、易用的 8 毫米电影相机推出，1963—1972 年生产超过 5000 万台 Instamatic 相机，开创了大众摄影新时代。在 20 世纪最后几年到刚刚进入 21 世纪，其品牌成为快照摄影新媒体的同义词。柯达的成长过程可谓是一帆风顺。在成长过程中，它没有其他产品的竞争，核心技术也是掌控在柯达自己的手中，发展的速度也很快。

20 世纪 70 年代中叶，柯达已经垄断了美国 90% 的胶卷市场，以及 85% 的相机市场份额。销售网络已经遍布法国、德国、意大利和其他欧洲国家。20 世纪 80 年代，作为美国工业上极具创新和令人钦佩的典范之一——柯达垄断了整个消费摄影市场。它赢得了艾美奖和奥斯卡奖，还将相机送入太空，被广泛认为创造了数码相机。1991 年，柯达就拥有了 300 万像素的数字相机，柯达相机变得成熟，没有其他摄影企业能够撼动老大的地位。

但是任何的风险危机均不能忽视，正占据影像图像领域的柯达放松了警惕，没有了技术的创新，公司高管也乐于此状，没有再研究开发新的核心产品，最终面临了强大的挑战。2002 年，柯达的产品数字化率却只有 25% 左右，而竞争对手富士已达到 60%。这与 100 年前伊士曼果断抛弃玻璃干板转向胶片技术的速度形成莫大反差。与此同时，在 2000—2003 年，柯达胶片利润下滑了 70%。2004 年，柯达停止了欧洲和美洲的传统胶卷相机销售，但并没有利用数码上的成功及时补上这一缺口。2007 年，柯达甚至炸掉了自己的胶片大楼。但这个举动并没有挽回柯达江河日下的颓势。2009 年，柯达决定忍痛割爱，将拥有长达 74 年历史的全球首款商用胶卷 Kodachrome 退市。柯达的股价在 2011 年下跌了 80%—是有史以来的低位。它的全球员工由 14.5 万缩至 1.9 万。它被纽交所警告，如果它的股价在未来六个月不能升到 1 美元以上，它就会被除牌。2012 年 1 月 19 日，美国伊士曼柯达公司宣布已在纽约申请破产保护，以争取度过流动性危机，确保业务继续运营。2012 年 4 月 20 日，美国伊士曼柯达公司正式宣布破产，进行资产评估和拍卖。

（NaiveKid. 复盘：胶卷王国柯达由生到死［EB/OL］.［2016-08-08］. http：//d. tech. sina. com. cn/contribute/post/detail/it/2016-08-08/pid _ 8508180. htm? cre＝techpagepc&mod＝f&loc＝4&r＝9&doct＝0&rfunc＝100& _ m＝wap. ）

拓展阅读 2-2
产品生命周期分期

三、产业竞争结构分析

在行业内，企业与企业之间的力量对比构成了竞争环境。美国哈佛大学波特教授在其所著的《竞争战略》(1980)中提出：决定公司获利能力的首要因素是"产业吸引力"，而产业吸引力是由产业的市场结构决定的。产业的市场结构可以用五种竞争力来具体分析，这五种竞争力包括潜在进入者的进入威胁、购买者的议价能力、替代品的替代威胁、供应者的议价能力及产业内现有企业的竞争，如图 2-2 所示。

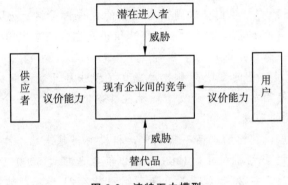

图 2-2　波特五力模型

（一）产业五种竞争力

▶ **1. 潜在进入者的威胁**

潜在进入者的进入威胁指有可能进入某一产业的企业一旦进入该产业，对该产业内现有企业的竞争地位和利润，以及产业的平均利润率所造成的负面影响。潜在进入者进入威胁的严重程度取决于两方面的因素，即进入新产业的障碍大小与预期现有企业对于新进入者的反应情况。它们统称为进入障碍，前者称为"结构性障碍"，后者称为"行为性障碍"。

（1）结构性障碍

波特指出，存在七种主要的结构性障碍：规模经济、产品差异、资金需求、转换成本、分销渠道、与规模经济无关的其他优势及政府行为与政策。如果按照贝恩的分类，则上述七种主要障碍又可归纳为三种主要进入障碍：规模经济、现有企业对关键资源的控制及现有企业的市场优势。

规模经济指在一定时期内，企业生产产品或提供服务的绝对量增加时，其单位产品固定成本相对下降。若一个产业的规模经济显著，则会迫使产业新进入者必须加大投入，以较大的生产规模进入，并冒着产业在位者强烈反击的风险；要么就只能以较小的规模进入，长期忍受高成本劣势。例如，航空公司由购买现有厂商空客、波音公司的飞机产品转换为购买潜在进入者 C919 公司产品，会产生员工培训费、储备零部件存货以备保养维修等一系列费用支出，转换成本较高。

现有企业对关键资源的控制一般表现为对资金、专利或专有技术、原材料供应、分销渠道、学习曲线等资源及资源使用方法的积累与控制。如果现有在位企业控制了生产经营所必需的某种关键资源，那么它就会受到保护而不被进入者所侵犯。

现有企业的市场优势主要表现在品牌优势和政府政策上。

（2）行为性障碍

也称战略性障碍，指产业新进入者可能遇到的现有在位者的反击。例如，在古时的攻城战中，守卫城池的城墙、护城河属于结构性障碍；向敌人射箭、滚木礌石等则属于行为性障碍。行为性障碍主要有两类。

限制进入定价。限制进入定价指在一个垄断性市场中，哪怕只有一家企业进行垄断，也仍然存在着其他竞争者随时加入进来的威胁，产业在位者在认识到这一点后应当心甘情愿地牺牲一些短期利润，适当地降低价格使产业对潜在的进入者不具有那么大的吸引力。限制进入价格是一种使产业新进入者失望或阻止它们进入的价格。

进入对方领域。进入对方领域就是现有在位企业对于产业新进入者采取进入对方领域的行动，好比是"围魏救赵"。其目的在于抵消进入者首先采取行动可能带来的优势，避免对方的行动给自己带来的风险。

进入威胁的大小取决于呈现的进入障碍与准备进入者可能遇到的现有在位者的反击。进入壁垒高，企业面对的潜在进入者威胁小；进入壁垒低，企业面对的潜在进入者威胁大。

▶ **2. 替代品的威胁**

替代品指那些与本企业产品具有同样功能或类似功能的产品。产业中现有产品与其替代品之间产生相互竞争行为，这种源自于替代品的竞争会以各种形式影响产业中现有企业的竞争战略。替代品分为直接产品替代和间接产品替代，直接产品替代即某一种产品直接取代另一种产品，如苹果计算机代替微软计算机；间接产品替代即由能起到相同作用的产品非直接地取代另外一些产品，如人工合成纤维取代天然布料。

替代品的替代威胁并不一定意味着新产品对老产品最终的取代，几种替代品长期共存也是很常见的情况。例如，在运输工具中，汽车、火车、飞机、轮船长期共存；在城市交通中，公共汽车、地铁、出租汽车长期共存；等等。但是，替代品之间的竞争规律仍然是不变的，那就是价值高的产品获得竞争优势。

替代品价格越低、质量越好，其对产业现有产品所能产生的竞争压力就越强；反之，其所能产生的竞争压力就越弱。

▶ **3. 供应者、购买者讨价还价的能力**

五种竞争力模型的水平方向是对产业价值链的描述。它反映的是产品或服务从获取原材料开始到最终产品的分配和销售的过程。企业战略分析的一个中心问题就是如何组织纵向链条。产业价值链描述了厂商之间为生产最终交易的产品或服务而所经过的价值增值的活动过程。因此，产业价值链上的每一个环节都具有双重身份：对其上游单位来说，它是购买者；对其下游单位来说，它是供应者。购买者和供应者讨价还价的主要内容围绕价值增值的两个方面：功能与成本。讨价还价的双方都力求在交易中使自己获得更多的价值增值。因此，对于购买者来说，希望购买到的产品物美而价廉；而对于供应者来说，则希望提供的产品质次而价高。

供应者、购买者讨价还价的能力大小主要受到以下因素的影响。

（1）买方（或卖方）的集中程度或业务量的大小

如果购买者集中度高、业务量大，该购买者的议价能力就比较强。对应地，当少数几家公司控制着供应者集团，在其将产品销售给较为零散的购买者时，供应者通常能够在价格、质量等条件上对购买者施加很大的压力。

（2）产品差异化程度与资产专用性程度

当供应者的产品存在着差异，而替代品不能与供应者所销售的产品相竞争时，供应者讨价还价的能力就会增强。反之，如果供应者的产品是标准的，或者没有差别，则会增强购买者讨价还价的能力。因为在产品无差异的条件下，购买者总可以寻找到最低的价格。与产品差异化程度相联系的是资产专用化程度。若上游的供应者的产品是高度专用化的，则它们的顾客将紧紧地与它们联系在一起，在这种情况下，投入品供应商就能够影响产业利润。

（3）纵向一体化程度

如果购买者实行了部分一体化或存在后向一体化的现实威胁，那么，在讨价还价中就处于能迫使对方让步的有利地位。在这种情况下，购买者对供应者不仅形成进一步一体化的威胁，而且因购买者自己生产一部分零件而使其具有详尽的成本知识，这对于谈判也极有帮助。同样，若供应者表现出前向一体化的现实威胁，则会提高其讨价还价能力。

（4）信息掌握的程度

如果供应者能充分地掌握购买者的有关信息，了解购买者的转换成本（即从一个供应者转换到另一个供应者的成本），那么将增强其讨价还价的能力，并可以在购买者盈利水平还能承受的情况下，拒绝给予提供更优惠的供货条件。如商家鼓动顾客储值，即是为了提高顾客的转换成本，增加顾客黏性。

▶ 4. 产业内现有企业的竞争

产业内现有企业的竞争指一个产业内的企业为市场占有率而进行的竞争。产业内现有企业的竞争通常意义上的竞争，这种竞争通常以价格竞争、广告战、产品引进，以及增加对消费者的服务等方式表现出来。

影响产业内现有企业的竞争影响因素主要包括：产业内有众多的或势均力敌的竞争对手、产业发展缓慢、顾客认为所有的商品都是同质的、产业中存在过剩的生产能力、产业进入障碍低而退出障碍高（退出障碍：固定资产的专用程度、退出成本、内部战略联系、感情障碍、政府与社会约束）。

（二）对付五种竞争力的战略

首先，公司必须自我定位，通过利用成本优势或差异优势把公司与五种竞争力相隔离，从而能够超过它们的竞争对手。其次，公司必须识别在产业的哪一个细分市场中，五种竞争力的影响更少一点。这便是波特提出的集中战略。最后，公司必须努力改进这五种竞争力。公司可以通过与供应者或购买者建立长期战略联盟，减少相互之间的讨价还价；公司还必须寻求进入阻绝战略，以减少潜在进入者的威胁；等等。

（三）五力模型的局限性

（1）该分析模型基本上是静态的。然而，在现实中，竞争环境始终在变化。这些变化可能从高变低，也可能从低变高，其变化速度比模型所显示的要快得多。

（2）该模型能够确定行业的盈利能力，但是对于非营利机构而言，有关获利能力的假设可能是错误的。

（3）该模型基于这样的假设：即一旦进行了这种分析，企业就可以通过制定企业战略来处理分析结果，但这只是一种理想的方式。

（4）该模型假设战略制定者可以了解整个行业（包括所有潜在的进入者和替代产品）的信息，但这一假设在现实中并不一定存在。对于任何企业来讲，在制定战略时掌握整个行业信息的可能性不大。

（5）该模型低估了企业与供应商、客户或分销商、合资企业之间可能建立长期合作关系，以减轻相互之间威胁的可能性。

（6）该模型对产业竞争力的构成要素考虑不够全面。

哈佛商学院教授亚非提出第六个要素——互动互补作用力：任何一个产业内部都存在不同程度的互补互动（指互相配合、一起使用）的产品或服务业务。在产业发展初期阶段，企业在其经营战略定位时，可以考虑控制部分互补品的供应，这样有助于改善整个行业结构，包括提高行业、企业、产品、服务的整体形象，提高行业进入壁垒，降低现有企业之间的竞争程度。随着行业的发展，企业应有意识地帮助和促进互补行业的健康发展，还可以考虑采用捆绑式经营（存话费送手机）或交叉补贴销售（打印机与墨盒）等策略。

【案例 2.3】

ZARA 的五力模型分析

ZARA 的 400 多位设计师每年会推出超过 12000 款时装，而从产品设计、采购、生产再到全球门店产品上架只需要 15 天内完成，最快 7 天。其他"快时尚"品牌如 H&M，前导时间需要 21～25 天，而国内大多数服装企业一般需要 6～9 个月，国际名牌一般可到 120 天，人们称 ZARA 是服装界的戴尔。

ZARA 的首席执行官就这样说，时装界库存就像食品一样，时间长了会变质，我们要想尽一切办法减少库存时间，这样我们的利润才会有。

潜在进入者：ZARA 花巨资一体化设计自己的灵敏供应链，在西班牙方圆 200 英里的生产基地，集中了 20 家布料剪裁和印染中心，500 家代工的终端厂。ZARA 把这 200 英里的地下都挖空，架设地下传送带网络。建设这样一个生产基地需要投资达几十亿欧元。这无疑提高了进入障碍。

行业内企业竞争：ZARA 的库存量为 15%～20%，比其他服饰连锁业者的 40% 低很多。

供应商讨价还价能力：H&M 品牌所有产品的生产制造完全外包给全球 800 家工厂，这些工厂全部位于人工工资费用最低的国家。H&M 只和加入其名录的供应商合作，门槛的设立有利于保证质量和协调合作关系。上海华源主要为 H&M 提供贴牌毛衣。据内部介绍，H&M 给他们的每单业务量至少是十几万件。ZARA 剩余 60% 的布料来自 260 家供应商，这 260 家供应商中没有一家的供给能超过 ZARA 总需求量的 4%，这避免了对某一家供应商的过度依赖，有效控制了采购成本。

购买者讨价还价能力：每一款时装的销量很少，即使是畅销款式，ZARA 也只供应有限的数量，常常在一家专卖店中，一个款式只有两件，卖完了也不补货。一如邮票的限量发行提升了集邮品的价值，ZARA通过这种"制造短缺"的方式，培养了一大批忠实的追随者。"多款式、小批量"，ZARA实现了经济规模的突破。"快时尚"服装品牌很少采用折扣策略。虽然这些服装品牌每年都会推出大量的新款服装，但是由于每款服装的数量少，因此不会产生大量库存。而且由于很少采用折扣策略，消费者往往在产品上市的初期就会购买。

替代品：这里的街头外贸店指那些比较个性的女装店。经营者一般是女性，一般在社区周围开店，衣服一般会比较个性，都是店主从各地搜寻而来，一般每个款式存货都很少，因此衣服款式经常更新。这类店很常见，但是大部分人都不会把它和快时尚联系在一起，实际上，这些店具备了很多快时尚的法则。

拓展阅读 2-3
五种竞争力
案例分析

（神州财经在线．通过ZARA解读蓝海战略和价值链分析[J]．[2022-12-20].）

四、成功关键因素分析

成功关键因素（KSF）指公司在特定市场获得盈利必须拥有的技能和资产。成功关键因素在探讨产业特性与企业战略之间的关系时常使用的概念。一个产业的成功关键因素指那些影响产业内企业在市场上最大限度获利的关键因素。企业的经营就如同体育竞技项目，也需要找到自己所在产业的成功关键因素。例如，打篮球需要一定的身高和良好的弹跳能力；踢足球需要速度和团队的配合；棋类项目则需要敏捷的思维和良好的心理素质；企业作为产业的一分子，必须把握所在产业的成功关键因素。总之，成功企业的实践表明：企业要想在竞争中获胜，就必须在成功关键因素上比竞争对手做得更好。

确认产业的成功关键因素必须考虑：

（1）顾客在各个竞争品牌之间进行选择的基础是什么？

（2）产业中的一个卖方厂商要取得竞争成功需要什么样的资源和竞争能力？

（3）产业中的一个卖方厂商获取持久的竞争优势必须采取什么样的措施？

随着产品生命周期的演变，成功关键因素也发生变化，如表2-1所示。

表 2-1 产品生命周期各阶段中的成功关键因素

阶段 ＼ 方向	导 入 期	成 长 期	成 熟 期	衰 退 期
市场	广告宣传，争取了解，开辟销售渠道	建立商标信誉，开拓新销售渠道	保护现有市场，渗入别人的市场	选择市场区域，改善企业形象
生产经营	提高生产效率，开发产品标准	改进产品质量，增加花色品种	加强和顾客的关系，降低成本	缩减生产能力，保持价格优势
财力	利用金融杠杆	集聚资源，以支持生产	控制成本	提高管理控制系统的效率
人事	使员工适应新的生产和市场	发展生产和技术能力	提高生产效率	面向新的增长领域
研究开发	掌握技术秘诀	提高产品的质量和功能	降低成本，开发新品种	面向新的增长领域

第四节　竞争环境分析

竞争环境分析包括两个方面：一是从个别企业视角去观察分析竞争对手的实力；二是从产业竞争结构视角观察分析企业所面对的竞争格局。

一、竞争对手分析

公司的战略选择必然影响着竞争对手的行为与反应，这是公司进行战略选择时必须要考虑的。公司只有事先考虑到竞争对手对公司战略的行为与反应，并做出了相应的应对措施，才能保证战略选择的正确性。有效的竞争对手分析有助于公司了解、解读和预测竞争对手的行为与反应。对竞争对手的分析主要有四个方面的内容，即竞争对手的未来目标、假设、现行战略和能力，如图 2-3 所示。

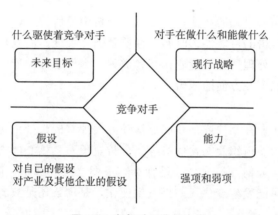

图 2-3　竞争对手分析内容

（一）竞争对手的未来目标

对竞争对手未来目标的分析可以预测竞争对手对其所处位置是否满意，由此判断竞争对手会如何改变战略，以及它对外部事件会做出什么样的反应。例如，日本摩托车企业在 20 世纪 70—80 年代的战略目标很明显，就是要全面占领美国这块世界上最大最好的市场。因此，本田公司，在遇到关税壁垒时就可能采取到美国直接投资建厂的办法，绕过美国关税壁垒的限制。

（二）竞争对手的假设

对竞争对手的假设分析的目的在于揭示竞争对手对其自身、所在产业，以及产业内其他企业的评价和看法。对竞争对手的假设进行仔细检验可以帮助企业的战略管理层识别竞争对手对所处环境的偏见和盲点。根据这些盲点可以帮助公司辨识立即遭到竞争对手报复的可能性，并有针对性地采取行动，使其报复失灵。假设可以分为以下两类。

▶ **1. 竞争对手对自身的假设**

有些企业认为自己在功能和质量上高人一筹，有些企业则认为自己在成本和价格上具有优势。名牌产品企业对低档产品的渗透可能不屑一顾，而以价格取胜的企业对其他企业的削价会迎头痛击。

▶ 2. 竞争对手对所在产业及产业内其他企业的假设

例如，20 世纪 50 年代，王安电脑公司曾经红火一时，最后却倒闭了，其中一个主要原因就是当年的王安对市场的评估出现了战略性的错误。当时，王安认为在未来的三五年内，国际电脑市场会以小型机和中型机为基础，而不是家庭 PC 机。然而，事实恰恰相反，家庭电脑成了电脑市场的主流。由于对市场的理解出现了错误，公司的战略也随之出现偏差，竞争对手却把握住了时机，使得王安电脑公司被挤出了市场。

(三) 竞争对手的现行战略

对竞争对手现行战略的分析可以揭示竞争对手正在做什么、能够做什么。通过对竞争对手现行战略的分析，可以帮助公司了解竞争对手目前是如何进行竞争的，以及如果将来竞争结构发生了变化，竞争对手进行战略调整的力度。

(四) 竞争对手的能力

对竞争对手能力实事求是的评估是竞争对手分析中最后的步骤。竞争对手的目标假设和现行战略会影响其反击的可能性、时间、性质及强烈程度。而其优势与劣势将决定其战略行动力，以及应对、处理所处环境变化和各类重大突发事件的能力。竞争对手的能力分析主要围绕竞争对手以下几方面的能力。

▶ 1. 核心能力

核心能力表现为企业在某项或某些职能活动方面独有的长处或优势，如行业领先的研发能力、客户服务能力、组织及文化优势等。分析竞争对手核心能力的目的在于了解其在各个职能领域中的能力如何，最强之处是什么，最弱之处在哪里，随着竞争对手的成熟，这些方面的能力是否可能发生变化，如果发生变化，是增强还是减弱。

▶ 2. 成长能力

成长能力表现为企业在所处产业中发展壮大的潜力，这种能力取决于企业人员、技术开发与创新、生产能力、财务状况等。分析竞争对手的成长能力有助于预测随着产业的增长，竞争对手在哪些方面的能力会发生变化，其综合竞争力、经营规模和市场份额会增大还是减小。

▶ 3. 快速反应能力

快速反应能力指企业对所处环境变化的敏感程度和迅速采取正确应对措施的能力。快速反应能力由下述因素决定：自由现金储备、留存借贷能力、厂房设备的余力、定型的但尚未推出的新产品等。

▶ 4. 适应变化的能力

适应变化的能力表现为企业随着外部环境的改变适时调整资源配置、经营方式和采取相关行动，以顺应环境变化的趋势、实现自身长期生存和持续发展的能力。

▶ 5. 持久力

持久力指企业在处于不利环境或收入、现金流面临压力时，能够坚持以待局面改变的时间的长短。持久力主要由如下因素决定：现金储备、管理人员的协调统一、长远的财务目标等。

二、企业内的战略群组

战略群组也称战略集团，指某一个产业内执行同样或类似战略，具有类似战略特征的一组企业。例如，中国保险行业的战略群组。集中战略（人身保险）：光大永明、海康、恒安标准、信诚、中德安联、中英等。集中战略（财产保险）：安信农险、美亚、三井住友、三星、太阳联合等。多元化战略（人身保险与财产保险业务）：国寿保险、中国平安、太平洋保险等。

战略群组分析既不同于产业整体分析方法，也不同于单个企业的个别分析方法，而是介于两者之间，它将产业中的企业分成特征不同的群体加以研究，并找出带有共性的事物，能更准确地把握产业中竞争的方向和实质，可避免以大代小或以小代大所造成的缺陷。

（一）战略群组的特征

关于如何确定战略群组，波特提出如下一些变量：产品或服务的差异化（多样化）程度、品牌的数量、技术领先程度、研究开发能力、产品或服务的质量、纵向一体化程度、价格水平、组织的规模、所使用的分销渠道等。为了识别战略群组，必须选择这些特征的2～3项，并将该产业的每个战略群组在图上画出来。不过，应该避免选择那些同一产业中所有企业都相同的特征。

（二）战略群组分析的意义

战略群组分析不仅有助于很好地了解战略群组间的竞争状况，主动地发现近处和远处的竞争者，也可以很好地了解某一群组与其他群组间的不同；而且有助于了解各战略群组之间的"移动障碍"（移动障碍即一个群组转向另一个群组的障碍）；还有助于了解战略群组内企业竞争的主要着眼点。此外，利用战略群组图还可以预测市场变化或发现战略机会。

【案例 2.4】

湖南省茶产业战略群组

据《湖南统计年鉴 2020》数据显示，2020 年湖南省茶园规模为 300 万亩，产量 45 万吨，分别在全国排名第七、第四。由此可见，湖南省茶园规模不大，但茶叶生产效率较高的特征，反映出湘茶产业在国内茶产业的重要地位。

将茶企的资产规模作为资源的衡量指标，得出划分战略群组的三个关键性指标：市场知名度、产品广度以及资产规模。通过这三个指标，结合湖南省人民政府办公厅的《湖南省茶叶产业发展规划》及各企业资产规模等数据，将 100 家样本企业分为三个战略群组。

战略群组 Ⅰ：以湖南省君山银针茶业股份有限公司、湖南省白沙溪茶厂股份有限公司、张家界湘丰茶业有限公司、湘丰桑植白茶有限公司、益阳茶厂有限公司、湖南古洞春茶业有限公司等六家企业为主。这六家企业作为湖南茶业的佼佼者，不仅在湖南本地拥有很高的知名度和市场认可度，在全国范围内也具备一定的影响力，并伴随着"一带一路"的国家政策开拓海外市场。

战略群组 Ⅱ：以湖南省金井有机茶开发有限公司、古丈有机茶业有限公司、湖南省辰州碣滩茶业有限公司、湖南省临湘永巨茶业有限公司、湖南保靖黄金茶有限公司、岳阳湘丰黄茶有限公司、湖南官庄干发茶业有限公司、湖南壶瓶山茶业有限公司、湖南潇湘茶业有限公司等九家企业为主。这九家企业在湖南拥有一定的市场影响力，但不及君山、白沙溪、古洞春等企业。其客户分布的主要范围是湖南省以及周边的一些省市。

战略群组Ⅲ：由湖南千盏茶叶发展有限公司、桃江恒泰茶业有限公司、桃源县紫檀茶业有限责任公司、湖南紫金源茶业科技有限公司、长沙县金湘园茶业有限公司、桃江县茗鼎园茶业有限公司、张家界林丰茶叶开发有限公司、祁东县高峰茶业有限公司等85家企业组成。该战略群组企业都是地方性企业，大多数没有经营自己的品牌。它们的市场影响力仅限于当地市场或者向外省的一些其他茶企销售原叶，不具备相应的品牌效应。

通过对战略群组Ⅰ的分析，其最佳战略选择是最优成本供应商战略。主要通过综合低成本和差异化两种战略的优势，达到混合战略的效果，为顾客提供低价高值的产品，进而获取市场份额。通过对战略群组Ⅱ的分析，差异化战略是其最佳选择。主要是向顾客提供特色化的产品或服务，通过差异化获得竞争优势。通过对战略群组Ⅲ的分析，其最佳战略选择是低成本的集中化战略，主要是在细分市场为消费者提供低成本的产品来获得市场份额。

拓展阅读 2-4
战略群组案例分析

（曹湘平，覃子裕. 战略群组视角下湖南省茶产业竞争优势与策略研究[J]. 山东农业工程学院学报，2021(3)：31-34.）

▌本章小结▌

企业是在一个开放的环境中生存与发展的，需要时时刻刻与外界环境发生物质与信息的交换，以获得持久的生命力。企业的一般环境通常都富有挑战性，并且包括诸多不确定性因素，一般环境能够影响企业的业绩，企业必须要敏感识别一般环境中的机遇与威胁，及时调整战略，以适应环境的变化与发展。

企业的一般环境分为宏观环境和产业环境两大层次。宏观环境与企业之间的关系通常被称为 PEST 模型，政治法律因素通常指对企业经营活动具有现实与潜在作用和影响的政治力量。在分析经济因素时，不仅要考虑宏观经济的总体状况，还要分析利率水平、失业率、消费者收入及收入预期水平等。技术因素不仅仅是引起时代变革的技术力量，还应当包括与企业生产活动有关的新技术和新材料的应用与推广等。社会因素主要指社会文化、习俗、道德观念，以及公众的主流价值观等。

行业的经济特征是行业相互区别的标志，各行业在特征和结构等方面都存在很大的差别，在进行行业竞争性分析时，要在整体上对行业的经济特征进行准确的分析。

市场结构-市场行为-市场绩效的产业分析框架（SCP）指出，市场结构决定企业在市场中的行为，而企业行为又决定市场运作在各个方面的经济绩效。

行业生命周期是一个从萌芽阶段（幼稚期）开始，经过成长、成熟阶段，最后进入衰退阶段所经历的时间。处于不同阶段的行业对应着不同的行业竞争结构，拥有各自的机会和面对各自的威胁。

波特的五力竞争模型帮助我们分析五种力量对行业竞争格局的影响作用。它们分别是：行业内现有竞争对手的竞争力量、潜在加入者的威胁、购买者讨价还价的能力、供应商讨价议价的能力、替代品的威胁。这五种力量的状况和综合程度决定了行业的竞争水平，进而决定行业中获利的最终潜力。

对竞争对手的分析是企业制定良好战略的先决条件。竞争对手的分析主要包括四个方面的因素：未来目标、假设、现行战略和能力。

本章所介绍的外部因素评价矩阵和竞争态势矩阵可以用来帮助战略制定者评价市场和产业，但这些方法必须依靠良好的直觉性判断来发挥作用。

课后自测

【即测即练】

【简答题】

1. 企业的外部环境分析包括哪些方面的分析？

2. PEST 模型的具体内容是什么？

3. 新兴行业的基本特征是什么？选择进入新兴行业的时机要注意什么问题？

【案例分析题】

1. 随着消费者生活水平的逐渐提高，我国乳制品消费市场不断扩大并趋于成熟，将成为世界上乳制品消费最大的潜在市场。

但国内奶制品生产企业却面临着日益激烈的竞争压力，一方面，国内参与竞争的企业众多，大部分规模较小，价格成为唯一的竞争手段；另一方面，还面临着外来企业的竞争。其一，海外奶制品企业纷纷通过收购国内老品牌或用其原生品牌在国内建厂这两种方式进入我国市场。其二，国内奶源价格高，企业生产成本高涨问题短期内不可能得到解决，加之这些企业自我消化成本能力较差，企业面临成本上涨和进口奶低成本的双重挤压。其三，产品同质化程度明显，消费者有充分的选择，加上国内居民人均收入水平不高，消费者总是千方百计为获得优惠价格进行有选择性的购买，致使竞争激烈，价格大战不断，企业盈利能力大幅下降。其四，随着产品市场细分程度，以及消费者对于营养和健康食品的兴趣增加，饮食习惯的改变正在加剧全球奶制品市场需求升级。"带味道的乳制品""无添加的乳制品"层出不穷，对传统的奶制品形成部分替代。

在激烈的竞争环境中，YL、MN、GM 等几个老字号的奶制品企业却始终保持着优势地位。YL 公司注重构建企业的规模优势，目前达到了全国最大的生产规模，并牵手美国最大奶企 DFA，走出一条国际化的道路。MN 公司以产品创新在行业中著称，从打开我国高端奶"蓝海"的 T 牌牛奶到敲开牛奶与水果相结合大门的 Z 牌牛奶；从"简单、纯粹、无添加"的常温酸牛奶到运用"二维码"的精选牧场纯牛奶……创新成为公司竞争的主要优势。GM 公司则专注于国内餐饮业消费细分市场，成为餐饮市场奶制品企业的领头羊，并与许多餐饮企业建立了长期的合作关系。

这些老字号奶制品企业凭借建立起来的竞争优势，逐步淘汰了国内奶制品市场实力弱小的企业，改变着市场竞争格局，也对包括外资企业在内的潜在进入者形成很强的进入障碍。

要求：

(1) 运用五种竞争力模型，简要分析国内奶制品生产企业面对的竞争压力。

(2) 简要分析 YL、MN、GM 等几个老字号的奶制品企业应对五种竞争力的战略措施。

(3) 从结构性障碍角度，简要分析 YL、MN、GM 等几个老字号的奶制品企业凭借建立起来的竞争优势对潜在进入者形成的进入障碍。

2. 森旺股份有限公司(以下简称森旺或公司)成立于 2000 年，是一家在我国南方地区从事水果零售的连锁企业。公司与多家水果基地密切合作，利用其自有的水果加工配送中心，将水果配送至门店，再通过线下及线上两种模式销售给消费者。森旺旗下经营"优旺"和"捷旺"两个品牌系列。其中："优旺"主要面向中高端消费群，除销售精品水果外，还提供诸如制作商务宴会果盘、3 千米内 1 小时送达等特色商品和服务；"捷旺"主打"好吃不贵"，通过规模化采购控制成本，面向大众市场平价销售，但保证水果新鲜。

作为农业重要组成部分的水果产业，国家一直给予政策支持。国家"十二五"规划将"推进农业产业化经营，扶持壮大农产品加工业和流通业，促进农业生产经营专业化、标准化、规模化、集约化"作为产业调整指导思想，旨在促进大型水果企业发展，推动水果产业集中度提升。同时，国家也高度重视水果线上零售的发展，并在政策层面给予大力支持。自 2012 年开始至今，每年的中央一号文件均关注农村电商及配套体系建设。

近年来，我国国内生产总值逐步增加，恩格尔系数持续下降，人民生活水平显著提高。我国人口的增加和城镇化水平的提高也推动了人均消费能力的提升。而消费水平的升级驱动消费观念发生较大变化，消费正在向品质化、品牌化、个性化、多样化转变。人们对于水果的消费需求不再满足于买得到、吃得着，更对水果的新鲜程度、外观、口感、内在品质等提出要求。从目前现状来看，由于我国水果产业集中度相对较低，水果质量和标准都不统一，消费者对品牌还不敏感。但随着人们对健康观念的重视和消费水平的升级，消费者对食品安全的意识越来越高，在购买生鲜食品时愈加重视产品质量。与此同时，消费者的购买习惯也在发生着转变，从到超市、菜市场购买水果逐步转变为在精致社区水果店或网上购买水果。

冷链物流的快速发展提升了生鲜产品的流通效率，使得消费者在购买水果时，不再受限于区域、季节、距离、时间等因素，促进了对保鲜要求较高的水果，如草莓、蓝莓、樱桃等浆果的消费。同时，互联网工具的加入催生了生鲜电商，改变了水果的销售业态：由过去的路边摊、个人店、农贸市场，到超市，再到连锁专卖店、生鲜电商，呈现出多元化发展态势。但是，我国水果种植的自动化程度依然较低，在产品标准化程度、生产率方面仍需改进。此外，我国水果在流通环节的损耗率较高，预处理、冷藏及物流技术也需要加强。

要求：运用 PEST 方法分析森旺面临的有利因素和不利因素。

3. 2004 年，春城白药开始尝试进军日化行业。而此时日化行业的竞争已经异常激烈。B公司、L公司、D公司、H公司等国际巨头凭借其规模经济、品牌、技术、渠道和服务等优势，基本上占领了我国日化行业的高端市场，并占据了我国牙膏市场 60% 以上的份额；清雅公司、蓝天公司等本土日化企业由于普遍存在产品特色不突出、品牌记忆度弱等问题，加上自身实力不足，多在区域市场的中低端市场生存。整个产业的销售额达到前所未有的规模，且市场基本饱和。谁想要扩大市场份额，谁就会遇到竞争对手的顽强抵抗。已有相当数量的本土日化企业淡出市场。价格竞争开始成为市场竞争的主要手段，定位在高端市场的国际巨头也面临着发展"瓶颈"，市场份额、增长速度、盈利能力等都面临着新的考验，它们的产品价格开始向下移动。

春城白药进入日化行业先从牙膏市场开始。春城白药没有重蹈本土企业的中低端路线，而是反其道而行之。通过市场调研，春城白药了解到广大消费者对口腔健康日益重视，而当时市场上的牙膏产品大多专注于美白、防蛀等基础功能，具有更多口腔保健功能的药物牙膏还是市场"空白点"。于是，春城白药创出了一个独特的、有助于综合解决消费者口腔健康问题的药物牙膏——春城白药牙膏，并以此树立起高价值、高价格、高端的"三高"形象。

春城白药进入牙膏市场短短几年，表现突出，不仅打破本土品牌低端化的现状，还提升了整个牙膏行业的价格体系。从 2010 年开始，随着春城白药推出功能化的高端产品，国际巨头们也纷纷凭借自身竞争优势推出功能化的高端产品抢占市场。B 公司推出抗过敏牙膏；L 公司推出全优七效系列牙膏；D 公司推出去渍牙膏；H 公司推出专效抗敏牙膏。这些功能性很强的口腔保健牙膏定价都与春城白药牙膏不相上下。这些功能化的高端牙膏产品出现后，消费者的需求得到进一步满足，整个市场呈现出"销售额增长大于销售量增长"的新特点。

要求：

（1）简要分析春城白药进军日化行业时，日化行业所处的产品生命周期发展阶段。

（2）运用"解决口腔健康问题功能程度""价格水平"两个战略特征，各分为"高""低"两个档次，对 2010 年以前的 B 公司、L 公司、D 公司、H 公司、清雅公司、蓝天公司、春城白药进行战略群组划分。

（3）根据战略群组分析的作用，分析：①定位在高端市场的国际巨头的产品价格开始向下移动的依据；②春城白药在日化行业中战略群组定位的依据；③B 公司、L 公司、D 公司、H 公司相继推出功能化高端牙膏的依据。

第三章 企业内部环境分析

学习要点

企业价值链的概念、价值活动的内涵及联系

企业资源要素分类、企业能力的内涵、企业内部关键因素的识别及协同效果分析

企业核心能力的概念

波士顿矩阵的运用

SWOT 分析方法的内涵及运用

学习目标

通过本章的学习，了解企业内部环境分析所包含的内容，熟悉波士顿矩阵、钻石分析、企业核心竞争力、SWOT 分析方法的运用。

第一节 企业资源与企业能力

一、资源与能力分析

(一) 企业资源分析

企业资源指企业所拥有或控制的有效因素的总和。按照竞争优势的资源基础理论，企业的资源禀赋是其获得持续竞争优势的重要基础。企业资源分析指企业对其所拥有的资源进行识别和评价的过程。通过分析企业资源，可以确定企业的优势和劣势，综合评估企业的战略能力。

▶ **1. 企业资源的主要类型**

(1) 有形资源指可见的、能用货币直接计量的资源，主要包括物质资源(企业的土地、生产设备、原材料等)和财务资源(应收账款、有价证券等)。有形资源一般都反映在企业的资产当中。但是，由于会计核算的要求，资产负债表所记录的账面价值并不能完全代表有形资源的战略价值。

(2) 无形资源指企业长期积累的、没有实物形态的，甚至无法用货币精确度量的资源，通常包括品牌、商誉、技术、专利、商标、企业文化及组织经验等。例如，迪士尼最重要的无形资源是迪士尼的品牌、米老鼠和唐老鸭等卡通形象。无形资源中的技术资源是

一种重要的无形资源，它主要指专利、版权和商业秘密等，具有先进性、独创性和独占性等特点。无形资源一般都难以被竞争对手了解、购买、模仿或替代，因此，无形资源是一种十分重要的企业核心竞争力的来源。资产负债表中的无形资产并不能代表企业的全部无形资源。

（3）人力资源指组织成员向组织提供的知识、技能和决策能力等，其反映人力资源组织的效率和效果。其评价指标有更快、更敏捷、更高的质量等，如员工的经历、判断力、智力、洞察力、适应性、承担的义务等。它可以体现在精益制造、高质量生产、对市场的快速反应等方面。

▶ 2. 决定企业竞争优势的企业资源判断标准

在分析一个企业拥有的资源时，必须知道哪些资源是有价值的，可以使企业获得竞争优势。其主要的判断标准如下。

（1）资源的稀缺性。稀缺资源指现有的或潜在的竞争者没有或很少能拥有的资源，通常都是不可再生资源。通俗地讲，稀缺资源指地球上越来越少、不可再生或者再生速度赶不上人类需求，价值越来越高的资源，如石油、金、银、铜、宝石、玉石等资源。

（2）资源的不可模仿性。资源的不可模仿性指企业所特有的，并且是竞争对手难以模仿的资源，也就是说它不像材料、机器设备那样能在市场上轻易购买到，而是难以转移或复制。这种难以模仿的资源能为企业带来超过平均水平的利润。资源的不可模仿性主要有以下几种形式：

① 物理上的独特资源。有些资源的不可模仿性是物质本身的特性所决定的，如香港半岛酒店位置优越，矗立于九龙半岛尖沙咀区的心脏地带，坐拥维多利亚海港的醉人美景，四周都是著名的购物、商业及娱乐中心，更是全九龙最长及最主要街道——弥敦道的起讫点。

② 具有路径依赖性的资源。指那些必须经过长期积累才能获得的资源，如戴尔计算机公司的成功法宝在于其多年来不断完善的营销体制建设，即"直接销售模式"和"市场细分模式"。该模式能够真正按照顾客的要求来设计制造产品，并把它在尽可能短的时间内直接送到顾客手上，正确路径选择奠定了戴尔公司事业成功的基础。

③ 具有因果含糊性的资源。是指由于形成原因的模糊性和复杂性，其他企业难以开发或复制的资源，这些资源的潜在复制者不清楚其价值究竟在何处，或不能找出准确的复制方法，如美国西南航空公司"家庭式愉快，节俭而投入"的企业文化。

④ 具有经济制约性的资源。这类资源指企业的竞争对手已经具有复制其资源的能力，但因市场空间有限不能与其竞争的情况。例如，迪士尼在上海开了一家超大型的主题乐园，如果你也有资金，也想开一家，但是晚了，一个城市的市场只能支撑一家超级主题乐园。

（3）资源的不可替代性。波特的五种竞争力模型指出了替代产品的威胁力量。同样，企业的资源如果能够很容易地被替代，那么即使竞争者不能拥有或模仿企业的资源，它们也仍然可以通过获取替代资源而改变自己的竞争地位。例如，一家企业管理层与员工之间在相互信任基础上建立起来的融洽和谐的工作关系就是很难被替代的资源。

（4）资源的持久性。持久的资源指能够给企业带来持久的竞争优势，而不是昙花一现的资源。例如，某上市公司环保近三年连续受到政府补助(财务资源)，由此可以看出政府对该公司产业的重视与支持。同时，该公司也应提高自身业绩，以避免对政府补助的过度依赖，毕竟政府补助本身具有不稳定性和不可持续性。因此，该公司获得的政府补助不属于持久的资源。持久的资源不在于它会被模仿，而在于它是不是能长期地被持有和使用，资源的贬值速度越慢，越有利于形成核心能力。

（二）企业能力分析

▶ 1. 企业能力的概念

企业能力指企业配置资源发挥其生产和竞争作用的能力。企业能力来源于企业的有形资源、无形资源和人力资源的整合，是企业各种资源有机组合的结果。

▶ 2. 企业能力的构成

企业能力主要由研发能力、生产管理能力、营销能力、财务能力和组织管理能力等组成。

（1）研发能力。指企业利用从研究和实际经验中获得的现有知识或从外部引进的技术，为生产新的产品装置，建立新的工艺和系统而进行实质性的改进工作的能力，包括研发投入、研发团队、研发管理机制、研发效果。

（2）生产管理能力。生产是企业进行资源转换的中心环节，它必须在数量、质量、成本和时间等方面符合要求的条件下形成有竞争性的生产能力，主要涉及五个方面，即生产过程、生产能力、库存管理、人力资源管理和质量管理。

（3）营销能力。指企业引导消费以占领市场、获取利润的产品（服务）竞争能力、销售活动能力和市场决策能力。其中：产品竞争能力包括成本、价格、质量、市场份额；销售活动能力包括营销推广能力、营销管理能力；市场决策能力，如市场响应能力。

（4）财务能力。指企业的筹资能力、资金运用及管控能力、投资能力。

（5）组织管理能力。包括职能管理体系的任务分工；岗位责任；集权和分权的情况；组织结构（直线职能、事业部等）；管理层次和管理范围的匹配。

【案例 3.1】

小米企业能力分析

小米是一家年轻的科技企业，其在生产管理模式上主要采用零库存管理（生产管理能力），这在极大程度上降低了成本。

2013 年，小米抓住了物联网发展浪潮的契机，启动了小米生态链计划（市场决策能力），运用小米公司之前积累的大量资金（财务能力），准备在 5 年之内投资 100 家硬件创业公司，为小米生态链打开布局。2016 年，小米改变之前的口碑营销策略，先后聘请张子枫、王一博等明星作为代言人（销售活动能力），赢得了不少新客户。

2019 年 5 月 17 日，小米通过内部信宣布成立大家电事业部（组织管理能力），由集团高级副总裁王川担任该事业部总裁，向小米董事长雷军汇报。更值得骄傲的是，小米公司研发的电视（研发能力）2019年全年在我国售出 1021 万台，高居我国第一位（产品竞争能力）。

拓展阅读 3-1
绿梦茶园企业资源
与能力案例分析

（牛明俊，谢雨萌. 小米公司多元化竞争战略的优化研究[J]. 中国商论，2023，5：97-102.）

（三）企业的核心能力

▶ 1. 核心能力的概念

核心能力是企业在具有重要竞争意义的经营活动中能够比竞争对手做得更好的能力。企业的核心能力可以是完成某项活动所需的优秀技能，也可以是在一定范围和深度上的企业的技术诀窍，或者是那些能够形成很大竞争价值的一系列具体生产技能的组合。从总体上讲，核心能力的产生是企业中各个不同部门有效合作的结果，也就是各种单个资源整合的结果。这种核心能力深深地根植于企业的各种技巧、知识和人的能力之中，对企业的竞争力起着至关重要的作用。

▶ 2. 核心能力的辨别

辨别企业能力是否属于核心能力的三个关键性测试如下。

（1）它对顾客是否有价值？任何一个产品或者服务，只有被顾客所认可、满足顾客的需求之后才具有价值。所以，企业要想具备核心竞争力，就应该很好地实现这种价值，最大限度地满足顾客的需求。显著地降低成本从而控制价格、提高产品质量、提高服务效率、增加顾客的效用等都可以提升其对顾客的价值。索尼公司的核心能力是"迷你化"，它给顾客的核心利益是好携带；联邦快递的核心能力是极高水准的后勤管理，它给顾客的核心利益是及时运送。

（2）它与企业竞争对手相比是否有优势？指企业在人力资源、生产制造、产品质量、研究开发、销售网络和企业文化等方面的优势。例如，佳能公司的光学镜片成像技术和微处理技术与竞争对手相比有优势；本田公司的引擎设计和制造与竞争对手相比有优势。

（3）它是否很难被模仿或复制？企业的核心能力必须是企业所特有的，并且是竞争对手一段时间内难以超越的优势。例如，苹果公司在电脑方面具有极强的产品设计创新能力，它首开使用鼠标操作电脑的先河，它的麦金托电脑具有可看可感的设计；宝洁、百事可乐优秀的品牌管理及促销能力；丰田的精益生产能力等。

但是，企业的核心能力就其本质来讲非常的复杂和微妙，有时很难满足上述三个关键性测试，在这种情况下，还需要运用其他识别方法，包括功能分析、资源分析及过程系统分析。

（1）功能分析。考察企业功能是识别企业核心竞争力常用的方法，这种方法虽然比较有效，但是它只能识别出具有特定功能的核心能力。

（2）资源分析。分析实物资源比较容易，如企业商厦所处的区域、生产设备及机器的质量等，而分析像商标或者商誉这类无形资源则比较困难。

（3）过程系统分析。过程涉及企业多种活动从而形成系统。过程和系统通常都会涉及企业的多种功能，因而过程和系统本身是比较复杂的。对企业整个过程和系统进行分析能够很好地判断企业的经营状况和核心能力。

▶ 3. 核心能力的评价

核心能力的评价方法有三种：企业的自我评价、产业内部比较和基准分析（标杆分析）。

基准分析把企业自身和标杆企业相比，进而评价企业的核心能力。基准对象的不同决定了基准类型的不同，基准类型主要包括内部基准、竞争性基准、过程或活动基准、一般基准、顾客基准五种类型。

（1）内部基准。内部基准分析的标杆伙伴是企业内部其他业务单位或部门，适用于大型多部门的企业集团或跨国公司。优点是不涉及商业秘密的泄露和其他利益冲突等问题，容易取得标杆伙伴的配合，简单易行，还可以促进内部沟通和培养学习气氛。其缺点是视野狭隘，不易找到最佳实践，很难实现创新性突破。

（2）竞争性基准。标杆伙伴是产业内部直接竞争对手。竞争性基准的优点是同行业竞争者之间的产品结构和产业流程相似，面临的市场机会相当，竞争对手的作业方式会直接影响企业的目标市场。因此，竞争对手的信息对企业在进行策略分析及市场定位上有很大的帮助，收集的资料具有高度相关性和可比性。它的缺点是标杆伙伴是直接竞争对手，信息具有高度商业敏感性，难以取得竞争对手的积极配合，并因此难以获得真正有用或是准确的资料，从而极有可能使标杆管理流于形式或者失败。

（3）过程或活动基准。因为大多数产业均存在一些相同或相似的核心活动或流程，如物流、人力资源管理、营销手段等，所以过程或活动基准标杆伙伴是不同产业但拥有相同或相似核心活动、流程的企业。其优点是双方没有直接的利害冲突，更加容易取得对方的配合；可以跳出产业的框架约束，视野开阔，随时掌握最新经营方式，成为强中之强。缺点是投入较大，信息相关性较差，最佳实践需要较为复杂的调整转换过程，实施较为困难。

（4）一般基准。标杆伙伴是处于同一产业具有相同业务但不在一个市场上竞争的企业。其优点是彼此不是直接竞争对手，容易找到愿意分享信息的标杆对象。例如，华夏航空股份有限公司的核心业务是编织中国立体交通体系中最薄弱的部分——支线航空网络，开创了以三四线城市与一二线城市的互通互融为目标的航空运输模式。德国汉莎航空股份公司的核心业务是经营定期的国内及国际客运和货运航班。飞行网络遍布全球 450 多个航空目的港，除航空运输外，汉莎航空还向客户提供一系列的整体服务方案。因此，这两家航空公司虽然处于同一产业，但彼此不是直接竞争对手。如果华夏航空股份有限公司以德国汉莎航空股份公司为标杆进行基准分析，选择的基准类型就属于一般基准。

（5）顾客基准。以顾客的预期为基准进行比较，能够更好地满足客户的需求。

▶ **4. 企业核心能力与成功关键因素**

成功关键因素应被看作是产业和市场层次的特征，而不是针对某个个别公司。拥有成功关键因素是获得竞争优势的必要条件，而不是充分条件。它们的共同点是，企业核心能力和成功关键因素都是公司盈利能力的指示器。虽然在概念上的区别是清楚的，但在特定的环境中区分它们并不容易。例如，一个成功关键因素可能是某产业中所有企业要成功都必须具备的，但它也可能是特定公司所具备的独特能力。

拓展阅读 3-2
广源天药企业核心
能力分析

（四）产业资源配置分析框架——钻石模型

波特认为，一国的国内经济环境对企业开发其自身的竞争能力有很大影响。其中，影响最大、最直接的是以下四个因素：生产要素，需求条件，相关与支持性产业，以及企业战略、企业结构和同业竞争，并以钻石图来显示（见图 3-1）。在一个国家的许多产业中，最有可能在国际竞争中取胜的是那些国内"四要素"环境对其特别有利的产业。因此，"四要素"环境是产业国际竞争力的最重要来源。

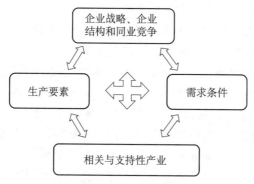

图 3-1 钻石模型图

▶ 1. 生产要素

生产要素指一个国家的基本条件(如天然资源、资金等)以及在此基础上发展起来的高级和专业条件(如高度的专业技巧与应用科技等)。波特教授认为，生产要素在竞争优势中占据重要地位。他将生产要素分为两类，第一类是初级生产要素和高级生产要素。初级生产要素是被动继承的，或只需要简单的私人及社会投资就能拥有，如天然资源、气候、地理位置、非技术工人、资金等；高级生产要素需要先在人力和资本上进行大量而持续的投资，如现代通信、信息、交通等基础设施，受过高等教育的专业人才等。第二类生产要素是可以被用在任何一种产业上的一般生产要素和专业生产要素，专业生产要素主要针对单一产业，如高级专业人才，专业研究机构，专用的软、硬件设施等。

▶ 2. 需求条件

需求条件指本国市场对该项产业所提供产品或服务的需求数量和客户成熟度。例如，日本家庭因为地狭人稠，所以日本的家电都朝小型、可携带的方向发展。而正是因为日本国内市场拥有一群最挑剔的消费者，因此使得日本拥有全球最精致、最高价值的家电产业。

▶ 3. 相关与支持性产业

单独的一个企业或单独的一个产业很难保持竞争优势，只有形成有效的"产业集群"，即上下游产业及相关产业之间形成良性互动("提升效应")，才能使产业竞争优势持久发展。例如，意大利的制鞋业全球闻名，这与意大利竞争力强大的机械制造商、设计公司、皮革处理厂等相关产业是分不开的；德国印刷机雄霸全球，这离不开德国造纸业、油墨业、制版业、机械制造业的强势。

▶ 4. 企业战略、企业结构和同业竞争

影响企业战略、企业结构的因素有各国政府设定的发展目标、企业自身目标、个人事业目标、民族荣誉与使命感所带来的诱因等。另外，当地若有很强的竞争对手，则会刺激企业不断地进行自我提升与改进。例如，华泰医药公司拟在 A 国建立一个药品研发和生产基地，并对该国的相关情况进行了调查分析，发现 A 国本土医药企业虽然数量较多，但规模小，竞争主要围绕价格进行。

【案例 3.2】

W 市发展智能家居产业钻石模型理论

伴随着科技时代的到来，智能家居日益成为家居产业的消费热点。然而，在高端智能家居领域中，其在品牌、工艺等多方面设置的进入门槛较高，私人定制、限量生产的营销方案又对那些价格不敏感的客户更有吸引力。一些以传统家居为主的企业也开始转型升级，调整产业结构，增加智能产品的占比，以适应消费转型的变化趋势。

W市是我国改革开放之后的第一批试验区，享有"科技之城"的美誉，握有一流的技术优势和人才优势。W市涵盖多家全国品牌的大企业，也有诸多地方品牌的中小企业。2021年4月，W市政府推出优化科技城"一城三区"总体布局，打造以科教创业园区、科技大学、教育园区及"三新城"为载体的科教创新区和以高新区、经开区为载体的两大产业功能区。加快"三新城"建设，积极争取专项研发，建设科学新城，并要进一步做强做大科技企业，提升企业效益，增强企业核心竞争力；支持名优企业通过兼并、收购等多种方式整合省内中小企业；支持名优企业之间强强联合、战略合作。

作为国内知名智能家居品牌的龙头企业之一，W市的国为公司近年来实施一系列战略举措，以打造其在高端智能家居的竞争优势。①整合智能家居的前装项目，如安装智能家居设计图的完善、线路的走向、开关的预留、设备的选取、功能的联动、设备的安装、系统的调试等都要与装修进度同步进行，最终与装修、家电、家具等一起交付。②整合智能家居的后装市场，如装饰装修企业、定制安装企业、家电企业、运营商阵营、互联网企业、手机制造商、传统硬件商等平台布局。同时，每个阵营的基因特征不同、路径不同、阶段不同，都有着自己的打法与入口优势，并且相互结成生态互补链条，共兴、共荣、共拓智能家居产业。

本案例中，根据钻石模型理论，W市发展智能家居产业优势的体现如下。

①生产要素。"W市是我国改革开放之后的第一批试验区，享有'科技之城'的美誉，握有一流的技术优势和人才优势。"②需求条件。"伴随着科技时代的到来，智能家居日益成为家居产业的消费热点。"③相关与支持性产业。"整合智能家居的前装项目，如安装智能家居设计图的完善、线路的走向、开关的预留、设备的选取、功能的联动、设备的安装、系统的调试等都要与装修进度同步进行，最终与装修、家电、家具等一起交付。""整合智能家居的后装市场。如装饰装修企业、定制安装企业、家电企业、运营商阵营、互联网企业、手机制造商、传统硬件商等平台布局。同时，每个阵营的基因特征不同、路径不同、阶段不同，都有着自己的打法与入口优势，并且相互结成生态互补链条，共兴、共荣、共拓智能家居产业。"④企业战略、企业结构和同业竞争。W市涵盖多家全国品牌的大企业，也有诸多地方品牌的中小企业。2021年4月，W市政府推出优化科技城"一城三区"总体布局，打造以科教创业园区、科技大学、教育园区及"三新城"为载体的科教创新区和以高新区、经开区为载体的两大产业功能区。加快"三新城"建设，积极争取专项研发，建设科学新城，并要进一步做强做大科技企业，提升企业效益，增强企业核心竞争力；支持名优企业通过兼并、收购等多种方式整合省内中小企业；支持名优企业之间强强联合、战略合作。

拓展阅读 3-3
企业钻石模型
案例分析

（新华网.居然之家执行总裁王宁：智能家居前景广阔要走高质量发展之路[EB/OL].[2023-05-26]. http://www.xinhuanet.com/house/20230526/39aa06f7fe49463daf6ea7cc38197df1/c.html.）

第二节　企业价值链分析

一、企业价值链分析概述

价值链分析是波特提出来的用于分析企业竞争优势的理论。该理论认为，企业的竞争优势归根结底来自于企业为顾客所创造的超过其成本的价值，即竞争优势＝价值－成本。价值指顾客所认同的利益，成本指企业为满足顾客利益而付出的各种支出和费用。因此，企业要想提升其竞争优势，就必须从创造价值和降低成本两方面入手。

波特认为，每一个企业的价值链都是由以独特方式联结在一起的九种活动类别构成的，具体指内部后勤、生产经营、外部后勤、市场销售、服务五种基本活动和采购管理、技术开发、人力资源管理、企业基础设施四种支持活动。这些活动对企业的相对成本地位都有贡献，同时也是构成差异化的基础。

二、价值链的两类活动

价值链分析将企业的生产经营活动分为基本活动和支持活动两大类，如图 3-2 所示。

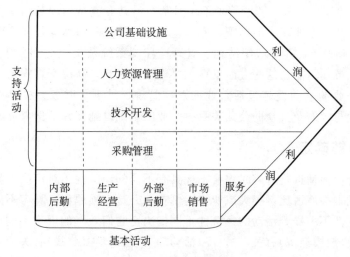

图 3-2　价值链模型

（一）基本活动

基本活动指生产经营的实质性活动，一般可分为内部后勤、生产经营、外部后勤、市场销售和服务五种活动。这些活动与商品实体的加工流转直接相关，是企业的基本增值活动。

（1）内部后勤。又称进货物流，指对资源的接收、储存和分配活动，是为企业下一步生产经营活动所做的准备工作，具体的活动形式体现为原材料的装卸、入库、盘存、运输及退货等。

（2）生产经营。是将投入的各种资源转化为最终产品的相关活动，这一活动的本质是输入向输出的转化过程。

（3）外部后勤。又称出货物流，指与最终产品的集中、仓储和调配有关的活动，为产成品的销售做准备。这一活动的本质是产品的输出，具体的活动形式为最终产品的入库、接受订单、送货等。

（4）市场销售。市场销售是促进产品在市场上销售的各种活动，这一活动的本质是产品价值的实现。

（5）服务。服务是培训、修理、零部件的供应和产品的调试等相关的活动，这类活动与保持和提高产品价值有关。

（二）支持活动

支持活动又称辅助活动，指用以支持基本活动，而且内部之间又相互支持的活动，包括采购管理、技术开发、人力资源管理和企业基础设施。

（1）采购管理。采购管理是购买用于企业价值链各种投入的活动。这里的采购是广义的，既包括原材料的采购，也包括其他资源投入的购买与管理。例如，企业聘请咨询公司为企业进行广告策划、市场预测、管理信息系统设计、法律咨询等都属于采购管理。

（2）技术开发。指每项价值创造活动都包含着技术成分，无论是技术诀窍、程序，还是在工艺设备中所体现出来的技术。这也是一个广义的概念，既包括生产性技术，也包括非生产性技术。例如，决策技术、信息技术、产品技术和管理技术等。

（3）人力资源管理。人力资源管理不仅对基本活动和支持活动起辅助作用，而且支撑着整个价值链，涉及企业职工的招聘、雇用、培训、提拔和退休等各项管理活动。

（4）企业基础设施。企业组织结构、管理、控制系统及文化等都属于企业基础设施。企业高层管理人员往往能在这些方面发挥重要作用，因此，高层管理人员也被视作基础设施的一部分。企业的基础设施包括企业的总体管理、计划、财务、法律支援、质量管理等，还包括企业与政府及公众的公共关系。企业的基础设施支撑了整个企业价值链。

三、价值链确定

在对企业价值活动进行分解时需要把握具有不同的经济性、对产品差异化产生很大的潜在影响、在成本中所占比例很大或所占比例在上升这三项原则。具有不同的经济性指各项"活动"的经济性不一样。活动的经济性不同指决定它们效率的因素不同。例如，一项活动的效率与规模（规模经济）有关，另一项活动却与经验（学习曲线）有关。区分这些活动的目的是利用不同的经济性来提高效率、降低成本。对产品差异化产生很大的潜在影响，就是有助于实现差异化的意思。例如，某化妆品公司的技术部门研发出某眼霜的抗氧化功能，极大地提高了产品的差异化，那么，这个研发抗氧化功能的活动可以单独分离为一项价值活动。在成本中所占比例很大或所占比例在上升，就是对于实现低成本影响较大的活动。例如，某公司一年的成本费用总额是2000万元，其中，网络技术部的系统开发维护费用达到300万元，且近3年平均增长率达到8%，那么应该认为这项活动具有重要影响，应将其分离为一项单独的价值活动。

四、企业资源能力的价值链分析

企业资源能力的价值链分析要明确以下几点。

▶ 1. 确认那些支持企业竞争优势的关键性活动（战略重点聚焦）

价值链的各项基本活动和支持活动对企业建立竞争优势的贡献程度是不同的。企业在建立竞争优势时，要结合自身实际情况，集中企业资源重点发展具有一定优势的关键性活动，并使其成为企业的核心竞争力，从而放弃一些劣势环节。

▶ 2. 明确价值链内各种活动之间的联系

价值链中的基本活动之间，基本活动与支持活动之间，以及支持活动之间存在各种联系，选择或构筑最佳的联系方式对提高企业价值创造和战略能力是十分重要的。例如，在基本活动之间，保持高水平的存货会使生产安排变得容易，并且可以对顾客的需求做出快速反应，但会增加经营成本，因此，应该评估一下增加存货可能带来的利和弊。成本高昂的产品设计、严格的材料规格或严密的工艺检查会大大减少服务成本的支出，从而使总成本下降。

▶ 3. 明确价值系统内各项价值活动之间的联系

按照波特的逻辑，每个企业都处在产业链中的某一环节。一个企业要赢得和维持竞争优势不仅取决于其内部价值链，还取决于在一个更大的价值系统（即产业价值链）中，一个企业的价值链同其供应商、销售商及顾客价值链之间的连接。后来，有关学者在产业价值链基础上又提出了价值网模型。

价值网强调"以顾客为中心"，在专业化分工的生产服务模式下，把处于"价值链"上不同位置，并存在密切关联的企业或者相关利益体整合在一起，建立一个以顾客为核心的价值创造体系，共同为顾客创造价值。价值网在战略思维上发生了巨大的变化，它强调竞争和合作两个方面。

基于价值网理念衍生出了构建企业的生态系统，该系统超越了传统企业内部价值链和产业价值链，涉及供应商、分销商、外包服务公司、融资机构、关键技术提供商、互补产品制造商，甚至包括竞争对手、客户、监管机构与媒体等对公司经营产生直接或间接影响的诸多因素。

【案例 3.3】

海尔价值链分析

自主创新是海尔集团发展壮大的法宝。20 年来，海尔集团累计申请专利 5469 项，其中发明专利 249 项。海尔品牌两次被世界品牌实验室评为世界最具有影响力的 100 个品牌之一。自主创新不仅是企业的核心，也是一个民族的灵魂，一个国家兴旺发达的不竭动力。这不仅是海尔的关键价值链环节，也是海尔的核心竞争力。

一、海尔价值链的基本活动

1. 进货后勤

家电产品制造业的供应链由半导体及电子组件制造商、部门制造、家电产品总装、家电产品分销商和最终零售商构成。零库存下的即需即供改变传统企业以产品为中心的发展模式，以用户为中心的即需即供大规模定制，实现了"零库存"和"零回收"。在流动资金零贷款的基础上，海尔的现金周转天数达到负 10 天。海尔的供应纽带离不开 IT 支持，在1998 年，公司第一次通过订单处理集中化的方式进行业务重组，由按库存生产转向了按订单生产，开始了真正意义上的海尔现代物流模式。由于物流技术和计算机管理的支持，海尔物流通过 3 个 JIT，即 JIT 采购、JIT 配送、JIT 分拨物流来实现同步流程。这样的运行速度为海尔赢得了源源不断的订单。海尔的 ERP 信息系统采用的是 SAP。业务流程是企业以输入各种原料和顾客需求为起点，到企业创造出对顾客有价值的产品或服务为终点的一系列活动。一个企业的业务流程决定着组织的运行效率，是企业的竞争力所在。海尔的业务流程再造是以供应链的核心管理思想为根基，以市场客户需求为纽带，以企业文化和 SBU 管理模式为基础，以订单信息流为中心，带动物流和资金流的运行，以实施"三个零"（服务零距离、资金零占用、质量零缺陷）为目标的流程再造。它通过与供应链同步的速度和 SST 的强度，以市场效益工资激励员工，从而完成订单，构建企业的核心竞争力。

2. 生产经营

一是产品外观创新性技术创新。例如，将电冰箱当作艺术品来生产，千方百计地攻克难关，生产出具有艺术品格的电冰箱产品，让发达国家的用户满意。二是质量提升性技术创新。例如，海尔开发出低噪音、高节能和超大容量的 15 套系列洗碗机，以满足欧洲消费者的要求。三是功能扩张性技术创新。例如，创造出电热水器防电墙技术。四是市场适用性技术创新。根据客户的区域性、生活习惯设计相应的产品，抓住细分市场。

3. 发货后勤

海尔使用 JIT 配送、JIT 分拨物流来实现同步流程。JIT 配送是定时配送的一种，它强调准时，即在客户规定的时间，将合适的产品按准确的数量送到客户指定的地点。JIT 是 just in time 的缩写，意为准时。JIT 配送多采用小批量、多频次的送货方式，目的是降低库存，减少浪费，满足客户多样化、个性化需求。

4. 市场营销

在海尔模式的分销网络中，百货店和零售店是其中主要的分销力量，海尔工贸公司就相当于总代理商，所以批发商的地位很弱。海尔的销售政策也比较偏向于零售商，不但向他们提供了更多的服务和支持，而且保证了零售商可以获得比美的模式的政策更高的毛利率。一般情况下，零售商的毛利率都在 8%～10%。海尔渠道销售成员分工：在海尔模式的分销网络中，制造商承担了大部分的工作职责，而零售商基本依从于制造商。海尔公司还严格规定了市场价格，对于违反规定批发或零售价格的行为必须加以制止。在上述销售工作中，海尔公司承担了绝大部分的责任，而零售店几乎不用操心，只需要提供位置较好的场地作为专柜给海尔公司即可。

5. 售后服务

中国质量万里行产品售后服务质量调查，海尔售后服务质量获得消费者认可，12 类家电产品测评结果均为 A，海尔是本次抽查中唯一获此殊荣的企业。据了解，本次调查涉及服务管理是否规范、上门服务是否及时、业务熟练度、用户满意度等环节，海尔微波炉、电磁炉、手机、空调、彩电、电脑、洗衣机等家电排名均列前茅，进一步证实海尔服务确实货真价实。

二、海尔价值链的辅助活动

1. 采购

2001 年，当其他家电企业在下游产品物流领域纷纷跟进时，海尔创始人张瑞敏突然转身，一把攥住制造成本的源头，向供应链上游的采购环节挤榨水分。而海尔物流也先人一步，将战略重点从横向扩张转向纵向延伸。早在 2000 年，随着海尔物流体系的基本建立和网络系统的全面上线，海尔开始对供应商实行网络信息管理。

2. 技术开发

目前，海尔集团拥有1个国家级技术研发中心，5个综合研究中心，8个全球设计中心。为建立国际领先的前沿技术研究载体和人才培养基地，确保国家在数字化家电领域占据国际领先的竞争力，抢占家电核心技术的制高点。2006年底，海尔集团成立了我国唯一一家"数字化家电重点实验室"，2008年又建立了数字家电领域唯一一家工程实验室——"海尔数字家庭网络国家工程实验室"，形成了最完备的数字家电的研发和产业化基地。

3. 人力资源开发

海尔集团从始至今一直贯穿"以人为本"、提高人员素质的培训思路，建立了一个能够充分激发员工活力的人才培训机制，最大限度地激发每个人的活力，充分进行人力资源开发，从而使企业保持了高速稳定发展。

海尔集团自创业以来一直将人力资源开发工作放在首位，上至集团高层领导，下至车间一线操作工人，集团根据每个人的职业生涯设计为其制订了个性化的培训计划，搭建了个性化的发展空间，提供了充分的培训机会，并实行培训与上岗资格相结合。

4. 企业基础设施

海尔依据多年实践经验独创了具有中国特色，并符合中国国情的OEC管理模式，"O"表示全方位，"E"表示每人、每天、每事，"C"表示控制和管理。核心内容可以概括为五句话：总账不漏项，事事有人管，人人都管事，管事凭效果，管人凭考核。用一句话来概括就是："日事日毕，日清日高"。

拓展阅读3-4
保圣汽车制造公司
企业价值链分析

（覃稣舒，陶康胜，刘晏岑. 基于社会价值链的青岛海尔战略成本管理优化研究[J]. 中小企业管理与科技，2023(1)：118-120.）

第三节 业务组合分析

价值链分析有助于对企业的能力进行考察，这种能力来源于独立的产品、服务或业务单位。但是，对于多元化经营的公司来说，还需要将企业的资源和能力作为一个整体来考虑。波士顿矩阵与通用矩阵是公司业务组合分析的主要方法。

一、波士顿矩阵

（一）波士顿矩阵概述

波士顿矩阵（BCG matrix）又称市场增长率—相对市场份额矩阵、波士顿咨询集团法、四象限分析法、产品系列结构管理法等，是由美国著名的管理学家、波士顿咨询公司创始人布鲁斯·亨德森（Bruce Henderson）于1970年首创的一种用来分析和规划企业产品组合的方法。

（二）基本原理

波士顿矩阵将企业所有产品从市场增长率和市场占有率角度进行再组合。在坐标轴上，纵轴表示市场增长率，指企业所在产业某项业务前后两年市场销售额增长的百分比，通常用10%作为市场增长率高(大于10%)、低(小于10%)的界限。市场增长率是决定企业业务结构是否合理的外在因素。横轴表示相对市场占有率,它等于企业某项业务的市场份额与这个市场上最大竞争对手的市场份额之比,通常用1.0作为相对市场占有率高(大于1.0)、低(小于1.0)的界限。

(三)业务类型

根据市场增长率和相对市场占有率的不同组合,划分为4种业务,分别是"问题"业务、"明星"业务、"现金牛"业务和"瘦狗"业务,见图3-3。

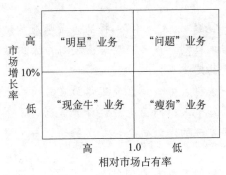

图3-3 波士顿矩阵图

▶ **1. 高增长—强竞争地位的"明星"业务**

这类业务的特点是相对市场占有率和市场增长率都很高,是企业资源的主要消费者,宜采取发展战略,在短期内优先供给它们所需的资源,支持它们继续发展,积极扩大经济规模和市场机会,以长远利益为目标,提高市场占有率,加强竞争地位,增加投资,增强其有利的竞争地位。该类业务是企业长期发展的机会和利润来源,管理组织最好采用事业部形式,由对生产技术和销售两方面都很内行的经营者负责。

▶ **2. 高增长—弱竞争地位的"问题"业务**

这类业务通常处于最差的现金流量状态。一方面,其所在产业的市场增长率高,需要企业大量投资以支持其生产经营活动;另一方面,其相对市场占有率低,能够生成的资金很少。因此,企业对于这类业务应该采取选择性投资战略。即首先确定对该象限中那些经过改进可能会成为"明星"的业务进行重点投资,提高市场占有率,使之转变为"明星"业务;对其他将来有希望成为"明星"的业务则在一段时间内采取扶持的对策。对"问题"业务的改进与扶持方案一般均列入企业长期计划中。最好是采取智囊团或项目组等形式,选拔有规划能力、敢于冒风险的人负责。

▶ **3. 低增长—强竞争地位的"现金牛"业务**

"现金牛"业务的特征是相对市场占有率高,但市场增长率低。这类业务本身不需要投资,反而能为企业提供大量资金,用以支持其他业务的发展。"现金牛"业务适合采用收获战略,即所投入资源以达到短期收益最大化为限。把设备投资和其他投资尽量压缩;采用榨油式方法,争取在短时间内获取更多利润。对于市场增长率仍有所增长的业务,应进一步进行市场细分,维持现存市场增长率或延缓其下降速度。适合用事业部制进行管理,其经营者最好是市场营销型人物。

▶ **4. 低增长—弱竞争地位的"瘦狗"业务**

这类业务处于饱和的市场当中，竞争激烈，可获利润很低，不能成为企业资金的来源。对这类业务应采用撤退战略。首先应减少批量，逐渐撤退。对那些还能自我维持的业务，应缩小经营范围，加强内部管理；而对那些市场增长率和企业市场占有率均极低的业务应立即淘汰。其次是将剩余资源向其他业务转移。最后是整顿产品系列，最好将"瘦狗"产品并入其他事业部，统一管理。

（四）波士顿矩阵的运用

在充分了解了四种业务的特点后，还需进一步明确各项业务在公司中的不同地位，从而进一步明确其战略。通常有四种战略分别适用于不同的业务，即发展战略、保持战略、收割战略和放弃战略。

（1）发展战略。以提高经营单位的相对市场占有率为目标，甚至不惜放弃短期收益。适用于"问题"类业务成为"明星"类业务。

（2）保持战略。投资维持现状，目标是保持该项业务现有的市场占有率。较大的"现金牛"业务可以此为战略，以使它们产生更多的收益。

（3）收割战略。对于处境不佳的"现金牛"类业务及没有发展前途的"问题"类业务和"瘦狗"类业务，为了在短期内尽可能得到最大限度的现金收入，宜采用收割战略。

（4）放弃战略。对无利可图的"瘦狗"类和"问题"类业务，采用放弃战略的目标在于清理和撤销某些业务，减轻负担，以便将有限的资源用于效益较高的业务。

【案例3.4】

思达公司波士顿矩阵分析

思达公司前身是 C 国 J 省一家冷气设备生产企业。为了最大限度地利用市场机会和公司在家电行业的优势地位，思达公司陆续上马了电冰箱、洗衣机、电视机、电脑等产品项目，希望利用公司的品牌优势，为企业获取更多的利润。

在 C 国，空调等家电产品的市场需求巨大，行业发展前景十分广阔。思达公司家电业几大业务的经营状况如下。

（1）空调器业务。思达公司曾是 C 国最大空调生产基地、世界空调器生产企业七强之一，由于思达公司的领导层未充分利用企业资源对空调业务进行扩大投资，公司生产的空调逐渐失去了市场优势，其市场份额逐年下降，已沦为 C 国内空调器三类品牌。

（2）洗衣机业务。思达公司的洗衣机业务只在投产的第一年实现盈亏基本平衡，其余年份都是亏损。思达公司试图通过调整产品结构、不断推出新产品来打开市场局面，但效果一直不理想，洗衣机业务的经营状况未得到根本扭转。

（3）电冰箱业务。思达品牌电冰箱的发展不尽如人意。2003 年，思达公司将电冰箱业务全部出售给另一家公司。

从 1998 年开始，C 国加大对新能源行业的政策支持，思达公司领导层认为这一领域发展潜力巨大、前景广阔。1999 年，思达公司对高能动力镍氢电池项目进行了立项。2002 年，思达公司召开了"高能动力镍氢电池及应用发布会"，标志着这个跨度更大的新能源行业成为思达公司的又一个主营领域。至 2013 年，思达公司是 C 国仅有的掌握镍氢电池自主专利技术的厂家，技术优势明显。

2009 年，思达公司的领导力排众议，坚持成立思达房地产开发有限公司，宣布进入房地产行业，希望高回报率的房地产业能给企业发展带来新的转机。然而，之后不久，C国政府对房地产行业进行宏观调控，房地产业进入了一个"寒冬期"，资金链紧张，房地产销售面积大降。而作为一个没有房地产开发经验的行业"新手"，要想在宏观政策收紧的情况下，从众多经验丰富、实力雄厚、拥有良好品牌的房地产企业中夺取市场份额，无疑难度极大。2010 年，思达公司房地产业务亏损近千万元。

拓展阅读 3-5
波士顿矩阵
案例分析

（付群，侯想，胡智婷. 波士顿矩阵模型下中国体育企业发展战略研究：基于 27 家代表性体育上市公司财务数据的实证分析[J]. 河北体育学院学报，2023，37(2)：47-57.）

二、通用矩阵

通用矩阵(GE 矩阵)又称吸引力矩阵，是美国通用电气公司在波士顿矩阵的基础上创立的一种业务组合分析工具。

（一）基本原理

通用矩阵改进了波士顿矩阵过于简化的不足。首先，在两个坐标轴上都增加了中间等级；其次，其纵轴用多个指标反映产业吸引力，横轴用多个指标反映企业竞争地位(图 3-4)。这样，通用矩阵不仅适用于波士顿矩阵所能适用的范围，而且，九个区域的划分更好地说明了企业中处于不同竞争环境和不同地位的各类业务的状态。

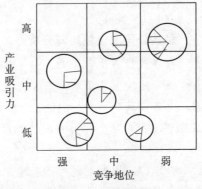

图 3-4 通用矩阵

通用矩阵比波士顿矩阵在以下三个方面变现得更为成熟。

（1）市场/产业吸引力代替市场增长率被吸纳进来，成为一个评价维度。市场吸引力较之市场增长率显然包含了更多的考量因素。

（2）竞争地位代替相对市场占有率成为另外一个维度，由此对每一个经营业务的竞争地位进行评估分析。同样，竞争实力较之相对市场占有率亦包含了更多的考量因素。

（3）通用矩阵有 9 个象限，而波士顿矩阵只有 4 个象限，这使得通用矩阵结构更复杂、分析更准确。

矩阵中圆圈面积的大小与产业规模成正比，圈中扇形部分（画线部分）表示企业在某项业务的市场占有率。

从矩阵图九个方格的分布来看，企业中处于左上方三个方格的业务适合采取增长与发展战略，企业应优先分配其资源；处于右下方三个方格的业务一般应采取停止、转移、撤退战略；处于对角线三个方格的业务应采取维持或有选择的发展战略，维持原有的发展规模，同时调整其发展方向。

（二）通用矩阵的局限

通用矩阵虽然改进了波士顿矩阵过于简化的不足，但是也存在自身的不足。

（1）用综合指标来测算产业吸引力和企业的竞争地位，这些指标在一个产业或一个企业的表现可能会有不一致，评价结果也会由于指标权数分配得不准确而存在偏差。

（2）划分较细，这对于业务类型较多的多元化大公司来说必要性不大，且需要更多数据，方法比较繁杂，不易操作。

第四节　环境、能力与战略的匹配

一、SWOT 分析的基本原理

SWOT 分析是对企业的内部条件和外部环境的各方面内容进行综合概括，分析企业的优势和劣势及面临的机会和威胁，进而帮助企业进行战略选择的一种方法。S 指企业内部的优势（strengths），W 指企业内部的劣势（weaknesses），O 指企业外部环境的机会（opportunities），T 指企业外部环境的威胁（threats）。

企业内部的优势和劣势分析主要是着眼于企业自身的实力及其与竞争对手的比较，企业外部的机会和威胁分析则将注意力放在外部环境的变化及对企业的可能影响上。SWOT分析，可以帮助企业把资源和行动聚集在自己的强项和有最多机会的地方，并让企业的战略变得更加明朗。在分析时，应把所有的内部因素（优势和劣势）集中在一起，然后依据外部的力量（机会和威胁）来对这些因素进行评估。SWOT 分析的四个要素见表 3-1。

表 3-1　SWOT 要素分析表

要　素	含　义	表　现
优势（S）	能给企业带来重要竞争优势的积极因素或独特能力	高市场占有率、拥有充足的资金、熟练的技术工人和较强的产品开发能力
劣势（W）	限制企业发展且有待改正的消极方面	财务状况恶化、产品质量下降、管理效能低下
机会（O）	随着企业外部环境的改变而产生的有利于企业的时机	政府的支持、与购买者和供应者建立良好的关系等
威胁（T）	随着企业外部环境的改变而产生的不利于企业的时机	新竞争对手的出现、市场增长缓慢、购买者和供应者讨价还价能力增强等

二、SWOT 分析的运用

SWOT 分析的目的是使企业考虑：为了更好地对新出现的产业和竞争环境做出反应，必须对企业的资源采取哪些调整行动；是否存在需要弥补的资源缺口；企业需要从哪些面加强其资源；要建立企业未来的资源必须采取哪些行动；在分配公司资源时，哪些机会应该最先考虑。这就是说，SWOT 分析中最核心的部分是评价企业的优势和劣势、判断企业所面临的机会和威胁，并做出决策，即在企业现有的内外部环境下，如何最优地运用自己的资源，并且建立公司未来的资源(见图 3-5)。

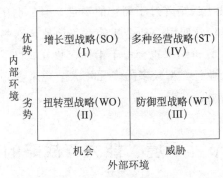

图 3-5　SWOT 分析

▶ **1. 优势—机会(SO 战略)**

增长型战略是一种发展企业内部优势与利用外部机会的战略，是一种理想的战略模式。当企业具有特定方面的优势，而外部环境又为发挥这种优势提供有利机会时，可以采取该战略。例如，良好的产品市场前景、供应商规模扩大和竞争对手有财务危机等外部条件，配合企业市场份额高等内在优势可成为企业收购竞争对手、扩大生产规模的有利条件。

▶ **2. 优势—威胁(ST 战略)**

多种经营战略(多元化战略)指企业利用自身优势，回避或减轻外部威胁所造成的影响的战略。例如，竞争对手利用新技术大幅度降低成本，给企业带来很大的成本压力；同时材料供应紧张，其价格可能上涨；消费者要求大幅度提高产品质量等。但若企业拥有充足的资金、熟练的技术工人和较强的产品开发能力，便可利用这些优势开发新工艺、简化生产工艺过程、提高原材料利用率，从而降低材料消耗和生产成本。

▶ **3. 劣势—机会(WO 战略)**

扭转型战略(转向战略)是利用外部机会来克服内部劣势，使企业改变劣势，获取优势的战略。当存在外部机会，但由于企业存在一些内部劣势而妨碍其利用机会时，可采取措施先克服这些劣势。

▶ **4. 劣势—威胁(WT 战略)**

防御型战略是一种旨在减少内部劣势，规避外部威胁的收缩战略。当企业存在内忧外患时，往往面临生存危机，企业应主动进行业务重组或者彻底放弃，设法避开威胁和消除劣势。

【案例 3.5】

荣诚酒店 SWOT 分析

荣诚酒店有限责任公司(以下简称荣诚酒店)是一家布局一线城市的经济型连锁酒店。截至 2007 年，其在北京、上海等一线城市开设了 300 多家连锁酒店，凭借较高的市场占有率成为国内知名的全国性连锁酒店品牌之一。

荣诚酒店实际控制人徐军凭借其原在大型旅行社担任经理时累积的旅游业经验，将商旅人士定位为目标客源，尽量在餐馆、商场、停车场及洗衣店等周边选址，重点打造"简洁、舒适、快捷"的主题酒店。为了降低初期投资成本，荣诚酒店放弃了自建酒店的传统商业模式，而是采用租赁旧厂房或写字楼进行酒店改造的轻资产模式。在设施方面，荣诚酒店不断简化酒店要素，如精简了豪华大堂、KTV 等传统酒店设施，客房仅提供简单整洁的洗漱用品，配以淋浴、分体式空调等基本设施。在舒适性方面，酒店引进国外功能床垫，以增加床的舒适度，配备可调节工作椅，为商旅人士提供舒适的工作环境。在服务方面，遵循快捷原则，酒店前台人员须在 5 分钟内为客人办理完入住或结账手续，客服中心为顾客提供 24 小时便利服务。

荣诚酒店利用互联网技术，率先在经济型连锁酒店推出官网订房系统。为了对连锁酒店进行规范化经营，在销售、采购、投资等 10 个方面推出管理手册。分店的所有经营决策均需分店店长、总部分管负责人、总部职能部门负责人及集团总经理的审核批准。为了进一步降低成本，部分分店开始与其他餐饮娱乐公司租用同一栋楼宇。2007 年 9 月，荣诚酒店大连分店由于同一栋楼宇中的娱乐场所发生火灾而被殃及。在荣诚酒店准备进一步巩固一线城市并大力发展二三线城市市场的时候，管理层发现其轻资产模式导致银行融资越来越困难。

我国一线城市的经济型酒店经过近十年的发展，初步形成了全国性连锁品牌、区域性连锁品牌、国际品牌三足鼎立的局面。在关注度较少的二三线城市则涌现出大量民宿酒店，这些民宿酒店模仿经济型酒店，但质量参差不齐，难以满足住客的需求。在房屋租赁及人工成本逐年上涨的情况下，因顾客对房价敏感度较高，酒店住宿价格上涨空间有限，经济型酒店的利润空间开始逐年收紧。但由于国内居民可支配收入不断提高，老百姓越来越注重改善生活水平和生活方式，旅游也逐渐成为老百姓改善生活水平和方式的重要选择，旅游住宿需求依然旺盛，再加上国内举办大型展销会或博览会逐渐增多的良好契机，风险投资公司均看好经济型酒店的发展潜力，并陆续开始对大型经济型连锁酒店进行投资。通过评估当前发展面临的环境后，荣诚酒店决定积极准备创业板上市，以筹集资金、扩大经营规模。

根据 SWOT 分析方法对荣诚酒店进行分析如下。

1. 优势：在一线城市具有较高的市场占有率、良好的品牌效应、连锁经营有利于分散经营风险、实际控制人拥有旅游业的行业经验、以租赁改造代替传统的自建酒店模式及简化酒店设施，初期投资成本较低、酒店设施简化，日常维护及更新费用低、选址贴近周边资源，为住客提供生活便利、舒适的住宿及工作环境、快捷及 24 小时便利服务，在销售渠道上利用先进科技，率先建立互联网订房系统、注重管理体系规范化建设。

2. 劣势：酒店配置主要针对商旅人士的需求、住宿产品类型单一、二三线城市发展不足、分店经营决策流程较为烦琐、与餐饮娱乐公司租用同一楼宇、对住宿环境造成不利影响、轻资产的经营模式造成银行融资困难。

3. 机会：居民收入不断提高，老百姓越来越注重改善生活水平和方式，旅游成为老百姓改善生活水平和方式的重要选择，旅游住宿需求依然旺盛，国内举办大型展销会或博览会逐渐增多的良好契机，二三线城市具有较大的市场空间，风险投资公司看好经济型酒店，乐于提供资金支持。

4. 威胁：国内经济型酒店的市场竞争加剧、成本上涨，价格上调空间有限，经济型酒店的利润空间逐年下降、顾客对房价敏感度较高、质量参差的民宿酒店对经济型酒店的形象造成不良影响。

（王志兵，张得心.SWOT 分析法的应用问题及解决途径：以 A 酒店的战略决策为例[J]. 黄冈职业技术学院学报，2022(6)：99-101.）

┃本章小结┃

企业内部环境是相对于外部环境而言的独立概念，指企业生存和发展的内部因素状况。企业外部环境分析向企业展示了未来发展的机会和威胁，但企业能否成功地抓住机会，避开威胁，则取决于企业自身的实力。企业的实力源于其战略资源和能力。企业的战略资源和能力源自于企业内部条件的关键要素。深入分析企业内部关键条件是制定正确战略的基础。

企业的资源指能够给企业带来竞争优势的任何要素，是企业参与市场竞争的必备条件，包括人力、物力、财力、信息、市场地位五大要素。但是，企业资源本身并不能产生企业的竞争能力和竞争优势，企业竞争能力和竞争优势是源于企业对多种资源的特殊整合。换言之，企业可持续性的竞争优势是由企业在长期运行中，将具有战略价值的资源进行特殊的整合、升华而形成的核心能力所产生的。核心能力是组织中的积累性学识，特别是关于如何协调不同的生产技能和有机结合多种技术流的学识，是一个企业能够比其他企业做得特别出色，使企业长期、持续地拥有某种竞争优势的能力。

通常，企业的竞争优势的能力体现在企业的产品设计、生产、营销和交货等过程，以及其他辅助过程等价值活动完成的方式和效率上，这些相互独立又相互联系、相互作用的价值活动关系构成了一个企业特有的价值链。

在对企业资源基础、核心能力和价值链分析的基础上，可综合归纳出企业的竞争优势或寻求竞争优势，企业要分析自身优势的状况与竞争对手的动态，有针对性地强化这些竞争优势，并争取取得新的优势，使优势能持久地保持。

SWOT分析是指定战略的匹配的分析工具，它是在内部、外部关键成功因素确定的基础上，根据判断结果将优势与劣势、外部机会与威胁分别列出，由内部与外部的两种状态以及相互匹配关系，形成优势—机会、劣势—机会、优势—威胁、劣势—威胁四种不同组合的战略。

┃课后自测┃

【即测即练】

【简答题】

1. 简述波士顿矩阵业务类型、战略选择。

2. 简述价值链的活动。

3. 决定企业竞争优势的企业资源判断标准是什么？

【案例分析题】

1. 山利水泥公司成立于1997年，主要从事水泥及其熟料的生产和销售。2002年2月，山利水泥成功上市。

　　山利水泥总部坐落于 A 省，A 省是全国水泥生产主要原材料石灰石储量第二大的省份，且石灰石质量较高。山利水泥凭借先天优势坐拥原材料成本和质量优势。

　　水泥产品体积大、单位重量价值低，而且其资源点和消费点的空间不匹配，这是造成水泥行业运输成本居高不下的主要原因。山利水泥利用自身位居长江附近的地理位置优势，积极推行其他水泥企业难以复制的"T 型"战略布局。山利水泥在拥有丰富石灰石资源的区域建立大规模生产的熟料基地，利用长江的低成本水运物流，在长江沿岸拥有大容量水泥消费的城市群建立粉磨厂，形成"竖端"熟料基地＋长江水运，"横端"粉磨厂深入江、浙、沪等地的"T 型"生产和物流格局，改变了之前通过"中小规模水泥工厂＋公路运输＋工地"的生产物流模式，解决了长江沿岸城市石灰石短缺与当地水泥消耗量大之间的矛盾。

　　山利水泥不断完善"T 型"战略布局。公司率先在国内新型干法水泥生产线低投资、国产化的研发方面取得突破性进展，标志着我国水泥制造业的技术水平跨入世界先进行列，确保公司为市场提供规模可观的低价高质的产品；公司在沿江、沿海建造了多个万吨级装卸水泥和熟料的专用码头，着力建设或租赁中转库等水路上岸通道；集团下设物流公司，在集团总部设立了物流调度中心；公司强化终端销售市场的开拓，推行中心城市一体化销售模式，在各区域市场建立贸易平台；公司物流体系实现了工业化和信息化的深度融合，以 GPS 和 GIS 为核心的物流调度信息系统实现了一体化、可视化的管理。通过"T 型"战略的实施，山利水泥进一步巩固了其"资源—生产—物流—市场"的产业链优势。2018 年，山利水泥年报显示：公司营收同比大幅增长 70.50％，净利润同比增长 88.05％，净利润增长幅度超过营收增长幅度。

　　要求：

　　（1）从企业资源角度，简要分析山利水泥所展示的竞争优势，以及山利水泥资源"不可模仿性"的主要形式；

　　（2）简要分析山利水泥的企业能力。

　　2.Q 省地处 QS 高原腹地，具有发展太阳能产业的独特资源优势。近年来，随着国内外清洁能源需求的不断增长，Q 省以电力企业为依托，抓住人才、技术、资金等关键资源，打造光伏一条龙全产业链，实现经济、生态保护和民生改善多赢。

　　作为 Q 省 TL 戈壁滩光伏产业园区的核心企业，河天水电公司将生态保护的理念融入产业园区的建设中。TL 戈壁滩日照多、降水少、风沙大，几乎没有多少绿色植被，刮风沙时，经常有小石子被吹起来，造成光伏板破损率比较高。河天水电公司开展了光伏生态产业种植的研究试验工作，根据当地土壤、水质的特点，种植雪菊、紫苏、透骨草等高原生态作物。这些作物牢牢抓住土壤，解决了光伏电板易损、易报废的问题。产业园区要定期清洗光伏板，而冲洗光伏板的水能灌溉作物，作物的生长又使水土更好地得到保持，光伏板下因此形成了小型绿色生态园。

　　由于植被长势太好，甚至会遮蔽光伏电板，而且冬季可能引发火灾。为解决这一问题，河天水电公司与附近几个村庄合作，发展小尾寒羊的养殖。为了避免羊吃草的随意性，公司规划出了放羊路线，请牧民按规划到光伏产业园区放羊，羊吃不到的地方就请牧民手动除草，工资另算。

　　光伏电站不仅带来了生态的良性循环，还发展了当地的养殖产业，对实现当地牧民的脱贫目标功不可没。

要求：

（1）依据钻石模型四要素，简要分析 Q 省打造光伏一条龙全产业链的优势；

（2）依据"企业利益与社会效益"的相互关系，简要分析 Q 省打造光伏一条龙全产业链过程中企业所承担的社会责任。

3.L 集团是一家民营企业，主要从事机械制造及相关业务，是国内的行业龙头。L 集团主要股东包括集团创始人 Z 先生和另外八位公司关键管理人员。L 集团的业务包括以下四个板块，在集团管理架构中分属于四个事业部。

（1）通用机械（general machinery）。L 集团在创业之初是从生产通用机械起家的。产品包括各类通用型的机床、磨床等生产设备，其制造的设备广泛应用于各类生产型企业，并由于质量稳定、价格适中，一直受到客户的普遍认可，在国内保持着较高的市场份额，每年无需大量的资金投入即可为 L 集团带来稳定而可观的收益。但由于通用机械国内总体市场增长缓慢，因此 L 集团这一板块的业务增长也较为缓慢。

（2）专用机械（special machinery）。从 20 世纪 90 年代，L 集团开始进入利润更高、增长更快的专用机械市场。与通用机械不同，专用机械应用于特定行业，一般按客户订单生产，需要符合客户特定的技术要求，因此需要公司在研发和技术方面给予大量的投入。L 集团经过多年不懈地努力，其生产的专用机械在国产专用设备市场上的份额已跻身前三，近年来一直保持着强劲的增长速度。然而，L 集团的管理层也清晰地意识到，自身的技术水平虽然在国内居于领先，但与国际同行相比仍相差甚远，高端领域的客户仍然毫无例外地采购欧美进口的专用设备。虽然专用机械业务有着很好的长期发展前景，但此项业务的长期发展还需 L 集团持续地加大投入。

（3）配件及服务（components and services）。这一业务板块主要销售上述两类设备的配件，以及提供维修、保养、技术培训、技术咨询等服务。目前，这一业务板块在 L 集团总体销售收入中的比例不到 5%，市场份额很低，增长缓慢，并处于亏损状态。管理层通过调研发现，配件及服务市场整体近年来正在快速增长。事实上，在中国开展业务的国际同行们在配件及服务上取得的销售收入可以达到总体销售收入的 20% 以上，并且利润率非常可观。他们经过深入研究后认为，L 集团应当可以凭借多年来积累的客户基础将这一业务板块发展起来，形成新的增长点。

（4）钢材贸易（steel trading）。L 集团在 2000 年左右开始涉足钢材贸易，初衷是通过这一业务，一方面获取贸易利润，另一方面服务自身的原料采购。然而，由于钢材贸易市场竞争激烈，市场趋于饱和，该业务的市场份额非常小，可获利润很低，需要占用的营运资金却很多，而且也并没有服务 L 集团自身的原料采购。由于其并非 L 集团的核心业务，公司无法投入相应足够的资源去支持这一业务板块的发展。

要求：（1）利用波士顿矩阵对 L 集团的四个业务板块作出分析，指出这四个业务板块分别属于波士顿矩阵中的哪一类型业务，并简要阐述判断依据。

（2）基于四个业务板块所属类型的特点和现状，分别针对下一步战略简要提出建议。

第四章　总体战略选择

学习要点

总体战略的主要类型、适用情形

发展战略实施途径

企业采取内部发展战略的动因、缺点及应用条件

企业战略联盟的基本特征、形成动因、主要类型

学习目标

　　总体战略(公司层战略)是企业最高层次的战略，是为实现企业总体目标，对企业未来发展方向做出的长期性和总体性战略。它需要根据企业的目标选择企业可以竞争的经营领域，合理配置企业经营所必需的资源，使各项经营业务相互支持、相互协调。公司层战略所要解决的问题是确定企业的整个经营范围和公司资源在不同经营单位之间的分配事项。这些任务只能由企业的最高管理层来完成，并且这些决策的影响具有较长的时限。通过本章的学习，理解发展战略、稳定战略和收缩战略的类型；掌握一体化战略、密集型战略和多元化战略的含义、类型、动机及其适用条件；掌握收缩战略的动因、具体方式及困难；掌握并购的类型、动机，以及并购失败的原因；掌握内部发展战略的动因、缺点及应用条件；了解企业战略联盟的基本特征；掌握战略联盟的形成动因、主要类型及其管控；理解战略选择过程是受多种因素影响的复杂的决策过程。

第一节　发　展　战　略

　　发展战略亦称增长战略，企业发展战略强调充分利用外部环境的机会，充分发掘企业内部的优势资源，以求得企业在现有的基础上向更高一级的方向发展。

　　发展战略主要包括三种基本类型：一体化战略、密集型战略和多元化战略。

一、一体化战略

　　一体化战略指企业对具有优势和增长潜力的产品或业务，沿其经营链条的纵向或横向延展业务的深度和广度，扩大经营规模，实现企业成长。它是公司充分利用自己在产品、技术、市场上的优势，在供、产、销方面实行纵向或横向联合，以扩大经营范围和经营规

模的战略。一体化战略按照业务拓展的方向可以分为纵向一体化和横向一体化。

（一）纵向一体化战略

▶ **1. 纵向一体化战略的概念**

纵向一体化战略也称垂直一体化战略，指企业沿着产品或业务链向前或向后延伸和扩展企业现有业务的战略，也就是将经营领域向深度（产业化）发展的战略形式。

企业采用纵向一体化战略有利于节约与上下游企业在市场上进行购买或销售的交易成本，控制稀缺资源，保证关键投入的质量或者获得新客户，从而使公司能在市场竞争中掌握主动权，进而达到增加各个业务活动阶段利润的目的。不过，企业采用纵向一体化战略也会增加企业的内部管理成本，还会面临不熟悉新业务领域所带来的风险。纵向一体化，尤其是后向一体化，一般涉及的投资数额较大且资产专用性较强，增加了企业在该产业的退出成本。

▶ **2. 纵向一体化战略的类型**

纵向一体化战略可以分为前向一体化战略和后向一体化战略，如图 4-1 所示。

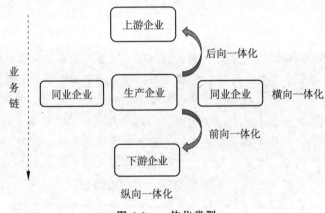

图 4-1 一体化类型

（1）前向一体化

前向一体化战略指获得分销商或零售商的所有权或加强对其控制权的战略。前向一体化战略通过控制销售过程和渠道，有利于企业控制和掌握市场，增强对消费者需求变化的敏感性，提高企业产品的市场适应性和竞争力。

前向一体化战略的主要适用条件包括：

① 企业现有销售商的销售成本较高或者可靠性较差，难以满足企业的销售需要；

② 企业所在产业的增长潜力较大；

③ 企业具备前向一体化所需的资金、人力资源等；

④ 销售环节的利润率较高。

（2）后向一体化

后向一体化战略指获得供应商的所有权或加强对其控制权。后向一体化有利于企业有效控制关键原材料等投入的成本、质量及供应可靠性，确保企业生产经营活动稳步进行。后向一体化战略在汽车、钢铁等产业采用得较多。

后向一体化战略的主要适用条件包括：

① 企业现有的供应商供应成本较高或者可靠性较差，难以满足企业对原材料、零部件等的需求；

② 供应商数量较少，而需求方竞争者众多；

③ 企业所在产业的增长潜力较大；

④ 企业具备后向一体化所需的资金、人力资源等；

⑤ 供应环节的利润率较高；

⑥ 企业产品价格的稳定对企业而言十分关键，后向一体化有利于控制原材料成本。

【案例 4.1】

伊利奶业的纵向一体化战略

伊利总部位于内蒙古自治区呼和浩特市，是唯一一家掌控新疆天山、内蒙古呼伦贝尔和锡林郭勒等三大黄金奶源基地的乳品企业，占据国内最大的液态乳市场份额，拥有全球最大的一体化优质奶源基地及众多优质牧场。伊利的发展历程可以说是中国乳业从小到大、从弱到强历史缩影。从 20 世纪 90 年代至今，伊利一直在不断投入奶源基地经营模式的建设，在国内乳业首创"公司＋农户"的经营发展模式，倡导"分散饲养、集中挤奶、优质优价、全面服务"的发展战略，抢占奶源竞争的先机，走上了"一方出资，多方受益"的正规化道路。

伊利能在市场竞争中掌握主动、增加各个业务活动阶段的利润，奶源基地四步走战略功不可没。伊利奶源基地的建设就是采取典型的后向一体化战略，第一步是"公司＋农户"，第二步是"公司＋牧场＋农户"，第三步是推动公司规范化牧场建设，第四步是成立奶牛合作社。伊利这种奶源基地建设模式，改变传统的一家一户奶牛饲养习惯，逐步提高奶牛养殖规模和品质，不断满足公司主导产品和其他不同产品的用奶需求，带动周边地区多年来形成的分散饲养模式向适度集中的经营方向发展，要逐步由大群体小规模向小群体大规模转变，走科学化、规范化、集约化的奶牛养殖道路，建立稳固的高质高产奶源基地。伊利副总裁靳彪曾在搜狐财经的专访中表示，绿色产业链是从奶源基地到合作伙伴、从环境到全社会和谐共荣的格局，既要考虑奶源基地一个牧场的存在是否会对环境造成破坏、怎样能让牧场低碳减排、能否对排放的碳进行中和，又要考虑污粪处理的标准、污粪发电能否通过电网供应给居民、如何通过集约化管理把对环境的影响降到最低。一方面，伊利大力发展标准化、规模化、集约化牧场，确保奶源品质；另一方面，伊利不断整合优质资源，建立领先的质量管理体系和标准，加强了自身对奶源供应、乳饮制造、分销和销售全过程的控制。

（新浪-财经纵横 http://finance.sina.com.cn/b/20030411/1023330616.shtml）

（二）横向一体化战略

▶ 1. 横向一体化战略的概念

横向一体化战略指企业向产业价值链相同阶段方向扩张的战略，是为了获得与自身生产经营同类产品的企业的所有权或加强对其控制权来求得发展的战略，如图 4-1 所示。企业采用横向一体化战略的主要目的是实现规模经济，以获取竞争优势。

▶ 2. 横向一体化战略的适用情形

企业所在产业竞争较为激烈；企业所在产业的规模经济较为显著；企业的横向一体化

符合反垄断法律法规，能够在局部地区获得一定的垄断地位；企业所在产业的增长潜力较大；企业具备横向一体化所需的资金、人力资源等。

【案例 4.2】

中盐金坛横向一体化发展
——实现国有化工企业绿色转型发展

中盐金坛作为国有盐化工业的龙头企业，长期以来一直积极践行"绿水青山就是金山银山"的理念，致力于岩盐资源的开发和综合利用。从储气到储油，再到储能发电，中盐金坛另辟蹊径，其快速崛起和发展壮大打破了人们对传统盐化工行业发展的固有思维，其创新发展战略给传统盐化工产业的健康可持续发展注入新的活力。

经过多年的发展，中盐金坛在盐穴资源综合利用方面迈出了先行的一步，从 2006—2022 年，通过实施的横向一体化战略走出一条独具特色的绿色、循环、综合发展之路，实现了企业的绿色转型发展。根据战略实施的时间间隔和实施形式，将中盐金坛的横向一体化战略分为三个阶段，并在此基础上梳理企业的绿色发展历程。

第一阶段是早期战略准备及绿色发展萌芽期，在这一阶段，中盐金坛逐渐意识到盐矿资源对企业可持续发展的重要性，2000 年并购陈家庄盐矿，成立金坛市盐业化学工业总公司，与中石油开展盐穴储气库前期研究工作。2002 年成功收购西旸、岗龙、茅麓等三家乡镇盐矿，与金坛直溪盐矿签订经营合同。

第二阶段是中期战略合作及绿色发展成长期。在这一时间段，中盐金坛开始重视盐穴资源的循环利用，资源综合利用率大大提高：2006 年与中石化签署储气库建设框架协议；2010 年开启对利用盐穴建设压缩空气储能电站的探索；2012 年与德国 SOCON 公司合作成立国内首家声呐盐穴测量公司，开展商用储气库的可行性研究；2013 年与港华燃气签订建设商用储气库合作协议；2014 年，商业盐穴储气库开工建设。

第三阶段是近期战略合作及绿色转型发展期。盐穴储气的成功并没有让中盐金坛止步。2017 年，与清华大学共同成立压缩空气储能联合研究中心，中盐金坛通过开展盐穴压缩空气储能项目跨入能源领域；2018 年，压缩空气储能项目取得当地政府建设许可，开工建设。中盐金坛通过盐穴这个地下空间慢慢与能源接轨，从盐化工企业一步一步地向能源企业跨越，实现企业的绿色转型。2019 年，中盐集团通过增资扩股，控股重庆市盐业(集团)有限公司 51% 股份，并改组为中盐西南盐业有限公司。2021 年 7 月，在中盐集团统一部署下，中盐化工通过公开摘牌完成并购青海发投碱业有限公司(简称青海发投)100% 股权。通过此次并购能够有效发挥青海发投、昆仑碱业经营管理协同效应，中盐集团实现可控纯碱总产能 730 万吨，成为全球范围内行业龙头企业。

(孙凌峰，周云飞，钟海连. 国有化工企业绿色转型发展过程机理研究：以中盐金坛横向一体化发展为例[J]. 常州大学学报(社会科学版)，2022，23(1)：47-56.)

二、密集型战略

研究企业密集型战略的基本框架是安索夫的"产品——市场战略组合"矩阵，见表 4-1。

表 4-1　产品——市场战略组合矩阵

市　　场	产　　品	
	现 有 产 品	新 产 品
现有市场	市场渗透：在单一市场，依靠单一产品，目的在于大幅度增加市场占有率	产品开发：在现有市场上推出新产品；延长产品生命周期
新市场	市场开发：将现有产品推销到新地区或其他细分市场；在现有实力、技能和能力基础上发展，改变销售和广告方法	多元化：与新技术或市场相关的多元化；与现有产品或市场无关的非相关多元化

(一) 市场渗透战略

▶ 1. 市场渗透的概念

市场渗透——现有产品和现有市场。彼得和沃特曼把这种集中战略称为"坚守阵地"，这种战略强调立足现有产品和现有市场的基础，通过各种营销手段或更大的市场营销力度来稳定或提高现有产品市场占有率。

▶ 2. 实施市场渗透战略的主要途径

市场渗透战略的目标是通过各种方法来增加产品的使用频率，主要方法如下。

(1) 扩大市场份额。这个方法特别适用于整体正在成长的市场。企业可以通过提供折扣或增加广告来增加其在现有市场中的销售额；通过改进销售和分销方式来提高所提供的服务水平；通过改进产品或包装来提高和加强其对消费者的吸引力，并降低成本。

(2) 开发小众市场。其目标是在行业中的一系列目标小众市场中获得增长，从而扩大总的市场份额。与竞争对手相比，如果企业的规模较小，那么这种方法尤为适用。

(3) 保持市场份额。当市场发生衰退时，保持市场份额具有重要意义。

▶ 3. 市场渗透战略的适用情形

(1) 当整个市场正在增长时，那些想要增加市场份额的企业能够以较快的速度达到目标。相反，向停滞或衰退的市场渗透可能会难得多。

(2) 如果一家企业决定将利益局限在现有产品或市场领域，即使在整个市场衰退时也不允许销售额下降，那么企业就必须采取市场渗透战略。

(3) 如果其他企业由于各种原因离开了市场，那么采用市场渗透战略比较容易成功。

(4) 企业拥有强大的市场地位，并且能够利用经验和能力来获得强有力的独特竞争优势，那么实施市场渗透战略是比较容易的。

(5) 当市场渗透战略对应的风险较低、高级管理者参与度较高，且需要的投资较少时，市场渗透战略也会比较适用。

以下的例子简单说明了银行业务可用的市场渗透战略。商业银行之间的信用卡业务竞争是在几乎一致的价格水平上，利用几乎无差异的产品进行的。因此，为了增加其自身产品的市场渗透性，现有的很多银行都会与各大型百货商店合作，推出签账回赠，周末签账折扣优惠等营销方法，还提供签账换取飞行里程数等，以吸引消费者于购物时使用其信用卡。

（二）市场开发战略

▶ **1. 市场开发战略的概念**

市场开发——现有产品和新市场。市场开发战略指将现有产品或服务打入新市场的战略，即在原有市场的基础上不断开拓新市场，扩大现有产品的销路。实施市场开发战略的主要方向包括开辟其他区域市场和细分市场。企业可以通过在新地区增设新商业网点或利用新分销渠道等措施，将现有产品推广到新市场。

▶ **2. 实施市场开发战略的动因**

（1）企业发现现有产品生产过程的性质导致难以转而生产全新的产品，它们希望能开发其他市场。

（2）市场开发往往与产品改进结合在一起，例如，将工业用的地板或地毯清洁设备做得更小、更轻，这样可以将其引入民用市场。

（3）现有市场或细分市场已经饱和，企业只能去寻找新的市场。

▶ **3. 市场开发战略的适用情形**

（1）存在未开发或未饱和的市场。

（2）可得到新的、可靠的、经济的和高质量的销售渠道。

（3）企业在现有经营领域十分成功。

（4）企业拥有扩大经营所需的资金和人力资源。

（5）企业存在过剩的生产能力。

（6）企业的主业属于正在迅速全球化的产业。

以下是主题公园开发新市场的例子。一家源于美国加利福尼亚州的主题公园为实现规模经济，利用同样的卡通主题和模式，数十年间，在多个地方，如东京、巴黎等地开设主题公园，成为旅游热点。为继续打入新市场，又在中国的上海市再建一家主题公园。

（三）产品开发战略

▶ **1. 产品开发战略的概念**

产品开发——新产品和现有市场。指在原有市场上通过技术改进与开发研制新产品。这种战略可以延长产品的生命周期，提高产品的差异化程度，满足市场新的需求，从而改善企业的竞争地位。企业可以通过增加花色、品种、规格、型号等，向现有市场提供新产品或改进现有产品。

▶ **2. 产品开发战略的适用情形**

（1）企业产品具有较高的市场信誉度和顾客满意度。

（2）企业所在产业属于适宜创新的高速发展的高新技术产业。

（3）企业所在产业正处于高速增长阶段。

（4）企业具有较强的研究与开发能力。

（5）主要竞争对手以近似价格提供更高质量的产品。

以下是大米食品的产品开发例子。一家以创新为中心的粮食产品公司为使消费者对其产品有新鲜感，不断致力于开发新产品。公司看准开发大米系列食品在现有市场的潜力，推出了四种加工类型的产品。一是方便型，既可制作方便米粉，如糯米粉等，还可制作方便米片、方便米糊等。二是保健型，将优质大米配以玉米、燕麦等加工成混合保健食品，开发黑米、血糯米、赤米、香粳米等特种大米的系列食品。三是饮料型，优质大米经酿制，加奶酪或乳酸发酵，可制成各种营养饮料。四是糕点型，用精细大米加工制成各式糕团、点心、饼干，包括众多的大米膨化食品。

（四）多元化战略

多元化——新产品和新市场。这是新产品与新市场结合的结果，可分为相关多元化和非相关多元化。这一战略方向应当从密集型战略类型中分离出来，归为发展战略的另一种基本类型。

三、多元化战略

（一）多元化战略的概念

多元化战略指企业进入与现有产品和市场不同的领域。安索夫认为："在任何经营环境中，没有一家企业可以认为自身能够不受产品过时和需求枯竭的影响。"这个观点得到了许多人的认同。市场变化如此迅速，企业必须持续地调查市场环境，以寻找多元化的机会。

（二）企业实施多元化战略的动因

（1）在现有产品或市场中持续经营不能达到目标，可能因产品处于衰退期而回报率低，或同一领域中的技术创新机会很少，或产业缺少灵活性，使当前产业令人不满。

（2）企业因以前在现有产品或市场中成功经营而保留下来的资金超过了其在现有产品或市场中的财务扩张所需要的资金。

（3）与在现有产品或市场中扩张相比，多元化战略意味着更高的利润。

（三）多元化战略的类型

（1）相关多元化。相关多元化也称同心多元化，指企业以现有业务或市场为基础进入相关产业或市场的战略。相关多元化的相关性可以是产品、生产技术、管理技能、营销渠道、营销技能或用户等方面的类似。采用相关多元化战略有利于企业利用原有产业的产品知识、制造能力、营销渠道、营销技能等优势来获取融合优势，即两种业务或两个市场同时经营的盈利能力大于各自经营时的盈利能力之和。当企业在产业或市场内具有较强的竞争优势，而该产业或市场成长性或吸引力逐渐下降时，适宜采用同心多元化战略。

（2）非相关多元化。非相关多元化也称离心多元化，指企业进入与当前产业和市场均不相关的领域的战略。如果企业当前所处产业或市场缺乏吸引力，而企业也不具备较强的能力和技能转向相关产品或市场，较为现实的选择就是采用非相关多元化战略。采用非相关多元化战略的主要目标是从财务上考虑平衡现金流或者获取新的利润增长点，规避产业或市场的发展风险。

（四）企业实施多元化战略的优点

（1）分散风险。当现有产品及市场失败时，新产品或新市场可能为企业提供保护。更多的产业、生产更多类型的产品、提供更多样性的服务，以确保企业经营"东方不亮西方亮"。

（2）能更容易地从资本市场中获得融资。通过并购实施多元化，可以使企业的权益资本扩大，财务风险相对降低，偿债能力和取得外部借款的能力提高，解决了偿债能力对企业外部融资带来的限制问题。此外，对于那些信用等级较低的被并购企业而言，通过并购可使其信用等级提高到并购企业的水平，为外部融资减少了障碍，能更容易地从资本市场中获得融资。

（3）当企业在原产业无法增长时，找到新的增长点。当企业原有的经营领域没有更大的盈利机会时，开辟新领域就等于开辟了新的天地。

（4）利用未被充分利用的资源。企业在发展过程中，因科技水平的提高、人员素质的提升、管理理念和方法的改进、企业发展方向的变化等，都会产生大量的富余资源，这些富余的资源如果没有得到充分利用，就会造成企业大量人、财、物的浪费，成为企业的负担。如果企业采取多元化战略，这些富余的资源就能得到充分利用，可为企业创造更多的效益。

（5）运用盈余资金。已进入成熟期的企业往往有相对富余的现金流入，但是苦于没有适合的投资机会，因此其管理当局希望能从其他产业中找到有较高回报的投资机会，通过采取多元化战略将多余资金投向成长性高的新兴产业。

（6）获得资金或其他财务利益。例如，运用企业在某个产业或某个市场中的形象和声誉进入另一个产业或市场，而在另一个产业或市场中要取得成功，企业形象和声誉是至关重要的。

（五）实施多元化战略的风险

（1）来自原有经营产业的风险。企业资源总是有限的，多元化经营往往意味着原有经营的产业要受到削弱。这种削弱不仅是资金方面的，管理层注意力的分散也是一个方面。

（2）市场整体风险。市场经济中的广泛相互关联性决定了多元化经营的各产业仍面临共同的风险。在宏观力量的冲击之下，企业多元化经营的资源分散反而加大了风险。

（3）产业进入风险。企业在进入新产业之后必须不断地注入后续资源，去学习这个行业的有关知识，并培养自己的员工队伍，塑造企业品牌。另外，产业的竞争态势是不断变化的，竞争者的策略也是一个未知数，企业必须相应地不断调整自己的经营策略，否则会面临极大的风险。

（4）产业退出风险。如果企业深陷一个错误的投资项目却无法做到全身而退，那么很可能导致企业全军覆没。一个设计良好的经营退出渠道能有效地降低多元化经营风险。

（5）内部经营整合风险。不同的业务有不同的业务流程和不同的市场模式，因而对企业的管理机制有不同的要求。企业作为一个整体，必须把不同业务对其管理机制的要求以某种形式融合在一起。多元化经营、多重目标和企业有限资源之间的冲突使这种管理机制上的融合更为困难，甚至使企业多元化经营的战略目标最终因内部冲突而无法实现。当企业通过并购方式进行多元化经营时，还会面临另一种风险，即不同企业文化是否能够成功融合的风险。

【案例 4.3】

格力电器的多元化战略

珠海格力电器股份有限公司成立于 1991 年。公司成立初期，主要业务是组装生产家用空调。作为一家专注于空调产品的大型电器制造商，格力电器致力于为全球消费者提供技术领先、品质卓越的空调产品，携技术与规模优势，站在空调行业的顶端，格力颇有几分"会当凌绝顶"之感。从家喻户晓的品牌经营理念"好空调，格力造"开始，格力凭借对质量上的把关及品牌形象的塑造，成功成为空调行业市场的龙头，甚至领跑全球。在我国今年的经济增速缓慢、空调领域的市场份额已达到饱和的情况下，从格力的长远发展来看，以空调产品这一单一业务来保障公司未来的营业收益具有较高的经营风险，且有悖于企业的发展规律。因此，格力必须在保障空调销售第一的地位的同时，积极开拓新的产品或服务，为企业增加更多的收入和利润增长途径，开启多元化之路。

格力电器时刻强调其"高端品质、核心科技"的品牌形象，随着 5G 和物联网时代的来临，格力电器的管理层们看到了这二者将会对家电行业产生重大影响。因此，针对生活家电和通信设备板块，从 2016 年后期，格力电器加大了其探索研发力度。格力电器自成立时就主攻空调业务，并不重视生活家电的产品发展，直到 2013 年才开始扩充各类小家电，优化产品结构。2016 年，格力电器提出了要在智能家居方面加速转型，加大对生活家电的重视和宣传力度。同时，从 2015 年研发格力手机一代起，公司逐步拓展通信设备业务，到目前已生产格力手机一代、二代、色界手机。2019 年，格力电器更是将 5G 手机纳入其工作重点中，着力打造出独具格力特色的物联网手机。2022 年 9 月，格力电器发起筹建广东省预制菜装备产业发展联合会；2022 年 12 月，注册资本 5000 万元的珠海格力预制菜装备科技发展有限公司成立，主打预制菜的装备。格力在装备上已经具备一定基础与实力，主要研发制造能够在生产过程中就确保营养品质的预制菜装备。

格力电器多元化未来的方向是：首先，在消费品类，格力电器要做到"好电器，格力造"，必须打造出极致的产品；其次，格力要做国家需要的技术和产业，如智能装备，包括数控机床、模具及机器人等；再次，是关键核心部件，包括电容、电机、电控、压缩机等；最后，新能源板块。将在技术上做更多的研究、沉淀，以真正实现把关键核心技术掌握在自己手上。生活电器、智能装备及其他主营业务板块在未来将会成为格力电器收入增长的新动力，这三个板块的发展状况将直接影响格力多元化战略的实施进程。

拓展阅读 4-1
公司发展战略
案例分析

（李媛. 格力电器多元化战略分析[J]. 中国乡镇企业会计，2017(12)：69-70.）

第二节　稳　定　战　略

一、稳定战略的概念

稳定战略又称维持战略，指限于经营环境和内部条件，企业在战略期所期望达到的经营状况基本保持在战略起点的范围和水平上的战略。

稳定发展战略不是不发展或不增长，而是稳定地、非快速地发展。一个稳定的发展战略的显著特征是公司很少发生重大改革或变化，具体包括：持续地为同类顾客提供同样的产品或服务，保持现有产销规模和市场占有率，稳定和巩固现有的竞争地位等。显然，这是一种偏离企业目前状态最小的战略态势。

稳定战略一般适用于处在市场需求及行业结构稳定或者较小动荡的外部环境中，面临的竞争挑战和发展机会相对较小的企业，也适用于虽然市场需求以较大幅度发展或是外部环境提供了较多发展机遇，但是因资源状况不足而难以抓住新的发展机会的企业。

二、实施稳定战略的原因

管理层不希望承担较大幅度改变现行战略所带来的风险。战略的改变需要资源配置的改变，但公司不愿承担改变资源状况带来的负担。发展太快可能导致企业的经营规模超出其管理资源承载的负荷，进而很快出现低效率的现象。企业的力量可能会跟不上或不了解可能影响其产品和市场的变化。最后，企业可能不能发现机会。

三、实施稳定战略的优点

稳定战略适用于对战略期环境的预测变化不大，而在前期经营相当成功的企业。采用这种战略的风险比较小，因为企业可以充分利用原有生产经营领域中的各种资源，避免开发新产品和新市场所必需的巨大资金投入和开发风险，避免资源重新配置和组合的成本，防止由于发展过快、过急造成的失衡状态。

四、实施稳定战略的风险

稳定战略的执行是以市场需求、竞争格局等内外部条件基本稳定为前提的，一旦企业外部环境发生较大变动，企业战略目标、外部环境、企业实力三者之间就会失去平衡，使企业陷入困境。因此，如果环境预测有问题，稳定战略也会有问题。稳定战略还容易使企业减弱风险意识，甚至会形成惧怕风险、回避风险的企业文化，降低企业对风险的敏感性和适应性。

第三节　收缩战略

一、收缩战略的概念

收缩战略也称撤退战略，指企业从目前的经营领域和基础上收缩，在一定时期内缩小原有经营范围和规模的一种战略。

二、实施收缩战略的原因

企业采用收缩战略的原因有多种，大致可分为主动和被动两大类。

▶ 1. 主动原因

一些企业选择收缩战略是为了满足企业战略重组的需要。为了谋求更好的发展机会和较高的投资收益，将有限的资源配置到利用率、回报率更高的产品生产上，企业往往主动采用收缩战略，调整业务组合，通过减少、压缩或停止某些产品的生产，筹措资金用于更为有利可图、更具发展潜力的产品生产。

▶ 2. 被动原因

企业选择收缩战略的被动原因有两种。一是外部环境原因，如宏观经济形势、产业周期、技术、政策、社会价值观或时尚等方面发生重大变化，以及市场达到饱和、竞争行为加剧或改变等，导致企业赖以生存的外部环境恶化，甚至出现危机。在这些情况下，企业为了防止外部环境中的不利因素对自身经营活动造成重大，甚至是致命冲击，最大限度地减少损失，度过危机，以求生存和发展，就只能采取收缩战略。二是内部环境原因，即由于内部经营机制不顺、决策失误、管理不善等原因，企业或企业某项业务经营陷入困境，失去竞争优势，因而不得不采用收缩战略。

三、收缩战略的方式

▶ **1. 紧缩与集中战略**

紧缩与集中战略往往着眼于短期效益，主要涉及采取补救措施制止利润下滑，是一种牺牲企业未来发展来维持短期利润的战略。该战略注重短期效果而忽略长期利益，其根本意图是渡过暂时性的难关，因而往往在经济形势不景气时被采用，以维持过去的经济状况和效益，实现稳定发展。具体做法有如下几种。

（1）机制变革，包括调整管理层领导机构，制定新的政策和建立新的管理控制系统，以改善激励机制与约束机制等。

（2）财政和财务战略，如建立有效的财务控制系统，严格控制现金流量；与关键的债权人协商，重新签订偿还协议，甚至把需要偿付的利息和本金转换成其他财务证券，如把贷款转换成普通股或可转换优先股等。

（3）削减成本战略，如削减人工成本、材料成本、管理费用；削减资产，如内部放弃或改租、售后回租等；缩小分部和职能部门的规模。

▶ **2. 转向战略**

转向战略也称调整型收缩战略，指企业为了谋求更好的发展机会，使有限的资源得到更有效的配置。其适用条件是企业存在一个回报更高的资源配置点，转向战略涉及企业经营方向或经营策略的改变。具体做法如下。

（1）重新定位或调整现有的产品和服务。

（2）调整营销策略，包括在价格、促销、渠道等环节推出新的举措。

▶ **3. 放弃战略**

放弃战略也称失败型收缩战略，指将企业的一个或几个主要部门转让、出卖等，以求最大限度地收回投资。放弃战略涉及企业或其子公司产权的变更，与前面两种战略相比，是比较彻底的撤退方式。采用放弃战略的主要方式有：特许经营、分包、买断、管理层杠杆收购、拆产为股/分拆。

四、实施收缩战略的困难

▶ **1. 对企业或业务状况的判断**

实行收缩战略的尺度较难把握，因而如果盲目地使用收缩战略，则可能会扼杀具有发展前途的业务和市场，使企业的总体利益受到伤害。

▶ **2. 退出障碍**

（1）固定资产的专用性程度。固定资产的专用性程度高，不容易变现，从而难以退出现有产业。

（2）退出成本。退出成本包括劳工协议、重新安置的成本、备件维修能力等。若这些成本过高，则会加大退出障碍。

（3）内部战略联系（协同关系密切程度）。如果企业中准备撤离的经营业务与其他业务存在着密切的协同作用，则企业很难采取收缩战略。这种战略性障碍主要存在于对消费者的服务上，有可能损害企业和其他产品的质量形象。特别是企业准备撤离的产品会使企业流失掉大量的消费者或市场份额，从而影响企业在其他市场上的竞争能力。

（4）感情障碍。实施收缩战略会引起企业内部人员的不满，从而引起员工情绪低落。因为实施收缩战略常常意味着不同程度的裁员和减薪，而且实施收缩战略在某些管理人员看来会威胁他们的职业生涯和业绩考核。若企业认为市场需求还会回升或企业的产品在某个特定的细分市场上，还有一定的销路，企业就会不愿撤离这个经营领域，也会形成一种感情障碍。

（5）政府与社会约束。政府考虑到失业问题和对地区经济的影响，有时会出面反对或劝阻企业退出的决策。

【案例4.4】

海底捞的收缩战略

2021年11月5日，海底捞决定关掉300家门店登上热搜第一，让众人感叹"太突然"。对于关店原因，海底捞首席战略官周兆呈回应封面新闻称，"我们希望解决快速扩张带来的负面影响，持续提升公司整体经营状况和管理效率"。火锅店的频繁更新和关店是常态，但随着行业竞争加剧，似乎表明野蛮生长的时代已经过去。海底捞"及时止血"的收缩战略是一种睿智的做法，走过弯路后，海底捞要开始"修炼内功"了。

火锅行业的龙头品牌海底捞创立于1994年，它重新定义了火锅店的形象，将极致的服务渗透到门店经营的全流程，将科技与服务相结合，提供能够满足消费者偏好的个性化选项，一定程度上构筑了品牌的核心竞争力。海底捞始终采取直营开店的经营模式，在2014年，门店数量刚刚超过100家，而仅2017年就新开门店98家，2018年新开180～220家门店，2020年，疫情背景下仍然新开170家门店，直至2020年上半年，全球门店数量达到了935家（其中868家位于中国的164个城市）。海底捞一方面实施市场下沉战略，通过扩大餐厅覆盖地区以及提高公司在二、三线城市的餐厅密度，进一步提高内地市场的占有率；另一方面基于中餐在全球范围接受度提高的判断，快速提高海底捞餐厅在具备大型华人社区的海外地区的覆盖率。

海底捞的产品生命周期已经出现了衰退期的趋势，各品牌对海底捞的经营模式做出跟随和模仿，使同质化服务不再成为独特的竞争优势。一方面，海底捞连锁经营的规模或许已经达到了上限，维持增长所需的成本不断攀升；另一方面，疫情后时代宏观经济变化导致公司成本提升。宏观经济下行影响居民消费水平，同时，餐饮行业员工成本和食材成本占比较高，员工工资或原材料成本提升对公司利润影响较大。海底捞定位中高端市场，已成为"服务"的代名词。布局火锅行业全产业链，内部费用成本较高，但是近两年，海底捞的翻台率下滑，同时，由于海底捞的食材比较大众化，加之市场上高同质化产品的激烈竞争，主动提价能力较低。

2021年11月，海底捞表示将逐步关停约300家未达经营预期的门店，并将其经营表现不佳归因于其2019年起所制定的快速扩张策略。同时，海底捞宣布实施"啄木鸟计划"，持续关注经营不佳的门店并适时收缩，但表示自行"咽下苦果"。作为中国火锅餐饮行业的龙头

拓展阅读4-2
公司收缩战略
案例分析

企业，海底捞在资本市场的断崖式下跌也许是其恢复经营表现的暂时性调整，从企业的长期发展来看，断臂止血后，海底捞未来将会走得更加稳健。

（金融投资报 https：//baijiahao.baidu.com/s？id＝1715606127858923959&wfr＝spider&for＝pc）

第四节　发展战略途径

发展战略一般可以采用三种途径，即外部发展（并购）、内部发展（新建）与企业战略联盟。

一、外部发展（并购）

外部发展指企业通过取得外部经营资源谋求发展的战略。外部发展的狭义内涵是并购，并购包括收购与合并。收购指一个企业（收购者）购买和吸纳了另一个企业（被收购者）的股权而控股该企业。合并指两个或两个以上的企业之间的重新组合。

（一）并购的类型

企业并购有许多具体形式，这些形式可以从不同的角度加以分类，如表 4-2 所示。

表 4-2　并购的类型

分类标准	类　　型		内　　涵
按并购双方所处的产业分类	横向并购		并购方与被并购方处于同一产业
	纵向并购	前向并购	沿着产品实体流动的正向发生的并购，如生产企业并购销售商
		后向并购	沿着产品实体流动的反向发生的并购，如加工企业并购原料供应商
	多元化并购		处于不同产业、在经营上也无密切联系的企业之间的并购
按被并购方的态度分类	友善并购		并购方与被并购方通过友好协商确定并购条件，在双方意见基本一致的情况下实现产权转让的一类并购
	敌意并购		并购方不顾被并购方的意愿采取强制手段，强行收购对方企业的一类并购
按并购方的身份分类	产业资本并购		并购方为非金融企业
	金融资本并购		并购方为投资银行或非银行金融机构
按收购资金来源分类	杠杆收购		收购方的主体资金来源是对外负债
	非杠杆收购		收购方的主体资金来源是自有资金

（二）并购的动机

（1）避开进入壁垒，迅速进入，争取市场机会，规避各种风险。由于进入新领域或新市场会面临很多障碍，通过并购能更容易地避开这些障碍，降低风险，争取更多的市场机会。

在制造业中，新建一般要比并购慢得多，除了要组织必需的资源外，还要选择工厂地址，修建厂房和安装生产设备，安排管理人员、技术人员和工人等。根据一些产业的实证研究，采用新建战略组成新的经营单位一般要经过 8 年的时间才有获利能力；经过 10～12 年的时间，该单位的效益才可达到成熟业务的水平；12年以后，该单位才会获得很高效益和市场占有率。此外，政府的有关法令也会影响到新建的速度，而并购则没有这些麻烦。

（2）获得协同效应。通过并购活动，企业之间将资源重新分配，可以将原有资源的利用效果发挥到最佳状态，其获得的效果远远超过独立存在于某个企业内的水平，即实现"1+1＞2"的效果。这种资源互补、优势互现、价值增值的整体优势就是企业进行并购的协同效应。第一，并购后的两个企业的"作用力"的时空排列得到有序化和优化，从而使企业获得"聚焦效应"。例如，两个企业在生产、营销和人员方面的统一调配可以获得这种效应。第二，并购后的企业内部不同"作用力"发生转移、扩散、互补，从而改变了公司整体的功能状况。例如，信息、人员、产品种类、先进技术与管理、分销渠道、商标品牌、融资渠道等资源的优势互补与共享，都是这种效应的体现。第三，并购后两个企业内的"作用力"发生耦合、反馈、互激振荡，改变了作用力的性质和力量。例如，在公司内部的技术转让、消化、吸收，以及技术创新后的再反馈中，可以产生这种效应。

（3）克服企业负外部性，减少竞争，增强对市场的控制力。众所周知，竞争的结果往往是两败俱伤，两个独立的企业进行相互竞争就会表现出这种负外部性，而通过并购不仅可以减少残酷的竞争，还能够增强对其他竞争对手的竞争优势，即增强对市场的控制力。

【案例4.5】

阿里巴巴并购网易考拉

阿里巴巴集团控股有限公司（简称"阿里巴巴"）创立于1999年。从2017—2021的五年间，阿里巴巴集团在《财富》世界五百强企业排行榜的排名从462跃升至63。阿里巴巴形成了以中国零售商业、中国批发商业、全球零售商业、全球批发商业、物流服务、本地生活服务为主要业务板块，以核心商业、云计算、数字媒体及娱乐、创新业务为主要经营框架的创新独特的生态体系。

网易考拉于2015年由网易公司成立，自成立以来，借助网易集团丰富的产品资源、流量资源和资金实力，网易考拉实现了迅猛发展，建立起自营模式、自主定价、全球布点、大规模保税仓等竞争优势。在近五年来的发展历程中，网易考拉逐渐形成以直营自采模式为主、以入驻式模式为辅的运营模式。在网易的经营下，网易考拉在仓储服务和跨境电商进口业务方面都实现了稳中求进的良好发展。尽管网易考拉的市占率很高，但盈利能力却不足。网易考拉的自营直采商业模式需要很高的投入成本，而且自身动销率不高，这使得存货周转率下降，从而仓储成本提高。与此同时，国内阿里巴巴、京东、拼多多占领着国内电商大部分的市场份额，网易考拉虽做到了跨境领域的第一，但就总交易量的差距仍相当明显。不仅如此，网易考拉营收增速的日趋减缓也牵连了网易整体的盈利水平。

2019年9月6日，阿里巴巴以20亿美元的价格全资收购了网易旗下的跨境电商平台网易考拉，与此同时，阿里巴巴还领投了网易云音乐7亿美元的融资。并购动因主要有以下几方面。

（1）扩大市场份额，维护行业地位。在2019年，天猫国际、网易考拉分别以32.3%和24.8%的市场份额比例占据行业的领先位置。通过对网易考拉进行收购，阿里巴巴可以在跨境电商领域占据绝对高水平的市场份额。

（2）减少恶性竞争，优化产品服务。阿里巴巴收购网易考拉可以结束双方烧钱争流量的竞争格局，降低经营成本，提高对海外供应商的议价能力，在保证利润空间的基础上为消费者提供价格优惠的高品质商品。除此之外，阿里巴巴也可以优化资金使用，助力业务基本成熟的网易考拉在产品和服务质量方面实现进一步改善和升级。

（3）弥补资源短板，完善内部管理。网易考拉的核心优势在于其自营模式能够从源头上杜绝假货，严密复核保证商品安全性，并拥有跨境电商行业的稀缺资源——大规模保税仓。阿里巴巴并购网易考拉可以在跨境进口业务的供应商、品牌以及产品种类等方面得到充分的丰富和补充。网易考拉遵循着"保税电商＋直采自营"的模式，在海外市场供应方面有着雄厚的资源优势。在扩充全球供应链版图方面，网易考拉拥有丰富的全球供应商资源，并且与诸多的国际品牌达成合作，为阿里巴巴在跨境电商模块的发展和扩张提供助力。

（4）降低交易成本，提高利润水平。天猫国际的主营业务是美妆，定位于高端市场；而网易考拉则是依靠母婴产品进入市场，重点在于二三线品牌。所以，天猫国际和网易考拉可以形成很好的优势互补。而且，互联网企业所竞争的核心资源在本质上是客户、流量等数据，并购网易考拉可以使阿里巴巴通过覆盖更大的用户群体获取用户资源，从而提高市场话语权，形成更强的用户粘性。另外，阿里巴巴和网易考拉的并购是同质化行业的优质并购，作为行业的领先者，网易考拉和天猫国际的合并可以影响整个行业的市场格局，使得集中化趋势更加明显，减少双方市场推广方面的竞争。从而在很大程度上提升对海外供应商的议价能力，进而节约市场交易成本，实现利润水平的提高。

（郑杨. 阿里巴巴并购网易考拉案例研究［J］. 中国财政科学研究院，2022（10）.）

（三）并购失败的原因

在企业并购的实践中，许多企业并没有达到预期的目标，甚至遭到了失败。造成并购失败的主要原因有以下几种。

▶ **1. 决策不当**

企业在并购行为正式实施之前就决策不当。由于在并购活动开始前没有对被并购企业进行详尽的调查与分析，高估目标企业的吸引力和自己对其管控的能力，高估并购带来的潜在经济效益等不适当的决策导致并购失败。

▶ **2. 并购后不能很好地进行企业整合**

企业并购后对于被并购企业与自己无法做到很好的整合，例如，在战略、组织、规章制度、业务和企业文化等方面的整合出现重重障碍，尤其是在企业文化的认同与整合上出现较大的困难，导致一系列的整合行为失败，最终导致企业的并购行为失败。

▶ **3. 支付过高的并购费用**

如果不能对被并购企业进行准确的价值评估，并购方就可能承受支付过高并购费用的风险。当企业想以收购股票的方式并购上市公司时，对方往往会抬高股票价格，尤其是在被收购公司拒绝被收购时，会为收购企业设置种种障碍，增加收购的代价。另外，企业在采用竞标方式进行并购时，往往要支付高于标的价格才能成功。这种并购溢价会增加企业的财务负担，同时将未来可能产生的潜在收益提前侵蚀掉了，使企业从并购的一开始就面临效益的挑战。

拓展阅读 4-3
跨国并购案例分析

▶ 4. 跨国并购面临政治风险

中国企业在跨国并购中，面临的最大外部风险就是东道国的政治风险。政治风险主要指东道国的政局稳定性、政策连续性等发生变化，从而造成投资环境的变化而产生的风险。

二、内部发展(新建)

内部发展也称内生增长指企业在不收购其他企业的情况下，利用自身的规模、利润、活动等内部资源来实现扩张。对于许多企业来说，特别是那些需要以高科技设计或制造产品的企业来说，内部发展已经成为主要的战略发展方式。

(一) 企业采取内部发展战略的动因

开发新产品的过程使企业能深刻地了解市场及产品；不存在合适的收购对象；保持统一的管理风格和企业文化；为管理者提供职业发展机会；代价较低，因为获得资产时无须为商誉支付额外的金额；并购通常会产生隐藏的或无法预测的损失，而内部发展不太可能产生这种情况；这可能是唯一合理的、实现真正技术创新的方法；可以有计划地进行，容易从企业资源获得财务支持，并且成本可以按时间分摊；风险较低，在收购中，购买者可能还需承担被并购者以前所做的决策产生的后果。内部发展的成本增速较慢，尽管内部开发新活动的最终成本可能高于并购其他企业，但是成本的分摊可能会对企业更有利，且比较符合实际，特别是对于那些没有资金进行大额投资的小企业或公共服务类型的组织来说，这是它们选择内部发展的一个主要理由。

(二) 内部发展的缺点

(1) 与购买市场中现有的企业相比，在市场上增加了竞争者，这可能会激化某一市场内的竞争。

(2) 企业不能接触到其他企业的知识及系统，这可能更具风险。

(3) 从一开始就缺乏规模经济或经验曲线效应。

(4) 当市场发展得非常快时，内部发展会显得过于缓慢。

(5) 进入新市场可能要面对非常高的障碍。

(三) 内部发展战略的应用条件

(1) 产业处于不均衡状况，结构性障碍还没有完全建立起来。因为竞争结构尚未完善，原材料的渠道没有被封锁，易于建立品牌的识别，所以使得企业的进入成本相对较低。

(2) 产业内现有企业的行为性障碍容易被制约。在一些产业中，现有企业采取报复性措施的成本超过了因此所获得的收益，使这些企业不急于采取报复性措施，或者报复性措施效果不佳。

(3) 企业有能力克服结构性与行为性障碍，或者企业克服障碍的代价小于企业进入后的收益。在一个产业中，并非所有的企业都面临着同样的进入成本。如果某个企业能够比其他大多数潜在进入者以更小的代价克服结构性进入障碍，或者只引起较少的报复，那么，它便会从进入中获取高于平均水平的利润。

三、企业战略联盟

企业战略联盟指两个或两个以上的经营实体之间，为了达到某种战略目的而建立的一种合作关系。

（一）企业战略联盟的基本特征

从经济组织形式来看，战略联盟是介于企业与市场之间的一种"中间组织"，联盟内交易既是非企业的，因为交易的组织不完全依赖于某一企业的治理结构，也是非市场的，因为交易的进行也不完全依赖于市场价格机制。战略联盟的形成模糊了企业和市场之间的界限。

从企业关系来看，组建战略联盟的企业各方是在资源共享、优势相长、相互信任、相互独立的基础上，通过事先达成协议而结成的一种平等的合作伙伴关系。联盟企业之间的协作关系主要表现为相互往来的平等性、合作关系的长期性、整体利益的互补性、组织形式的开放性。

（二）企业战略联盟形成的动因

根据近年来企业战略联盟的实践和发展，可把促使战略联盟形成的主要动因归结为以下六个方面。

（1）促进技术创新。随着技术创新和普及速度不断加快，对于技术要求比较高的企业而言，高新技术的开发费用日益增大，单个企业难以独立支付，必须通过建立战略联盟的方式共同分担。

（2）避免经营风险。当今企业面临的经营环境变化迅速，通过建立战略联盟、扩大信息传递的密度与速度，避免企业在规避经营风险时出现盲目性或者孤军作战，从而导致失败。

（3）避免或减少竞争。建立战略联盟有利于形成新的竞争模式，以合作取代竞争，减少应付激烈竞争的高昂费用，减少对抗性竞争导致的两败俱伤的结果。

（4）实现资源互补。资源在企业之间的配置总是不均衡的。在资源方面或拥有某种优势，或存在某种不足，通过战略联盟可达到资源共享、优势互补的效果。

（5）开拓新的市场。企业通过建立广泛的战略联盟可迅速实现经营范围的多样化和经营地区的扩张。

（6）降低协调成本。与并购方式相比，战略联盟的方式不需要进行企业的整合，因此可以降低协调成本。

（三）企业战略联盟的主要类型

企业战略联盟的类型多种多样，根据不同的标准可以对战略联盟进行不同的分类。从股权参与和契约联结的方式来看，可以把企业战略联盟归纳为以下两类。

▶ 1. 股权式战略联盟

（1）合资企业。由两家或两家以上的企业共同出资、共担风险、共享收益而形成的企业。合作各方将各自的优势资源投入到合资企业中，从而使其发挥单独一家企业所不能发挥的效益。

（2）相互持股投资。相互持股投资通常是联盟成员之间通过交换彼此的股份而建立的一种长期相互合作的关系。这种战略联盟中各方的关系相对更加紧密，而双方的人员、资产无须合并。

▶ 2. 契约式战略联盟

契约式战略联盟可看做无资产性投资的战略联盟，主要指企业之间决定在某些具体的领域进行合作，通过功能性协议结成一种联盟，最常见的形式包括：技术交流协议、合作研究开发协议、生产营销协议、产业协调协议等。

相对于股权式战略联盟而言，契约式战略联盟由于更强调相关企业的协调与默契，从而更具有战略联盟的本质特征；经营的灵活性、自主权和经济效益等方面比股权式战略联盟具有更大的优越性。但也存在企业对联盟的控制能力差、松散的组织缺乏稳定性和长远利益、联盟内成员之间的沟通不充分、组织效率低下等问题。相对而言，股权式战略联盟虽然灵活性较差，但有利于扩大企业的资金实力，并通过部分"拥有"对方的形式，增强双方的信任感和责任感，因而更利于长久合作。

【案例 4.6】

小米与 TCL 的战略联盟

小米集团和 TCL 集团双方为了实现更有效的产业战略协同，形成强强联合、优势互补、更紧密合作的战略伙伴关系，于 2018 年年末签订战略合作协议。2019 年，小米集团通过深交所在二级市场购入 TCL 集团 6516.88 万股。双方将开展智能硬件与电子信息核心高端基础器件一体化的联合研发，创新下一代智能硬件中新型器件技术的应用，建立起核心、高端和基础技术领域的相互合作或联合投资，以此催生创新智能产品，不断改善全球用户的体验和其交互方式。

小米选择 TCL 进行战略合作，此举"一石三鸟"，是一步妙棋。第一，随着小米全球化的步伐加快，完全依靠代工和贴牌可能存在技术和服务上的隐患，小米更需要专注于与一家企业合作，既能保证技术和服务，还能形成牢固的合作关系。第二，小米的选择一定要符合彼此全球化的战略。对于小米来说，手机自不必说，是其看家本领，小米智能电视正在迅猛出击。它们需要有更好技术的合作伙伴为其贴牌。而且，TCL 华星光电的液晶面板优势正逐渐放大，这对小米电视也是一个长期利好。从 TCL 集团来看，它们的全球化步伐正在加大，而且效果很好。小米选择 TCL 既符合彼此的利益，也会放大彼此的效应。第三，小米在供应链上的优势会更加明显。大家都知道，小米并没有自己的实体，都是依托于合作伙伴，尽管如此，小米的生态链初具规模和品牌效应。但是，小米要想可持续发展，就必须找到最核心的、长期紧密的合作伙伴，可以提供从技术、研发到产品等系列服务，而 TCL 除了黑电、白电以外，围绕消费电子产品正在构建一条完整的生态链，这给双方带来的好处不言而喻。

随着小米进入高速发展阶段，小米必须解决的是核心技术问题，否则对小米的成长是一大制约。从当前小米的主打产品来看，除手机以外，大家电是小米必须要进入的一个领域。目前，小米电视、冰箱、洗衣机、空调等大家电产品在国内已经引起了行业的高度重视，不得不把小米当成一个重要的竞争对手来看待。在白电和黑电领域，TCL 优势明显，既能满足小米追求核心技术的优势，也能满足不同品类产品的需求。以电视为例，TCL集团优势相当明显。其大尺寸显示产品出货量全球排名第五位，55 英寸显示面板出货量全球第二，产品技术创新能力和运营效率全球领先，在下一代新型显示技术和材料领域已建立领先优势，正在积极拓展和打造显示产业链生态。

小米牵手 TCL 集团，是一个双赢局面。双方之间的产业融合会有一个新的里程碑，也会驶向一个新的高度。小米集团入股 TCL 集团有利于加深两个产业集团的合作深度，构建更为紧密的战略合作伙伴关系。同时，也代表产业资本对 TCL 集团长期发展战略的认可和价值认同，不仅有助于 TCL 集团优化股东结构，提升资产质量与运营效率，还有助于市场竞争力和股东回报的稳步提高。

（小米入股 TCL 全面发力大家电[J]. 家用电器，DOI：10.16301/j.cnki.cn12－1204/f.2019.0324.）

拓展阅读 4-4
京东与沃尔玛的
战略联盟案例分析

拓展阅读 4-5
天胜公司战略
联盟案例分析

▌本章小结▐

通过本章的学习，我们可以了解到总体战略，即公司层战略是企业最高层次的战略，主要决策公司可以竞争的经营领域，以及经营资源的配置，是企业整体经营管理策划中的"指向标"。总体战略可分为发展战略、稳定战略和收缩战略。没有所谓的最好的总体战略，企业需根据自身的特点、发展阶段和风格等多方面因素进行战略选择。这是一个复杂的决策过程。

发展战略指采用积极进攻态度的战略形态，具体包括一体化战略、密集型战略和多元化战略。一体化战略按照业务拓展的方向可以分为纵向一体化战略和横向一体化战略，按业务链的方向又可以分为前向一体化和后向一体化；密集型战略根据安索夫的"产品—市场组合"矩阵又分为市场渗透战略、产品开发战略和市场开发战略；多元化战略根据与现有市场和产业的相关性又分为相关多元化和非相关多元化。当企业赖以生存的外部环境恶化，甚至出现危机，或企业某项业务经营陷入困境，失去竞争优势时，企业可选择紧缩与集中战略、转向战略和放弃战略等收缩战略。

公司实施发展战略的方式有多种，既有内涵式发展，也有外延式发展，每一种发展方式均有其利弊，需审慎选择。内部发展最大的优势是通过自身建立能力，但是它也会导致资源的过度使用。外延式发展方式可以迅速获得竞争所需要的时间和能力，但可能带来对公司控制和管理的难度。此外，也可以选择股权式或契约式的战略联盟，在相互信任、相互独立的基础上实现资源共享、优势相长、互利共赢。

▌课后自测▐

【即测即练】

【简答题】

1. 多元化战略的类型有哪些?

2. 后向一体化战略的主要适用条件是什么?

3. 简述企业战略联盟形成的动因。

4. 实施收缩战略的困难是什么?

【案例分析题】

1. 作为中国最成功的品牌之一,主营女装及鞋类制造和销售的贝芙妮股份有限公司自1996年以来,连续多年获得最畅销国内产品之荣衔。近年来,由于越来越多的企业家看到了女装及鞋类产品市场需求日益加剧的趋势,因此,便投入大量精力进入到该领域中来,从而导致女装及鞋类产品市场的竞争尤为激烈。而作为"先前部队"的贝芙妮公司为积极应对此状况,决定继续扩展市场占有率,多次在线下门店对现有产品进行让利促销等活动,并为了发挥规模经济优势,凭借自身雄厚的资金实力,收购了多家鞋类销售商。最终,在2018年击退了多家国内外企业的强烈进攻,成了女装及鞋类品牌的翘楚。但好景不长,受新冠疫情的影响,女装及鞋类产品的竞争格局正在发生翻天覆地的变化,作为曾经的"王牌"企业——贝芙妮公司也被迫走上了战略收缩的道路,采取了降低原料采购环节的成本支出措施,并且其管理层将本公司的资产作为债务抵押进行融资,买断本企业股权,从而达到控制、重组企业,并获得产权收益的目的。

要求:

(1) 简要分析贝芙妮公司采用的一体化战略类型及该战略的适用情况;

(2) 简要分析贝芙妮公司实施收缩战略的原因及具体做法。

2. HZ公司是一家生产通信设备的民营通信科技公司,于1986年正式注册成立,产品全面覆盖手机、移动宽带终端、终端云等,并凭借自身的全球化网络优势、全球化运营能力,致力于将最新的科技带给消费者,让世界各地享受到技术进步的喜悦,以行践言,实现梦想。

从2000年开始,手机市场的需求十分旺盛,但客户面临的选择也越来越多,对材质的要求也越来越高;2015年,HZ公司凭借着雄厚的资金支持收购了数家销售门店,实现了纵向一体化的整合。2020年,面对外部市场风险,HZ公司对内部进行了一系列调整。不仅在价格、广告等环节推出新的举措,同时要求所有管理层都要提交两份报告,一份是述职报告,一份是辞职报告,并且采取答辩方式进行竞聘。公司根据其表现、发展潜力和企业发展需要,批准其中的一份报告。在竞聘考核中,大约30%的干部被替换下来。

要求:

(1) 简述总体战略的三大主要类型,并结合资料分析HZ公司在2015年和2020年两个阶段分别属于哪种类型;

(2) 简要分析HZ公司在2015年具体采用的战略及该战略的主要适用条件;

(3) 简述2008年HZ公司实施上述战略的主要方式及其具体做法,并结合资料分析HZ公司采取该战略的原因,以及其具体采用何种方式。

第五章 业务单位战略选择

学习要点

基本竞争战略的含义、实施条件和风险
基本竞争战略的实施途径
中小企业的竞争战略选择

学习目标

　　业务单位战略也称竞争战略，它涉及各业务单位的主管及辅助人员。这些经理人员的主要任务是将公司战略所包括的企业目标、发展方向和措施具体化，形成本业务单位具体的竞争与经营战略。竞争战略所涉及的问题是在给定的一个业务或行业内，经营单位如何竞争取胜的问题，即在什么基础上取得竞争优势。

　　通过本章的学习，理解成本领先战略、差异化战略、集中化战略的含义；掌握三大基本战略的优势和劣势、实施条件，以及企业实施各战略所需的资源和能力；面对各种市场条件下，能够运用并判断选择合适的竞争战略，并探索有效的实施途径；理解并掌握涵盖八种战略选择途径的基本战略综合分析模型"战略钟"；理解新兴产业和零散产业的特征和差异，掌握不同产业结构下中小企业的竞争战略选择。

第一节 基本竞争战略

　　波特定义了三种适合多种商业环境的具有内部一致性的基本竞争战略，即成本领先战略、差异化战略和集中化战略。三种战略是不同的竞争优势与企业的竞争范围的组合，如图 5-1 所示。

图 5-1 三种基本竞争战略

从图 5-1 可以看到，三种基本战略中成本领先战略和差异化战略是基本战略的基础，它们是一对"对偶"的战略，而集中化战略将这两种战略运用在一个特定的细分市场。

一、成本领先战略

成本领先战略指企业通过在内部加强成本控制，在研究开发、生产、销售、服务和广告等领域把成本降到最低限度，成为产业中的成本领先者的战略。它是一个"可持续成本领先"的概念，即企业通过其低成本地位来获得持久的竞争优势。

（一）采用成本领先战略的优势

企业采用成本领先战略可以使企业有效地应对产业中的五种竞争力量，以其低成本优势获得高于行业平均水平的利润。

▶ 1. 形成进入障碍

企业的生产经营成本低为产业的潜在进入者设置了较高的进入障碍。那些在生产技术不熟练、经营上缺乏经验的企业，或缺乏规模经济的企业都很难进入此产业。

▶ 2. 增强讨价还价能力

企业的低成本可以使自己应付投入费用的增长，提高企业与供应者的讨价还价能力，降低投入因素变化所引起的影响。同时，企业的低成本可以提高自己对购买者的讨价还价的能力，对抗强有力的购买者。

▶ 3. 降低替代品的威胁

企业的成本低，在与替代品竞争时，可以凭借其低成本的产品和服务吸引大量的顾客，降低或缓解替代品的威胁，使自己处于有利的竞争地位。

▶ 4. 保持领先的竞争地位

当企业与产业内的竞争对手进行价格战时，企业由于成本低，可以在其对手毫无利润的低价格的水平上保持盈利，从而扩大市场份额，保持绝对的竞争优势。

（二）成本领先战略的实施条件

▶ 1. 市场情况（外部条件）

（1）产品具有较大的价格弹性，市场中存在大量的价格敏感用户。

（2）企业所处产业的产品基本上是标准化或者同质化的，实现产品差异化的途径很少。

（3）购买者不太关注品牌，多数顾客使用产品的方式相同，转换成本很低，因而倾向于购买价格最优惠的产品。

（4）价格因素决定了企业的市场地位，价格竞争是市场竞争的主要手段。

▶ 2. 资源和能力

（1）在规模经济显著的产业中装备相应的生产设施，以实现规模经济。

（2）降低各种要素成本。力求以最优惠的供给价格获得各种要素投入，包括资金、劳动力、原材料和零部件等。

（3）提高生产率。生产率即单位要素的产出，可以通过采用最新的技术、工艺或流程和充分利用学习曲线来降低成本，提高生产率。

（4）改进产品工艺设计。采用简单的产品设计，通过减少产品的功能的同时又能充分满足消费者需要来降低成本。采用功能相似的，但价格相对较低的替代性材料，如洗衣机的滚筒，有不锈钢材质和工程塑料材质，工程塑料材质的滚筒，其成本更低，但功能和不锈钢材质的滚筒的功能基本是一样的。

（5）提高生产能力利用程度。提高生产能力利用程度可以降低分摊在单位产品上的固定成本。

（6）选择适宜的交易组织形式。在不同情况下，采取内部化生产或靠市场获取的成本会有很大的不同。

（7）重点集聚。企业集中相关资源用于某一经营领域，如用于某一顾客群体、某一特定市场、某一类型产品、某一特定的技术等，可能会比分散地使用资源获得更高的效率。

（三）采取成本领先战略的风险

（1）技术的变化可能使过去用于降低成本的投资（如扩大规模、工艺革新等）与积累的经验一笔勾销。

（2）产业的新加入者或追随者通过模仿或者以更高技术水平设施的投资能力，达到同样的，甚至更低的产品成本。

（3）市场需求从注重价格转向注重产品的品牌形象，使得企业原有的优势变为劣势。

企业在采用成本领先战略时，应注意这些风险，及早采取防范措施。

【案例 5.1】

美的集团的成本领先战略

近年来，家电市场的竞争已经进入白热化阶段。美的、格力、海尔等国内家电厂商与西门子、松下、飞利浦等知名国际巨头同台竞技，使得这一领域的厮杀日益激烈。在这样的背景下，美的集团暖通空调、风扇、小家电等主导产品却仍稳居市场前列。能取得如此成绩，美的实施的成本领先战略功不可没，它为企业提供了强有力的市场竞争力。

美的集团的巨大成就与其成本领先战略的关系密不可分。美的集团的主要策略是以"总成本领先"为目标调整内外部资源，通过整合产业链的内外部资源，提高企业的生产效率，降低产品成本，使之产生足够的利润空间。与此同时，美的集团主动适应市场的发展潮流，科学地规划从生产到销售的一系列环节，形成了绝对的竞争优势。

一是美的集团对产品的生产过程进行成本控制。过去，美的集团主要依靠单一大规模的生产模式盈利。然而，伴随着市场竞争的日益激烈，国内外家电市场的总需求量也不能和早年同日而语，这种盈利模式显然已经不合时宜。在此背景下，美的集团提出了"成本效率管控"和"效率驱动"的成本控制方法，对产品的生产过程进行一系列的更新变革，以创造新的成本优势。美的集团对原材料供应的全程规划提高了资金和零部件的周转速度，使原材料的采购成本得到缩减。同时，智能化的生产线使人工成本减少近 35%，单位产品的生产成本降低 10% 左右。这导致产品销售价格同步下降，形成价格优势，增强了市场竞争力，进一步扩大了市场份额。

二是美的集团对产品的物流成本进行优化。对于家电制造商来说，产品的物流成本在总成本中占比较大。因此，美的集团从自身的物流需求出发，成立了子公司安得物流公司，专门负责产品的运输业务，现已成为美的集团产品运输的主要力量。安得物流公司实行信息化的管理模式，在全国范围内设立 32 个区域公司，有 170 多个物流服务平台，近 3 万辆配送车，年配送能力达 120 万次，大大提高了美的集团的产品运输能力，大幅度减少了物流成本。此外，美的集团运用技术手段为供应商安装了先进快捷的财务操作软件系统，实现供应商和生产商对产品的共同管理，即 VMI 运行模式。物流方面得益于子公司安得物流的成立，美的集团的产品库存由原来 4～6d 缩短为 3d 左右，库存周转率的提高使得资金占用率降低。覆盖全国的区域性仓库使得仓储成本较之前降低 15%～20%，整体物流成本减少近 30%。

产品销售方面，美的集团对市场提前进行调查和了解，市场有多大需求，就生产多少产品，经销商需要商品，美的集团就第一时间送到，并帮助经销商宣传和销售产品，有效减少了库存，避免了货物大量积压。线上营销模式拓宽了产品的销售渠道，已占到美的年销售额的近四分之一，还间接地减少了物流周转费用。通过成本领先战略，美的集团把冰箱、暖通空调、洗衣机等一系列的业务进行了重新整合，从而实现了从采购到生产、到销售全产业链成本的降低。

拓展阅读 5-1
智勤公司成本
领先战略的条件
案例分析

（赵伟杰. 家电企业成本领先战略分析：以美的集团为例[J]. 技术与市场，2021，28(7)：163-165.）

二、差异化战略

差异化战略指企业向顾客提供的产品和服务在产业范围内独具特色，这种特色可以给产品带来额外的加价，如果一个企业的产品或服务的溢出价格超过因其独特性所增加的成本，那么，拥有这种差异化的企业将获得竞争优势。典型的差异化表现有独特的设计或产品形象、技术实力、产品性能、客户服务（技术援助、快速响应）和经销商渠道等。

（一）采用差异化战略的优势

（1）形成强有力的产业进入障碍。由于产品的特色，顾客对该产品或服务的忠实程度很高，从而使该产品和服务具有强有力的进入障碍。

（2）削弱购买商讨价还价的能力。由于顾客对企业产品或服务有很高的忠实性，所以当这种产品或服务的价格发生变化时，顾客对价格的敏感程度不高。生产该产品或提供该服务的企业可以运用差异化战略，在产业的竞争中形成一个隔离地带，避免竞争的侵害。

（3）增强企业对供应商讨价还价的能力。差异化战略可以为企业产生较高的边际收益，降低企业的总成本，增强企业应对供应者讨价还价的能力。同时，由于购买者别无其他选择，对价格的敏感程度又低，所以企业又可以运用这一战略削弱购买者讨价还价的能力。

（4）抵御替代品威胁。差异化战略使企业建立起顾客的忠诚，同时，差异化战略通过提高产品的性能来提高产品的性能—价格比，这使得替代品无法在性能上与之竞争。

（二）差异化战略的实施条件

▶ 1. 市场情况

（1）可以有很多途径创造企业与竞争对手产品之间的差异，并且这种差异被顾客认为是有价值的，例如，戴森公司对吸尘器的尘土装置进行了全新设计，克服了一般吸尘器产品的不足，生产出了差异化的吸尘器产品，虽然价格较高，但在市场中广受欢迎。

（2）顾客对产品的需求和使用要求是多种多样的，即顾客需求是有差异的。

（3）技术变革很快，市场上的竞争主要集中在不断地推出新的产品特色上，如智能手机产品，技术更新换代快，需要不断创新。

▶ 2. 资源和能力

（1）具有强大的研发能力和产品设计能力。

（2）具有很强的市场营销能力。

（3）有能够确保激励员工创造性的激励体制、管理体制和良好的创造性文化。

（4）具有从总体上提高某项经营业务的质量、树立产品形象、保持先进技术和建立完善分销渠道的能力。

（三）采取差异化战略的风险

（1）企业形成产品差别化的成本过高。与实施成本领先战略的竞争对手的产品价格差距过大，购买者不愿意为获得差异化的产品支付过高的价格。

（2）市场需求发生变化。购买者需要的产品差异化程度下降，使企业失去竞争优势。

（3）竞争对手的模仿和进攻使已建立的差异缩小，甚至转向。这是随着产业的成熟而发生的一种普遍现象。

【案例 5.2】

互动剧市场中的芒果 TV 的差异化战略

互动剧是一种新的影视艺术表现形式，不同于常规的影视叙事手法，互动剧以交互性和非线性叙事方式为主要特点。互动剧将游戏和影视相结合，用户通过点击屏幕上的按钮实现与剧中人物的互动，身临其境地体验剧情。2019 年，我国迎来互动剧元年，腾讯视频、爱奇艺、优酷视频、芒果 TV、哔哩哔哩等几大头部视频平台纷纷布局互动剧市场。在这场互动剧热潮中，芒果 TV 实施差异化战略，力求跻身互动剧市场的头部阵营。

一是产品差异化。主打品牌 IP 价值衍生策略。芒果 TV 的王牌综艺 IP 资源是其他平台欠缺的优质资源。由大 IP 衍生的互动剧相对于那些从头开始新剧本的互动剧来说，与生俱来地拥有了广泛的受众基础。目前的两部互动剧《头号嫌疑人》和《目标人物》都是背靠湖南卫视的优质节目《明星大侦探》资源进行品牌 IP 价值衍生的。互动剧相较于普通的影视剧来说，有着参与感、沉浸感的优势，但是适合拍摄互动剧的题材却有着一定的限制。青春偶像类因强烈的恋爱代入感成为各大平台互动剧最常见的类型，而芒果 TV 独辟蹊径，推出侦探悬疑类互动剧。凭借其剧情的紧凑性、情节的起伏性、场景的震撼性、人物命运的选择性与互动形式完美结合，带来优质观看体验，两部剧在豆瓣上的评分均达到了 8.6 分之高。

二是服务差异化。尽可能地满足多元化需求。根据用户的差异化需求，芒果 TV 互动剧推出各种不同的服务。针对"侦探迷"用户，互动剧实施了"案发之日即上线之时"的排播策略，《目标人物》直接根据故事里案件发生的时间来释放集数。针对"粉丝群体"用户，互动剧实施与《明星大侦探》节目梦幻联动的策略，比如，《目标人物》自带明侦 buff 加持。针对潜在的付费用户，互动剧创新盈利模式，除了开通会员可以提前观看剧集之外，用户还有多个付费点，如直接购买额外的搜证、推论、修改结论等，也可以消费一定金额为角色购买新道具来解锁独家剧情。值得一提的是，芒果 TV 在发行之前就考虑到了推理类互动剧存在较高的难度。针对非侦探迷用户，《目标人物》的官方微博给出了详细的互动追剧教程，包括如何获取线索、如何获取助燃值，以及如何知道自己没有得到的线索或助燃值缺在哪里，等等。此外，又考虑到一部分只想安静看剧，不想进行推理的用户，芒果 TV 在主推的互动版本之外还提供了无推理互动环节的纯享剧情版本。

三是形象差异化。树立弘扬主流价值观的媒体品牌文化。尽管芒果 TV 的互动剧在数量上不占优势，但非常注重对节目文化品质的把关。《明星大侦探》及其衍生互动剧将当今社会的热点话题和热播影视转变为本土化的经典案情，搭建场景形成一个悬疑空间。每一期都会有一个主题，结尾案件侦破时嫌疑人被关进牢笼后固定 MC 都会总结整期节目主旨，并呼吁观众遵守法律、道德。可以说，芒果 TV 的互动剧将社会主义核心价值观蕴藏于节目内容中，既为主流价值观赋予了时代意义，又增加了青少年对主流价值观的热爱。芒果 TV 将适度娱乐性与严肃的政治导向相结合，塑造了一个负责任的媒体形象。

拓展阅读 5-2
做到极致的"特号
土猪"高端品牌
案例分析

（陶钰，王超群. 互动剧市场中的芒果 TV 差异化战略[J]. 视听界，2021（3）：53-58.）

三、集中化战略

集中化战略指针对某一特定购买群体、产品细分市场或区域市场，采用成本领先或产品差异化来获取竞争优势的战略。集中化战略一般是中小企业采用的战略。

公司业务的专一能够以较高的效率、更好的效果为某一狭窄的战略对象服务，从而在较广阔范围内超过竞争对手的战略。公司或者通过满足特殊对象的需要实现了差异化，或者在为这一对象服务时实现了低成本。集中化战略分为两类：集中成本领先战略和集中差异化战略。例如，初创时期的当当和京东——产品细分市场（当当创立之初主要销售中文图书产品，京东创立之初只销售"3C"电子产品）；足力健老人鞋——只针对老年人群销售鞋类产品。

（一）采用集中化战略的优势

（1）成本领先和差异化战略抵御产业五种竞争力的优势都能在集中化战略中体现出来。

（2）由于集中化战略避开了在大范围内与竞争对手的直接竞争，所以，对于一些力量还不足以与实力雄厚的大公司抗衡的中小企业来说，集中化战略的实施可以增强它们的相对竞争优势。

（3）对于大企业来说，采用集中化战略能够避免与竞争对手正面冲突，使企业处于一个竞争的缓冲地带。

（二）集中化战略的实施条件

（1）不同的细分市场具有完全不同的用户群，这些用户或有不同的需求，或以不同的方式使用产品。

（2）产业中各细分市场在规模、成长率、获利能力、竞争强度等方面存在很大差异，致使某些细分市场比其他细分市场更有吸引力。

（3）目标市场的竞争对手尚未采用类似战略。

（4）企业资源和能力有限，难以在整个产业实现成本领先或差异化，只能选定个别细分市场。

（三）采取集中化战略的风险

（1）狭小的目标市场导致的风险。由于企业将全部力量和资源都投入到了一个特定的市场，因此，当顾客偏好发生变化、技术出现创新或有新的替代品出现时，就会发现这部分市场对产品或服务的需求下降，企业就会受到很大的冲击。

（2）购买者群体之间需求差异变小。集中化战略的基础是市场能够细分，而且不同的细分市场是有差异的，若由于技术进步、替代品的出现、价值观念更新、消费偏好变化等多方面的原因，目标市场与总体市场之间在产品或服务的需求上差别变小，企业原来赖以形成集中化战略的基础也就消失了。

（3）竞争对手的进入与竞争。竞争对手可能采取同样的集中化战略或者从企业的目标市场中找到了可以再细分的市场，并以此为目标来实施集中化战略，从而使原来实施集中化战略的企业失去了优势。

【案例 5.3】

王老吉的集中化差异战略

凉茶属于饮料行业一个很集中的细分市场，属于小品类，在南方市场，区域性的品牌又比较多。王老吉通过对凉茶的重新定位"怕上火喝王老吉"，一度成为超越可口可乐的饮料企业，这就是典型的通过集中专一化战略做大品类的典型。

在饮料市场，可口可乐以碳酸饮料占主力军，农夫山泉稳居矿泉水市场持久不倒，统一系列茶饮妇孺皆知，果汁市场汇源更是多年销量领先。王老吉生产凉茶无论是在品牌上，还是在味觉感受上都稍稍逊色于其他饮料，在大众饮料选择上，王老吉必定不是最佳选择。反观药饮市场，更有宝芝林等专业凉茶来占据擂台霸主。王老吉如何在众多饮品中脱颖而出获得消费者青睐？功能性饮料是一个崭新的市场，更具市场潜力。"怕上火喝王老吉"让消费者了解王老吉的益处——预防上火。王老吉的盈利营销也就有了可乘之机。随着人们对健康生活的追求层次越来越高，消费者在饮料选择上亦偏向对其功能性的着重。未雨绸缪、防患于未然是日常生活的普遍心理。王老吉凉茶在预防上火方面别具风格，例如，消费者在旅行、聚会餐饮时很容易上火，可容易上火并不能等同于已经上火，这时，降火药品起不了太大作用，专业凉茶冲剂稍稍逊色于台面，王老吉出于消费者这种心理考虑，更容易被广大消费者接受，并有望成为聚会必备。加之，王老吉源于广西一带，受当地气候、风俗习惯影响，人们有喝凉茶的习惯。

王老吉企业正是认清了消费者的心理，于是以"怕上火喝王老吉"的广告语来吸引目标消费者眼球，帮助消费者分忧解难。广告语设置通俗、简单，可以并且也容易给目标消费者留下深刻印象。在王老吉打出的电视广告中，几个日常生活中司空见惯的场景强化了王老吉的品牌定位和产品功效。诸如此类，消费者在日常生活中的相应场合下可以自然而然地联想到王老吉，由此产生消费欲望，提高了王老吉的市场占有率。同时，对王老吉企业文化的宣传，以源远流长的历史获取消费者的信赖、增强消费者的信任感。王老吉的品牌定位建立在对目标消费者的行为和心理特征充分了解的基础上，将产品的功能与消费者心理需求相匹配，从而引起消费者的共鸣，并最终促成销售量快速增长，成为凉茶细分市场中的隐形冠军。

（中华网 https://hea.china.com/article/20211129/112021_936730.html）

四、基本战略的综合分析——"战略钟"

企业遇到的实际情况比较复杂，并不能简单地归纳为企业应该采取哪一种基本战略。而且，即使是成本领先或差异化也只是相对的概念，在它们之中也有多个层次。克利夫·鲍曼将这些问题收入到一个体系内，并称这一体系为"战略钟"，其可以对波特的理论进行综合，将产品的价格作为横坐标，将顾客对产品认可的价值作为纵坐标，然后将企业可能的竞争战略选择在这一平面上，用八种途径表现出来（见图 5-2）。

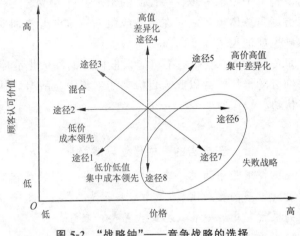

图 5-2 "战略钟"——竞争战略的选择

（一）成本领先战略

成本领先战略包括途径 1 和途径 2，可以大致分为两个层次：一是低价低值战略（途径1），二是低价战略（途径 2）。

途径 1 即低价低值战略（集中成本领先战略），企业关注的是对价格非常敏感的细分市场的情况。企业采用这种战略是在降低产品或服务的附加值的同时，降低产品或服务的价格。在这些细分市场中，虽然顾客认识到产品或服务的质量很低，但他们买不起或不愿买更好质量的商品。低价低值战略是一种很有生命力的战略，尤其是面对收入水平较低的消费群体的企业，比较适合采用这一战略。

途径 2 即低价战略（成本领先战略），企业寻求成本领先战略时常用的典型途径，即企业关注的是在降低产品或服务的价格的同时，保持产品或服务的质量不变。

（二）差异化战略

差异化战略包括途径 4 和途径 5，也可大致分为两个层次：一是高值战略（途径 4）；二是高价高值战略（途径 5）。

途径 4 即高值战略（差异化战略），是企业广泛使用的战略，即以相同或略高于竞争者的价格向顾客提供高于竞争对手的顾客认可价值。

途径 5 即高价高值战略（集中差异化战略），是以特别高的价格为顾客提供更高的认可价值。一些高档购物中心、宾馆、饭店等，就是实施这种战略。这种战略在面对高收入消费者群体时很有效，因为产品或服务的价格本身也是消费者经济实力的象征。途径 5 可以看成是一种集中差异化战略。

（三）混合战略

混合战略指途径 3，企业同时追求低成本和差异化。在某些情况下，企业可以在为顾客提供更高的认可价值的同时，保持低价，获得成本优势。一是因为提供高质量产品的公司会增加市场份额，而这又会因规模经济而降低平均成本，从而使公司可同时在该产业取得高质量和低成本的定位；二是因为当生产高质量产品时，工人必须更留心产品的生产，这又会因经验曲线而降低平均成本，使生产高质量产品的经验累积和降低成本的速度比生产低质量产品快；三是因为注重提高生产效率可以在高质量产品的生产过程中降低成本。

（四）失败战略

一般情况下，途径 6～8 可能是导致企业失败的战略。途径 6 提高价格，但不为顾客提供更高的认可价值。途径 7 是比途径 6 更危险的延伸，降低产品或服务的顾客认可价值，同时却在提高相应的价格。除非企业处于垄断地位，否则不可能维持这样的战略。途径 8 是在保持价格不变的同时降低顾客认可的价值，这同样是一种危险的战略，虽然它具有一定的隐蔽性，在短期内不被那些消费层次较低的顾客所察觉，但是这种战略是不能持久的，因为有竞争对手提供的优质产品作为参照，顾客终究会辨别出产品的优劣。

【案例 5.4】

西班牙 ZARA 的混合战略之路

ZARA 于 1975 年设立，隶属于西班牙 Inditex 集团旗下。而 Inditex 与美国的 GAP、瑞典的 H&M、德国的 CAAA 并称全球四大服装零售巨头，旗下共有 8 个服装零售品牌，ZARA 是其中最有名的品牌。ZARA 作为世界著名的快时尚品牌，其目标是为顾客提供"买得起的快速时装"。而 ZARA 能够在众多时尚品牌中脱颖而出，原因在于两个关键词："快"和"时尚"。ZARA 能够取得今天辉煌的业绩来自于它与众不同的管理模式和运营策略。ZARA 把流行设计时尚、品质与大众平价结合在一起，满足了消费者追求流行不需要花大钱的心理需求，为许多国家的都市白领女性所追捧。ZARA 采用了混合战略（同时追求低成本和差异化），该公司以相对较低的价格提供流行的，并且令人向往的时尚物品。

一方面，ZARA 几乎不做广告的营销策略为公司赢得了利润，同时不聘请高级设计师也节省了成本；ZARA 拥有反应最快的供应链使得几乎不需要大量的库存销账来修正销售策划的错误，因此，ZARA 的仓储和物流成本在同行业中也属较低水平；另外，ZARA 在公司总部附近聘请大量的低成本工人，以及快速的数据开发能力和低成本的操作系统的选择都有利于其成本的控制。

另一方面，在差异化战略中，ZARA 最成功之处是追求产品创新差异化和产品服务的差异化。在产品创新差异化上，由于 ZARA 的一件新的产品生产周期一般是 12 天，而同行至少要 120 天，在相同的时间里，ZARA 可以生产更多新颖时尚的服装，这既是产品生产方式的创新，也是产品本身的创新，因此，这是 ZARA 产品创新差异化最成功的地方。在产品服务差异化上，每个 ZARA 零售店都设在繁华的市区中心街道旁，而且面积都有一千多平方米，里面摆放了精致高档的货架，以及漂亮舒适的免费试衣服务，这些产品服务都是相对于其他服装行业的差异化之处。

拓展阅读 5-3
方便面的竞争
战略案例分析

（宁可. 浅谈"快时尚"品牌成本管理之道：以西班牙品牌 ZARA 为例[J]. 中国商论，2020(18)：24-25.）

第二节　中小企业竞争战略

波特对几个重要的产业环境类型进行了更具体的战略分析。他的分析主要是依据产业集中程度、产业成熟情况等展开的。其中，零散产业和新兴产业大多以中小企业为主体，所以，从某种意义上讲，也可以说是对中小企业竞争战略的研究。

一、零散产业中的竞争战略

零散产业是一种重要的结构环境，在这种产业中，产业集中度很低，没有任何企业占有显著的市场份额，也没有任何一个企业能对整个产业的发展产生重大影响。在一般情况下，零散产业由很多中小型企业构成。零散产业存在于经济活动的许多领域中，如一些传统服务业——快餐业、洗衣业、照相业等。

（一）造成产业零散的原因

产业零散的原因主要来源于产业本身的基础经济特性。

（1）进入障碍低或存在退出障碍。零散产业进入障碍低，就会有大量的企业涌入该产业；退出障碍高，业绩不佳的企业将倾向于在产业中维持，以求得巩固。这就会造成产业不易集中而变得分散。

（2）市场需求多样导致高度产品差异化。顾客需求的多样化导致该产业提供的产品高度差异化，限制了企业规模的扩大，使得满足不同目标市场需求的中小企业得以存在。例如，消费者对餐馆、洗衣店、理发店、女性时装店等提供的产品与服务都有各自不同的要求。

（3）不存在规模经济或难以达到经济规模。其原因很多，通常零散产业需要投入大量的专业技能，且不易复制，无法扩大规模，因此难以达到规模经济；又如，市场需求的快速变化与多样性要求迅速反应和多种功能间紧密合作，大企业难以发挥规模优势；再如，消费者对消费地点要求的差异性使高度集中的大企业无法满足消费者要求；此外，有些产业虽然在生产过程中可能存在规模经济，但由于高运输成本、高库存成本或不稳定的销售波动可能难以达到规模经济所需的经济规模。

产业零散的原因也有非经济因素。一是政府政策和地方性法规对某些产业集中的限制，例如，交通运输部牵头各部门出台的《汽车维修技术信息公开实施管理办法》，强制打破4S店对汽车零部件的垄断，允许授权经销商可以向非授权经销商转让汽车零部件。二是没有任何企业占有显著的市场份额，也没有任何一个企业能对整个产业的发展产生重大的影响。可能有些企业在生产制造方面存在潜力，但企业缺乏建立大规模生产的资本或专业技能，或缺乏纵向整合所需的投资，或缺乏资本或技能去发展分销机构、服务系统等。

（二）零散产业的战略选择

零散产业中有很多企业，每个企业的资源和能力条件会有很大差异，因此，零散产业的战略选择可以从多个角度考虑。如果从三种基本竞争战略的角度出发，零散产业的战略选择可分为以下三类。

▶ **1. 克服零散——获得成本优势**

通常，在零散产业中，进入这一产业的成本低，竞争者都比较弱小，如果某一个企业能够克服零散，并不会遭受很大的报复威胁，因此，它的战略回报将会是很高的。根据造成产业零散的原因，企业克服零散的途径有如下几条。

（1）直营连锁或特许经营。对于由顾客消费地点或消费口味不同而造成的生产规模的不经济性来说，克服零散最好的办法就是连锁经营或特许经营，这与许多制造业通过集中生产获得规模经济的方式完全不同。通过连锁经营和特许经营能够克服零散，使企业获得规模经济带来的成本优势。

（2）技术创新以创造规模经济。如果技术变化能够产生规模经济，那么，产业的集中就可能发生。比如，20多年前，我国诸多培训产业以面授为主，相当分散。后来，一些培训机构借助于技术和互联网开办了网络远程IT教育，使得这些培训产业通过技术创新创造规模经济，并使得该产业逐渐趋于集中。

（3）尽早发现产业趋势。如果产业零散的原因是产业处于开发期或成长期，那么随着产业的演变可能会发生集中。尽早意识到产业发展趋势，可以使企业较早地利用这些结果而处于主动的地位，这可能是克服零散的一种重要方法；如果能够尽早地预测产业未来的发展趋势，积极主动地提前进行战略布局，也能够获得规模经济或经验曲线带来的低成本优势。

▶ 2．增加附加价值——提高产品差异化程度

许多零散产业的产品或服务是一般性的商品，所以就产品或服务本身来说，提高差异化程度的潜力已经不大。在这种情况下，一种有效的战略是增加商品的附加价值，增强消费者对产品价值的认同感，这有助于强化消费者的购买意愿，降低价格上的议价能力，企业因此可能获得高利润。例如，海底捞火锅在提供基本火锅产品的同时，又提供了很多额外的服务，给顾客创造了额外的附加价值，赢得了顾客的赞誉。

▶ 3．专门化——目标集聚

零散产业需求多样化的特点为企业实施重点集中战略提供了基础条件。在零散产业中可以考虑以下几种专门化战略。

（1）产品类型或产品细分的专门化。当造成产业零散的原因之一是产品系列中存在多项不同产品时，产品类型或产品细分的专门化就是一种可行的战略。这种战略的代价是可能会对企业的发展规模形成某些限制。

（2）顾客类型专门化。企业专注于产业中一部分特定顾客也可以获得潜在的收益。顾客专门化也可能限制企业的发展规模，但企业可能获得更高的利润率。

（3）地理区域专门化。有些产业在大的地域范围内可能不存在规模经济或者企业难以达到规模经济所需的市场份额，但是在一个小的地域范围内却可能获得重要的经济性。例如，一些地方性的小食品企业在本地集中经营就相当成功，尽管存在一些全国性大型企业，但食品产业仍保持着零散产业的特点。

（三）谨防潜在的战略陷阱

零散产业独特的环境结构造成了一些特殊的战略陷阱。在零散产业中，进行战略选择要注意以下几个方面。

（1）避免寻求支配地位。受零散产业本身的基础经济特性的影响，为了寻求支配地位往往会使一些企业制定的战略过于激进，脱离企业的实际资源与能力，可能导致企业过度扩张，甚至经营失败。

（2）保持严格的战略约束力。企业制定战略后就要严格执行，战略频繁变动可能导致资源浪费，甚至危及企业的生存和持续发展。

（3）避免过分集权化。零散产业要求企业对市场变化做出快速反应，因此，处于零散产业的企业不能过度集权，应适当分权。

（4）了解竞争者的战略目标与管理费用。知己知彼方能百战百胜，分析竞争对手的战略目标可以预测竞争对手对其所处位置是否满意，由此判断竞争对手会如何改变战略，以及其对外部事件会采取什么样的反应。

（5）避免对新产品做出过度反应。在零散产业中，客户的需求是多样化的，也是多变的，因此，对于市场上出现的新产品来说，企业要认真分析，避免盲目跟风，做出过度反应。

【案例 5.5】

乡村基在快餐行业中的竞争战略

在肯德基、德克士等一览快餐天下的世界角逐中，中国式快餐并不是没有做过尝试，如风光一时的红高粱及阿德鸭等，但结果都失败了。而从 1996 年成长至今的乡村基却越来越好，甚至有要与肯德基一较高低的趋势，这与它的战略有着不可分割的关系。

乡村基 CSC 国际快餐连锁有限公司成立于 1996 年，引进美国 CSC 国际公司管理模式。乡村基主营中式快餐，在重庆市场的竞争对手主要是一般的小餐饮店等中式快餐，以及麦当劳、肯德基等西式快餐。乡村基在川渝有很高的知名度和美誉度。川渝无人不知乡村基，更是对其赞美不绝。截至 2021 年，乡村基已拥有直营连锁餐厅 1140 余家，分布在重庆、四川、上海、长沙、贵州等地，成为中国区域市场全面超越洋快餐的本土快餐品牌。在快餐这个零散产业中，乡村基的竞争战略如下。

一是增加附加价值——提高产品差异化程度。乡村基看到低端的街边小吃的不卫生的短板，自身特别注重大厅环境设计和垃圾清扫的及时，并且在送餐中学习肯德基的长处，以餐盘形式送餐大气体贴方便。乡村基认识到肯德基的油炸食品的不健康和分量不足的短板，以及中国饮食习惯依然偏向于米饭，提倡健康时尚，打造中国式米饭快餐，还赠送番茄蛋汤及时令蔬菜，还可以再加米饭、汤和时令蔬菜。从而保证了质量和分量。乡村基在崇尚川渝麻辣口味的同时还立足于川菜，引进并消化了粤、川、苏、浙等菜品，形成了自己中西结合、别具一格的菜品大全，更是坚持每周推新款，满足多类人群的需要。价格定位在低端的街边小摊价格和西式快餐之间，在十元到四十元的区间内生存扩大。这就抓住那些既不想在街边吃不健康食品，又觉得其他太贵太少的白领人群的需求，也为乡村基成长之路扫除价格障碍。乡村基的差异化战略既避免了与西式快餐直面竞争的危险，也把自身同传统的中式餐馆区分开来，同时还为自己留下了盈利空间。

二是克服零散——获得成本优势。首先，乡村基一般都会与家乐福、重百等购物大超市合作，把自己安排在这些超市内或附近，从而保证客源。乡村基选址还一般偏向负一楼或二楼，从而降低了店面租金，更利于店面盈利。同时，乡村基宣称：有肯德基的地方就会有乡村基。这一点实在高明。乡村基选址采取跟随策略是经过深思熟虑的。肯德基作为知名品牌，选址一定不会错，乡村基的跟随同时也会为自己保证客源。然后，走规模化工业生产、集中配送、做大做强的道路。原料采购当地化：重庆的农业比重大，农产品价格相对较低。乡村基的大量采购可以争取到低价进货。食品批量制作：一方面是由于客源好，众多顾客同时需要的食品数量多；同时，中式菜品也不像薯条等有严格的出炉时间要求。服务批量进行：服务人员分工合作，每步都有专人负责。汤、菜、饭由专人分小份装好，再由前台服务人员将几种菜品组合在一起，劳动效率高。专业化的分工和流水作业使其具有极高的效率。顾客自行点餐取餐，减少了服务成本。乡村基的成本领先战略可谓棋高一筹。

拓展阅读 5-4
新东方在教培
行业中的竞争
之路案例分析

拓展阅读 5-5
海川火锅的基本
竞争战略选择
案例分析

二、新兴产业中的竞争战略

新兴产业是新形成的或重新形成的产业。其形成的原因是技术创新、消费者新需求的出现，或其他经济和社会变化将某个产品或服务提高到一种潜在可行的商业机会的水平。例如，无人驾驶、万物互联、人工智能、网约车、共享单车、网络支付、网络借贷等都属于新兴产业。

从战略制定的观点来看，新兴产业的基本特征是没有游戏规则。缺乏游戏规则既是风险，又是机会的来源。

（一）新兴产业内部结构的共同特征

（1）技术的不确定性。在新兴产业中，企业的生产技术还不成熟，还有待于继续创新与完善；哪种产品结构最佳，哪种生产技术最有效率等都还没有明确的结论。

（2）战略的不确定性。在产业新兴阶段，企业对竞争对手、顾客特点和产业条件等只有较少的信息，缺乏可靠的产业销售量和市场份额的信息。所以，企业在产品定位、市场定位、市场营销和服务等方面会进行多种尝试，没有公认的"正确"战略。

（3）成本的迅速变化。小批量和新产品常在新兴产业初期形成相对较高的成本，然而，随着生产过程和工厂设计的改进、工作熟练程度的提高、销售额的增长导致的规模与累积产量的大幅度增加，企业的生产效率会大幅度提高。如果学习曲线的作用能与产业增长时所获得的规模经济的作用相结合，则成本下降会更快。

（4）萌芽企业和另立门户。萌芽企业指新成立的企业。另立门户企业即由于在迅速发展和充满机会的环境中，权益投资要比原有公司的工薪阶层更具吸引力；或由于已立足企业的雇员具有良好的条件去实现其更新的想法，这些新想法在原有企业可能无法实现，因此，那些已立足的企业中的雇员走出企业，创立他们自己的新企业。萌芽企业和另立门户的企业一般不可能是大企业，所以新兴产业也是中小企业的天下。

（5）首次购买者。新兴产业中的许多顾客都是第一次购买，还有许多顾客对新兴产业持等待观望的态度，认为第二代或第三代技术将迅速取代现有的产品。

（二）新兴产业的发展障碍与机遇

新兴产业在不同程度上面临产业发展的障碍。从产业的五种竞争力角度分析，新兴产业常见的发展障碍如下。

（1）专有技术选择、获取与应用的困难。新兴产业的技术种类往往是多样的，哪一种技术将成为主流技术的不明确性加大了企业对专有技术选择的困难。同时，新兴产业的技术还具有独创性，其供给者较高的议价能力增添了企业对专有技术获取的困难。此外，技术的不确定性及业务创新对技术应用和人才储备的要求都是对企业严峻的考验。

（2）原材料、零部件、资金与其他供给的不足。原材料和零部件短缺、重要的原材料和零部件价格的大幅上涨在新兴产业中都是很常见的。同时，由于技术与战略的不确定性，新兴产业取得低成本融资的能力较差。此外，新兴产业还缺乏各种发展所必需的基础设施，如服务设施、经训练的技巧、互补产品等。

（3）顾客的困惑与等待观望。在新兴产业中，众多的产品方案、竞争者们互相冲突的宣传效果、技术的不确定性及缺乏技术标准等，这种混乱会增加购买者的购买风险感，因而，购买者采取等待观望的态度，从而限制了产业的市场容量。

（4）被替代产品的反应。在面临新产品替代威胁时，老产品生产企业会采用各种有效的办法降低替代品的威胁。老产品可能会进一步降低成本，这也给新兴产业的发展增添了难度。

（5）缺少承担风险的胆略与能力。新兴产业早期的发展障碍主要源于缺少承担风险的胆略与能力、技术上的创造性，以及做出前瞻性的决策，以储备投入人力、物资与分销渠道的能力等。

尽管新兴产业的特征可能成为产业发展的障碍与风险的来源，但也同样会成为发展机遇的来源。新兴产业的发展机遇更多地从进入障碍与产业内现有企业的竞争中表现出来。由于新兴产业进入障碍相对较低，产业尚处于不平衡状态，竞争结构还没有完全建立起来，因此，相对于成熟产业，新兴产业的进入成本与竞争代价都会小得多。

（三）新兴产业的战略选择

（1）塑造产业结构。在新兴产业中，主要的战略问题是考虑企业是否有使产业结构成型的能力。企业通过其战略选择能够尽力在产品策略、销售方法及定价策略等领域内确定竞争规则。从长期来看，企业应以形成其最强有力的竞争地位的方式来寻求划定产业内的竞争规则。

（2）正确对待产业发展的外在性。在一个新兴产业内，一个重要的战略问题是企业在产业倡导和追求其本身的狭隘私利之间达到平衡。企业为了产业的整体利益及企业自身的长远利益，有时必须暂时放弃自身利益。

（3）注意产业机会与障碍的转变，在产业发展变化中占据主动地位。

（4）选择适当的进入时机与领域，如表 5-1 所示。

表 5-1　进入时机的选择

适宜早期进入的情形	不适宜早期进入的情形
① 企业的形象和声望对顾客至关重要，企业可因先驱者而发展和提高声望。 ② 产业中的学习曲线很重要，经验很难模仿，持续更新换代的技术绝不会使这种学习过程无效。 ③ 客户忠诚度很高，因此首先对客户销售的企业可以自然地得到好处。 ④ 通过对原材料供应、销售渠道等的早期承诺，能够获得绝对的成本优势。	① 先入者转行成本高：早期竞争的细分市场与产业发展成熟后的情况不同，早期进入的企业在建立了竞争基础后，面临过高的转换成本。 ② 先入者成为先烈，后来者坐享其成：开辟市场的费用很大，包括客户培训、规章制度的批准，以及技术开发费用等，但是开辟市场的好处却不能为先进入企业所独占。 ③ 后来者居上，弯道超车：技术变革将使早期投资过时，并且使那些后期进入的、具备最新产品及工艺的企业拥有某种优势。

【案例 5.6】

哈罗共享单车的竞争战略

互联网的出现和快速发展带动了共享经济的发展热潮，"共享"一词迅速成为学者研究的重点对象，也成为很多企业未来的发展方向。自小黄车的出现至今，市场上已经源源不断地出现了很多品牌的共享单车，但是即使竞争激烈，共享经济大战在短期内仍将持续发热，哈罗公司在共享单车这个新兴市场中克服发展障碍，通过一系列战略新举措占领尽了可能多的市场份额。

哈罗公司入场时，一线城市共享单车市场基本被瓜分完毕。哈罗公司只能避开竞争激烈的一线城市，深耕二、三线城市市场，并一口气与近 70 个二、三线城市签订了独家引进协议。而在一线城市激烈竞争中消耗了太多资源的第一梯队企业很难再实施市场下沉策略。这给了哈罗公司生存的机会和反超的可能，哈罗公司在接下来的一系列战略新举措实施过程中，逐步逆袭突破一线城市，成功跻身第一梯队，并在行业发展的关键转折中起到引领作用。

（1）将产品定位于公交运力的补充，助力完善城市公共交通体系。为了解决城市管理者对共享单车的管理难题，哈罗公司重新调整产品定位，将共享单车从商业属性拓展至公益属性，既满足了市民"最后一公里"的出行需求，也为政府管理城市和服务市民提供了支持。

（2）开启健康盈利模式，实施免押金策略。大多数共享单车企业通过收取 99 元、299元不等的押金来回收资金。哈罗公司在成立不足两年时，以第三方支付平台信用体系为支撑，实施免押金策略，直接摒弃了资金池模式。本着"长久发展依赖运营效率"的思路，哈罗极力推动共享单车全链条的闭环管理，对废旧单车进行报废、回收及再生处理，维护了城市的绿色可持续发展，也守住了共享经济本身对闲置资源有效利用的要义。

（3）精细化运营，大幅降低成本。多数共享单车企业的主营业务只是投放车辆、抢占市场，一些"头部"企业都把运营维护做了外包。而哈罗公司则坚持自主运营维护，通过不断升级硬件、优化算法，将数据精细化到城市的每一个网格。精细化运营大幅降低了运营成本，实现了共享骑行本身的盈利。

拓展阅读 5-6
智能电动汽车蔚蓝
公司的竞争之路
案例分析

（4）结合用户骑行体验，潜心专注研发。哈罗公司将自身定位于硬件公司，认为单车本身是共享经济的先决条件。经过 500 多人的研发团队不断改进，哈罗将单车从 1.0 密码解锁版本进化到 5.0 智能扫码解锁版本，打造坐感舒适、骑行省力、极速解锁、故障无忧的完美工业品，在众多竞争产品中脱颖而出。

┃本章小结┃

通过本章的学习，我们可以了解到业务单位战略，即竞争战略是企业具体业务领域如何赢得顾客和战胜竞争对手所采取的策略，包括基本竞争战略和中小企业战略。基本竞争战略分为成本领先战略、差异化战略和集中化战略三种；中小企业战略包含了零散产业和新兴产业中中小企业的战略选择。

成本领先战略指寻求企业成本状况在全行业范围内的领先，即降低产品的总成本，使其低于竞争对手产品的总成本。企业采用成本领先战略可以使企业有效地应对产业中的五种竞争力量，以其低成本优势获得高于行业平均水平的利润。但也存在一定的风险：一是企业的成本领先地位丧失，二是企业的成本优势难以弥补差异化劣势。差异化战略指通过为产品融入顾客需要的独特个性而使产品在顾客心目中升值，赢得顾客的消费偏好。同样，成本领先战略可以有效防御产业中的五种竞争力量，但也存在一定的风险：一是差异化优势的丧失，二是差异化优势无法弥补成本劣势。集中化战略指企业将经营的重点集中在产业内的某局部市场，谋求局部竞争优势。企业选择集中化战略的主观原因是企业的自身实力较弱，尚难以向整个市场提供产品和开展大范围的竞争。企业选择集中化战略的客观原因是市场与产业的同质性较弱，存在市场细分与产业细分的机会。集中化战略因对两种竞争优势的取舍性寻求而分为两种类型，即集中化成本领先战略和集中差异化战略。集中化战略的特色是产业细分与细分产业选取，故集中化战略在竞争领域选择方面易犯的错误是集中化战略所特有的风险，包括竞争领域过小，或者产业细分领域因为顾客需求或技术的变化而失去其合理性。"战略钟"可以对波特的许多理论进行综合，其中，混合战略指同时追求差异化和低成本，实现企业在为顾客提供可感知的高附加值的同时保持低价格的目的。

在零散产业中，产业集中度很低，市场实力较为薄弱，且没有任何企业可以独占鳌头，拥有压倒性的市场份额。任何一个企业的单独活动都无法左右整个产业的发展变化。零散产业的中小企业的战略选择包括克服零散——获得成本优势、增加附加价值——提高产品差异化程度及专门化——目标集聚。新兴产业指随着新的科研成果和新兴技术的发明、应用而出现的新的行业。新兴产业的战略选择包括塑造产业结构、正确对待产业发展的外在性、注意产业机会与障碍的转变，以及选择适当的进入时机与领域。

| 课后自测 |

【即测即练】

【简答题】

1. 简述成本领先战略的实施条件。
2. 简述差异化战略的风险。
3. 简述"战略钟"中的混合战略。
4. 零散产业的战略选择是什么？
5. 新兴产业的特征是什么？

【案例分析题】

1. 近年来，随着整车产销量快速增长，零部件市场迅速发展，新技术的应用，整个宏观经济环境的变化，车灯行业呈现出了一些新的特点。甲市 A 光源实业有限公司（简称 A 公司）成立于 1997 年。A 公司经过专业分析，发现车灯领域具有完全不同的用户群，而且这些用户有不同的需求，或以不同的方式使用产品。目前，在汽车、摩托车零配件市场中，其他竞争对手不打算将生产经营集中在车灯这个领域。A 公司是一个年轻的企业，资源上不允许其追求广泛的领域。行业中各细分领域在规模、成长率、获利能力方面存在很大差异，而车灯制造领域比其他模块更有吸引力。面对这样的情况，A 公司秉承着诚信、敬业、持续改善的经营理念，努力地追求卓越，与整车厂建立起紧密的合作伙伴关系，计划把生产经营集中在车灯这个领域，设计、制造和销售汽车、摩托车全系列灯泡。

将目标集中于车灯市场便于集中使用整个公司的力量和资源，更好地服务于车灯市场。公司可以更好地调查研究与车灯有关的技术、市场、顾客，以及竞争对手等各方面的情况，做到"知己知彼"。战略目标明确，经济效果易于评价，战略管理过程也容易控制，从而带来管理上的简便。但是，由于 A 公司的全部力量和资源都投入了车灯市场，如果顾客偏好发生变化，技术出现创新或有新的替代品出现，这部分市场对产品或服务需求下降，则 A 公司就会受到很大的冲击。如果有竞争者打入了甲市的车灯市场，并且采取了优于 A 公司的战略，则将会严重影响 A 公司的销量。随着节能减排的观点越来越被人们接受，汽车、摩托车的产量销量可能会逐渐减少，车灯销量也可能随之变小，而客户需求的不断更新也会造成生产费用的增加。

要求：

（1）分析 A 公司计划采用的竞争战略类型，采用该战略应具备的实施条件。

（2）结合资料，简要分析 A 公司采用该战略可能带来的优势和风险。

2. H 公司是一家研究开发智能手机的跨国企业。近期，该公司推出的一款智能手机名声大噪，国内外多家媒体争相报道其最新产品"FAN"系列。据报道，"FAN"系列搭载的革命性图像处理加速技术犹如汽车涡轮增压系统，全面提升图像处理效率；更有杜比全景声，创造出逼真流动的音效，娱乐体验由此焕然一新。上述种种均在业内史无前例，它的面市开启了智能手机的新篇章。

近几年，智能手机市场发展迅速，技术变革加快，唯有创新能满足顾客的多样化需求，"FAN"系列的最新销售数据也向市场证明了这款产品被消费者的认可程度。为了成就"FAN"系列，H 公司概聚了一流的研发设计团队，对技术型人才除了固定年薪之外，还有股份激励政策，提高了整个研发设计团队的积极性。另外，H 公司在业内一直以较强的市场营销能力闻名，"FAN"系列产品同样是其市场部总监带领核心团队耗时一年半，精心策划的营销方案。让"FAN"系列抢先一个月上市，占据足够的市场空间，最终一炮而红，成为国内外智能手机界的新宠。

市场部总监在接受采访时表示，这个系列的成功绝不是一个侥幸，它包含了整个销售团队对市场的认知。针对国内地区，我们首推中档配置产品也是有计划的，推出中档配置产品的同时统计各个区域的月销售数据，对销量较高的地区加大广告力度，进一步提升销量。对销量较低的地区推出高档配置产品和低档配置产品，供广大消费者自由选择。针对低档配置产品，我们会采取折扣的形式吸引用户；针对高档配置产品，我们会派销售专员，与客户一对一接触，详细介绍我们产品的亮点。而针对国外市场，在产品上市之初均采用一个较高的价格，获取最初阶段的利润。在销售渠道上，因为产品是全球销售，所以我们不得不使用中间商。但凭借着 H 公司多年来稳固的分销渠道，产品的质量和品牌形象均能够获得保证。

要求：从市场情况和资源能力两个方面，简要分析 H 公司实施差异化战略的条件。

第六章 职能战略

学习要点

市场营销战略的 STP 营销和 4P 理论

财务战略的内涵，以及基于发展阶段的财务战略选择

研发与开发战略、生产运营战略和采购战略的内涵和战略选择

学习目标

通过本章的学习，理解市场营销战略的内涵，掌握市场细分、目标市场选择、市场定位和 4P 组合的分析和运用；理解掌握财务战略的内涵、财务战略的确立，以及基于产品生命周期模型的财务战略选择；掌握研究与开发战略、生产运营战略和采购战略的内涵、分类及作用等内容，能恰当地分析和运用相关战略。

第一节 市场营销战略

市场营销战略是企业市场营销部门根据公司总体战略与业务单位战略规划，在综合考虑外部市场机会及内部资源状况等因素的基础上，确定目标市场，选择相应的市场营销策略组合，并予以有效实施和控制的过程。市场营销战略的制定是一个相互作用的过程，是一个创造和反复的过程。

在现代市场营销理论中，市场营销战略的核心是 STP 营销，即市场细分、目标市场选择和市场定位。企业在目标市场上的经营特色和竞争地位是通过市场营销组合的特点体现的。

一、市场细分

市场细分指企业根据整体市场上用户的差异性，以影响用户需要和欲望的某些因素为依据，将一个整体市场划分为两个或两个以上的用户群体，每一个需求特点相类似的用户群体就构成一个细分市场(或子市场)。

(一) 消费者市场细分

消费者市场指那些为满足生活消费需要而购买商品的所有个人和家庭所组成的市场。消费品是社会最终产品，它不需要经过生产企业再生产和加工，可供人们直接消费。因

此，消费者市场不是中间市场，而是最终市场。消费者市场的主要细分变量有地理细分、人口细分、心理细分和行为细分。

（1）地理细分。地理细分指企业按照消费者所在的地理位置及其他地理变量（包括城市农村、地形气候、交通运输等）来细分消费者市场。

例如，全球市场分为中国、美国市场等，亚洲、欧洲市场等；中国市场分为华北、东北、华南等，北京、河北、山东等，城市（一线城市、二线城市等）、农村。

（2）人口细分。人口细分指企业按照人口变量（包括年龄、性别、收入、职业、教育水平、家庭规模、家庭生命周期阶段、宗教、种族、国籍等）来细分消费者市场。

（3）心理细分。心理细分指企业按照消费者的生活方式、个性等心理变量来细分消费者市场。

例如，按生活方式分为享乐主义者、实用主义者；紧跟潮流者、因循守旧者；按照个性分为独立、保守；外向、内向；支配、服从。

（4）行为细分。行为细分指企业按照消费者购买或使用某种产品的时机、消费者所追求的利益、使用者情况、消费者对某种产品的使用率、消费者对品牌（商店）的忠诚程度、消费者待购阶段和消费者对产品的态度等行为变量来细分消费者市场。

例如，根据消费者对某种产品的使用率划分为少量（轻度）使用者、中量（中度）使用者、大量（重度）使用者；按照消费者对产品的态度划分为热爱的、肯定的、不感兴趣的、否定的、敌对的。

（二）产业市场细分

产业市场又称生产者市场，指购买的目的是为了再生产而采购的工商服务企业形成的市场。许多用来细分消费者市场的标准同样可用于细分产业市场。如根据地理、追求的利益和使用率等变量加以细分。但产业市场也有自己的特殊性，采用最多的细分变量可以归纳为用户的行业类别、用户规模、用户地理位置和购买行为因素。

（1）用户的行业类别。在产业市场上，不同的最终用户对同一种产业用品的市场营销组合往往有不同的要求。工业品用户购买产品，一般都是供再加工之用，对所购产品通常都有特定的要求。

例如，同是钢材用户，有的需要圆钢，有的需要带钢，有的需要普通钢材，有的需要硅钢、钨钢或其他特种钢。企业此时可根据用户要求，将大体相同的用户集合成群，并据此设计出不同的营销组合策略。

（2）用户规模。在产业市场中，公司规模可以是大型、中型和小型，不同规模用户的购买力、购买批次和频率、购买行为和方式都有可能不同。

例如钢材市场，像建筑公司、造船公司、汽车制造公司等对钢材需求量很大，动辄数万吨的购买，而对于一些小的机械加工企业来说，一年的购买量不过几吨至几十吨。企业应当根据顾客规模大小来细分市场，并由于用户或客户的规模不同，企业的营销组合方案也应有所不同。再如，对于大客户而言，宜于直接联系、直接供应，在价格、信用等方面给予更多优惠；而对于众多的中小客户来说，则宜于使产品进入商业渠道，由批发商或零售商去组织供应。

（3）用户的地理位置。按用户地理位置细分市场有助于企业将目标市场选择在用户集中的地区，以节省推销费用和运输成本。

（4）购买行为因素。购买行为包括用户追求的利益、使用频率、品牌忠诚度、使用者地位（如重点户、一般户、常用户、临时户等）和购买方式等。

二、目标市场选择

市场细分是选择目标市场的基础。市场细分后，企业由于受到内外部条件的制约，可根据产品的特性、自身的资源和能力，在众多的细分市场中，选择一个或几个有利于发挥企业优势、能够达到最佳或满意的经济效益的细分市场作为目标市场。

企业可以采取的目标市场选择策略有三种，它们分别适用于不同的环境，各有其优点和缺陷。事实上，市场选择策略是企业业务单位战略中的三种基本竞争战略在营销战略中的体现。

（一）无差异营销策略

无差异营销策略指企业把整个市场作为自己的目标市场，只考虑市场需求的共性，而不考虑其差异，运用一种产品、一种价格、一种推销方法，尽可能吸引更多的消费者。

无差异营销的优点主要有：品种单一，适合大批量生产和销售，能发挥规模经济的优势；可以降低生产、存货和运输的成本，缩减广告、推销、市场调研和市场细分的费用，进而以低成本在市场上赢得竞争优势。无差异营销的主要缺点有：应变能力差，一旦市场需求发生变化，难以及时调整企业的生产和市场营销策略，特别是在产品生命周期进入成熟阶段后，竞争手段过于单一，因而风险较大。

例如，养乐多公司在饮料市场仅开发单一的产品。

（二）差异性营销策略

差异性营销策略指企业选择两个或两个以上，直至所有的细分市场作为目标市场，并根据不同细分市场的需求特点分别设计生产不同的产品，制定不同的营销组合策略，有针对性地满足不同细分市场顾客的需求。

差异性营销的主要优点有：面向广阔的市场，满足不同消费者的需要，有利于扩大销售量，增强竞争力；企业适应性强，富有回旋余地，不依赖一个市场一种产品。差异性营销的主要缺点有：小批量多品种生产要求企业具有较高的经营管理水平；品种、价格、销售渠道、广告、推销手段的多样化使生产成本、研发成本、存货成本、销售费用、市场调研费用相应增加，有可能降低经济效益。

例如，服装生产企业针对不同性别、不同收入水平的消费者推出不同品牌、不同价格的产品，并采用不同的广告主题来宣传这些产品。

（三）集中化营销策略

集中化营销策略指企业由于受到资源等条件的限制，以一个或少数几个性质相似的子市场作为目标市场，试图在较少的子市场上占领较大的市场份额。

集中化营销策略的主要优点有：企业得以集中运用有限的资源，实行专业化的生产和销售，节省营销费用，提高产品和企业知名度。集中化营销策略的缺点是对单一和窄小的目标市场依赖性太大，一旦目标市场情况发生突然变化，企业周旋余地小，风险大。同时，当强有力的竞争者打入目标市场时，企业就会受到严重影响。

例如，足力健专门为老年消费者提供专业鞋品。

三种策略各有利弊，企业在选择时，除了目标市场应具备的一些条件外，尚需考虑以下几个方面的因素。一是市场相似性。若消费者的需求、爱好、购买行为大致相近，对产品供应和销售要求的差别不大，则宜采用无差异营销策略；反之则采取差异性营销策略或集中化营销策略。二是产品的同质性。同质性产品比较适合采用无差异营销策略；而一些差异性较大的产品宜采用差异性营销策略或集中化营销策略。三是企业实力。如果企业在生产、技术、资源、销售等方面的实力很强，有能力覆盖所有的市场，则可采用无差异营销策略或差异性营销策略；若实力有限，则宜采用集中化营销策略。四是产品生命周期阶段。通常，产品在导入期采用无差异营销策略能取得很好的效果；而当产品进入成长期和成熟期后，则宜采用差异性营销策略，以建立有别于竞争对手的特色，或开拓新的市场，刺激新需求。五是竞争者的策略。假如竞争者实行无差异竞争策略，则应采取差异性营销策略与之抗衡；如果竞争者已采取差异性竞争策略，企业可以考虑在进一步细分的基础上，采取差异性营销策略或集中化营销策略。

三、市场定位

市场定位就是使本企业产品具有一定特色，适应目标市场一定的需求和偏好，塑造产品在目标消费者心目中的独特形象和合适位置。

企业确定目标市场后，对产品进行第一次市场定位，即初次定位。一般新产品投入市场均属初次定位。随着市场情况的变化，产品尚需创新定位，即对产品进行二次或再次定位。

在以下情况下，企业需要对产品进行重新定位：①当本企业产品定位附近出现了强大竞争者，导致本企业产品的销售量及市场占有率下降；②顾客的消费观念、偏好发生变化，由喜爱本企业产品转向竞争者产品；③当本企业产品在目标市场已逐步走向产品生命周期的衰退期。在重新定位前，企业应慎重考虑和评价企业改进产品特色和转移到另一种定位时所需付出的代价是否小于在此新市场上的销售收入，以保证产品重新定位后仍有利润。

不论是产品的初次定位，还是重新定位，一般有以下三种产品市场定位策略可供选择。

▶ 1. 抢占或填补市场空位策略

将企业产品定位在目标市场的空白处，生产销售目标市场上尚没有的某种特色产品，避开与目标市场上竞争者的直接对抗，以增强企业的相对竞争优势，获取更好的经济效益。例如，王老吉发现在饮料行业里面有一个空白点，即没有一个品牌代表着祛火饮料。于是它最先提出，"怕上火就喝王老吉。"现在，王老吉已成为了细分市场的领导品牌，即当王老吉成为祛火凉茶的代名词时，我们就可以说这个品牌占据了这块心智资源。

▶ 2. 与竞争者并存和对峙的市场定位策略

将本企业的产品位置确定在目标市场上现有竞争者的产品旁，相互并存，并对峙着。例如，百事可乐通过收购七喜公司，推出了百事公司的非可乐碳酸饮料产品，可口可乐公司也推出了和七喜针锋相对的非可口可乐产品——雪碧。可口可乐公司的策略属于与竞争者并存和对峙的市场定位策略。

▶ 3. 取代竞争者的市场定位策略

即将竞争者赶出原有位置，并取而代之。例如，泰诺林进入头痛药市场的时候，阿司匹林占据了头痛药市场的首要位置。于是，泰诺林攻击阿司匹林会导致胃肠道毛细血管微量出血这一点，把阿司匹林替换掉，成了领导品牌。

四、设计市场营销组合

美国市场营销专家麦卡锡教授在人们营销实践的基础上，提出了著名的"4P营销策略组合"理论，即产品（product）、价格（price）、分销（place）、促销（promotion）。上述四个方面的策略组合起来统称为市场营销组合策略。

市场营销组合策略的基本思想：从制定产品策略入手，同时制定价格、促销及分销渠道策略，组合成策略总体，以便达到合适的商品、合适的价格、合适的促销方式，把产品送到合适地点的目的。企业经营的成败在很大程度上取决于这些组合策略的选择和它们的综合运用效果。

（一）产品策略

产品策略包括产品组合策略、品牌和商标策略及产品开发策略。

▶ 1. 产品组合策略

产品组合指某一企业所生产或销售的全部产品大类、产品项目的组合。产品大类（又称"产品线"）指产品类别中具有密切关系的一组产品。产品项目指某一产品大类内由价格、功能及其他相关属性来区别的具体产品。

（1）产品组合的宽度、长度、深度和关联性。产品组合的宽度指一个企业有多少产品大类。产品组合的长度指一个企业的产品组合中所包含的产品项目的总数。产品组合的深度指产品大类中每种产品有多少花色、品种、规格。产品组合的关联性指一个企业的各个产品大类在最终使用、生产条件、分销渠道等方面的密切相关程度。

例如，海尔公司的产品有电冰箱、洗衣机、空调器、彩电四类产品，因此，海尔公司产品组合的宽度为4。海尔公司生产的电冰箱产品线下有4个产品项目，洗衣机产品线下有5个产品项目，空调器产品线下有5个产品项目，彩电产品线下有3个产品项目，因此，海尔公司产品组合的长度为17。海尔公司空调器产品线下的1个产品项目，即壁挂式空调柜机，假设有三种规格和两种型号，则壁挂式空调柜机的产品组合深度为6。

产品组合的宽度、长度、深度和关联性在市场营销战略中具有重要意义。首先，企业增加产品组合的宽度（增加产品大类，扩大经营范围，甚至跨行业经营，实行多元化经营）可以充分发挥企业的特长，使企业（尤其是大企业）的资源、技术得到充分利用，提高经营效益。此外，实行多元化经营还可以分散风险。其次，企业增加产品组合的长度和深度（增加产品项目，增加产品的花色、式样、规格等）可以迎合广大消费者的不同需要和爱好，以招徕和吸引更多顾客。最后，企业增加产品组合的关联性可以提高企业在某一地区、行业的声誉。

（2）产品组合策略类型。企业在调整和优化产品组合时，依据情况的不同，可选择策略如表6-1所示。

表 6-1　产品组合策略类型

类　型		阐　释
扩大产品组合		开拓产品组合的宽度、长度和加强产品组合的深度
缩减产品组合		削减产品线或产品项目，特别是要取消那些获利小的产品
产品延伸	向上延伸	低档产品→增加中高档产品。例：海尔旗下的高端品牌卡萨帝
	向下延伸	高档产品→增加中低档产品。例：iPhone SE
	双向延伸	增加低档产品←中档产品→增加高档产品

▶ **2. 品牌和商标策略**

企业可采用的品牌和商标策略如下。

（1）单一的品牌名称。即企业对所有产品都使用同一商标，这种策略的优点是：可以将一种产品具备的特征传递给另一种产品，简化了新产品上市的过程，因为无须为新产品建立新的品牌认知度。

例如，"美的"就是单一品牌名称的代表。一个成功的美的品牌使得美的的上万种商品成为名牌商品，单一品牌名称的优势尽显其中。

（2）每个产品都有不同的品牌名称。如果企业生产的产品在市场中的定位显然不同，或者市场被高度细分，则企业通常对每个产品都采用不同的品牌名称。

例如，宝洁的多品牌策略让它在各产业中拥有极高的市场占有率。以洗发水为例，我们所熟悉的"飘柔"以柔顺为特长；"潘婷"以全面营养吸引公众；"海飞丝"强调具有很好的去屑功效；"沙宣"强调的是亮泽。不同的消费者在洗发水的货架上可以自由选择，然而都没有脱离开宝洁公司的产品。

（3）自有品牌。许多零售商销售自有品牌的杂货、服饰和五金器具，以使客户、该零售商，而不是产品生产商的忠诚度。

例如，美国最大的零售集团沃尔玛拥有 20000 多个供货商，其中较大的制造商有 500 多个，这些制造商必须根据沃尔玛公司设计的造型、装潢、质量要求进行产品生产，生产出的产品印上沃尔玛的自有品牌。

▶ **3. 产品开发策略**

企业进行产品开发的原因有：①企业具有较高的市场份额和较强的品牌实力，并在市场中具有独特的竞争优势；②市场中有潜在增长力；③客户需求的不断变化需要新产品，持续的产品更新是防止产品被淘汰的唯一途径；④需要进行技术开发或采用技术开发；⑤企业需要对市场的竞争创新做出反应。

产品开发的投资风险包括：①在某些产业中，缺乏新产品构思；②不断变小的细分市场使得市场容量降低；③产品开发涉及复杂的研发过程，失败的概率很高；④企业通常需要进行许多产品构思来开发好产品，因而费用高昂；⑤即便产品获得成功，但是由于被市场中的竞争者"模仿"并加以创新和改良，因而新产品的生命周期可能较短。

（二）价格策略

从市场营销的角度，价格是消费者为了获得拥有和使用某种产品和服务所带来的利益付出的价值总和。而定价又是营销组合要素中唯一能产生收益、真正为企业获取顾客价值的因素，因而也是企业最为关注的营销组合策略之一。

▶ 1. 基本的定价方法

对定价影响最大的是成本、市场或消费者需求、竞争三个方面的因素。其中，成本是价格的下限，顾客对产品价值的感知是上限，而竞争企业的产品和替代品的价格提供了参照。因此，基本的定价方法有三种：成本导向定价法、需求导向定价法和竞争导向定价法。

（1）成本导向定价法。最简便、最常用，具体又可分为四种：成本加成定价法、收支平衡定价法、目标利润定价法和变动成本定价法。

（2）需求导向定价法。指按市场需求的强弱情况制定不同的价格。市场需求量大，定价就高；需求量小，定价就低。

高定价策略一般适用于以下情况：竞争者产品未上市；愿付高价购买的人数相当多；即使高价格诱使竞争者进入市场的风险也不大。低定价策略一般适用于以下情况：市场对价格呈现高度敏感，降低价格，需求量将大幅提高；低价可拒退已有或潜在竞争者；单位生产成本与销售成本能够因大量生产和销售而降低。

（3）竞争导向定价法。以市场上相互竞争的同类产品为价格的基本尺度，并随竞争变化调整价格水平，主要做法有通行价格定价和密封投标定价。

▶ 2. 主要定价策略

（1）心理定价策略。是为适应消费者的购买心理所采用的定价策略，主要有尾数定价、整数定价、声望定价和招徕定价。

尾数定价是依据消费者感觉零数价格比整数价格便宜的消费心理而采取的一种定价策略；整数定价将商品价格定位为一个整数；声望定价是利用企业和产品的声誉，对产品给予高定价的策略；招徕定价是利用消费者求廉的心理，将少数几种商品价格暂时降至最低，借此吸引和招徕顾客购买的一种策略。

（2）产品组合定价策略。包括系列产品定价、副产品定价、关联产品定价和捆绑定价。

系列产品定价即将系列商品根据规格、外观等的不同给予不同的价格；副产品定价对在生产主要产品的过程中同时产出的产品给予低于主要产品的定价；关联产品大多为互补产品，一些既生产主要产品，又生产关联产品的企业将主要产品的价格定得偏低，而将关联产品定高价，靠关联产品赚钱；捆绑定价将几种相关产品组合起来，以低于整体价格的价格销售，有助于促进消费者购买那些他们本来可能不会购买的产品。

（3）折扣与折让策略。包括各种减价策略，即在原定价格的基础上减收一定比例的货款，有现金折扣、数量折扣、交易折扣、季节性折扣和推广折扣等。

（4）地理差价策略。是根据买卖双方地理位置的差异，考虑买卖双方分担运输、装卸、仓储、保险等费用的一种价格策略，包括产地价、目的地交货价、统一交货价、分区运送价和津贴运费定价等。

▶ 3. 新产品定价策略

新产品引入阶段的定价最具挑战性。此时对消费者的认知价值难以确定，又无竞争者价格做参考，尤其是全新产品和革新型产品。主要有三种定价策略可供选择。

（1）渗透定价法，指在新产品投放市场时确定一个非常低的价格，以便抢占销售渠道和消费者群体，从而使竞争者较难进入市场。这是一种通过牺牲短期利润来换取长期利润的策略。

（2）撇脂定价法，指在新产品上市之初确定较高的价格，并随着生产能力的提高逐渐降低价格。这一方法旨在产品生命周期的最初阶段获取较高的单位利润。

（3）满意定价策略，即介于以上两种定价策略之间的适中定价策略。这一方法意图同时达到产品价格既能被顾客接受，企业又有一定利润的目的。

无论企业采用何种定价策略，重要的是企业应懂得价格与其他营销组合要素之间具有很强的相互作用。定价必须考虑到相对竞争对手而言，产品的质量和促销费用。

（三）分销策略

分销策略是确定产品到达客户手上的最佳方式。分销策略要克服地点、时间、产品数量和所有权上的差异，解决如何分销产品，以及如何确定实体店的位置等问题。分销策略应当与价格、产品和促销三个方面密切相关。可获取产品的渠道对于客户对产品的质量和状况的感知而言非常重要。分销渠道必须使产品的形象与客户的产品感知相符合。分销策略如表 6-2 所示。

表 6-2 分 销 策 略

分类依据	分销策略	含　义
按是否经过中间商环节	直接分销	指生产企业不通过中间商环节，直接将产品销售给消费者
	间接分销	指生产企业通过中间商环节把产品传送到消费者手中
按中间商数量的多少	独家分销	指生产企业在某一目标市场只选择一个中间商销售本企业的产品，双方签订合同，规定中间商不得经营竞争者的产品，制造商则只对选定的经销商供货
	选择性分销	指生产企业在某一地区仅通过几个精心挑选的、最适合的中间商推销产品
	密集分销	指生产企业同时选择较多的中间商销售产品
按是否通过网络分销	线上渠道	指依托网上商城或网络平台传播产品和服务等
	线下渠道	指通过传统贸易行为（面对面或其他非网络方法）交易或传播产品和服务等

按中间商数量分类的三种分销策略的比较如表 6-3 所示。

表 6-3 三种分销策略的比较

分销策略	优　势	劣　势	适用范围
独家分销	对中间商的服务水平和提供的产品保持控制。中间商能获得企业给定的产品的优惠价格	需企业与经销商之间更紧密的合作。因缺乏竞争，消费者的满意度可能会受到影响；经销商对生产商的反控制力度较强	适用于技术含量较高，需要售后服务的专门产品的分销，如机械产品、耐用消费品、特殊产品等
选择性分销	比密集分销能取得经销商更大的支持，同时又比独家分销能给消费者购物带来更大的方便	分销商的竞争较独家分销时激烈	适宜消费品中的选购品和特殊品
密集分销	市场覆盖率高、便利消费者	价格竞争激烈导致市场混乱，有时会破坏厂家的营销意图；渠道的管理成本很高	比较适宜日用消费品的分销。多数家具、家用电器品牌采用此种策略

（四）促销策略

促销策略指企业通过人员推销、广告促销、公关宣传和营业推广等各种促销手段，向消费者传递产品信息，引起他们的注意和兴趣，激发他们的购买欲望和购买行为，以达到扩大销售目的的活动。

▶ 1. 促销组合要素构成

促销组合由四个要素构成：广告促销、营业推广、公关宣传和人员推销。

（1）广告促销。它是利用在媒体中投放广告的方式让消费者了解企业产品和服务，从而促进购买的一种行为。

（2）营业推广。它指企业为鼓励客户购买商品或服务而采取的除广告、公关宣传和人员推销之外的所有企业营销活动的总称，如赠送试用品、赠送打折券、抽奖、批发回扣、推广津贴等。

例如，伊利牛奶公司在超市举行新品推广促销活动，每箱新品牛奶绑赠纯牛奶 5 包，若同时购买 5 箱以上，则全单享八折优惠。

（3）公关宣传。它不是推销某个具体的产品，而是利用公共关系，把企业的经营目标、经营理念、政策措施等传递给社会公众，使公众对企业有充分了解，联系企业与公众的关系，扩大企业的知名度、信誉度、美誉度，从而间接地促进产品销售。

例如，蒙牛集团的蒙牛生态草原基金发起"拯救地球的 100 个行动"，蒙牛用自己的行动号召更多的人加入"保卫地球家园"的先锋队。

（4）人员推销。它指企业派出推销人员直接与顾客接触、洽谈、宣传商品，以达到促进销售目的的活动过程。

例如，云济公司开发出一款智能家用跑步机，为了使该产品迅速占领市场，公司销售人员在主要销售商场举办促销活动，宣传该产品能够根据使用者的年龄、身高、体重、脉搏频率等生理指标，自动显示使用者应选择的最佳步速和运动时间。

▶ 2. 促销组合策略

（1）推式策略。将产品经过营销渠道"推"向最终消费者。制造商的市场活动（主要是人员推销和交易推广）大多面向渠道成员展开，激励他们购买产品，并向最终消费者销售。

（2）拉式策略。依靠制造商直接开展的市场活动（主要是广告和消费者推广）指向最终消费者，激励他们购买产品。如果拉式策略奏效，那么，消费者将向渠道成员索取产品，渠道成员转而向制造商索取产品。

（3）推拉结合策略。企业将推式策略和拉式策略配合起来使用，在向中间商进行大力促销的同时，通过广告刺激市场需求。

【案例 6.1】

盒马鲜生的营销策略

盒马鲜生是阿里巴巴对线下超市完全重构的新零售业态。它以数据和技术为驱动，消费者可到店购买，也可以在盒马 App 下单。盒马鲜生不是为顾客提供简单商品，而是提供一种生活方式的经营理念，它不但有商品陈列区，还有一个大大的就餐区，以及若干食品加工的档口。用户在盒马鲜生买了海鲜，可以送到档口去，支付很少的加工费就可以请师傅加工成菜品，现场享用。此外，盒马鲜生最大的特点就是快速配送；门店附近 3 公里范围内，30 分钟送货上门，极大地提升了城市生活的便利性。

　　盒马鲜生的产品品类远远超过超市卖场：盒马鲜生售卖的商品甄选自全球 100 多个国家和地区的海鲜水产、水果蔬菜、肉禽蛋品等生鲜商品，以及休闲酒饮、乳品烘焙、粮油干货等超过 3000 种差异化商品。盒马鲜生最大的优势在于其掌握的数据信息和完备的物流体系，而它也确实将自身资源聚焦于营销服务和物流系统研发这些价值创造的环节中，盒马鲜生会员是绑定支付宝的，而支付宝是实名认证的账户体系，这使得盒马鲜生可以实现全链路的数据化和食品追踪，能根据客户的真实需求选定采购的商品。不论是线上还是线下，盒马鲜生都采用了从源头直采食材售卖的方式，由于没有了中间环节，所以菜品在保证新鲜度的前提下也降低了价格。此外，盒马鲜生的部分海鲜、水果和天猫超市相通，都由天猫在海外的采购团队来完成。据了解，盒马鲜生的物流操作员的工作范围按区域划分，负责一定区域的商品挑拣，一单订单可能由数人同时操作，之后各区域的商品将通过传送带运输到仓库进行打包，挑拣与打包的时间控制在 10 分钟内，由此就实现了 3 公里范围内 30 分钟送达的服务。因为生鲜对品质要求很高，所以，盒马鲜生的物流全部自营。线上线下一体化系统的构建包括物流 WMS、ERP、财务、门店 POS、物流配送、App、会员、支付、营销，复杂程度远超传统电商及线下商超，这套系统正是阿里的系统研发团队一起设计和开发的。

　　大数据等新技术已渗入"日日鲜"牛奶的整个生产环节，它勾勒出门店大部分消费者喜欢的牛奶类型和价格区间，计算出怎样的生产量和销售量能够让生产商通过规模效益降低成本，并且能预测销量、控制损耗等。在大数据的把控之下，运营人员可以根据目标顾客的消费行为及习惯，决定到底哪一款产品需要加大供货力度，哪一款产品需要调整促销策略，等等。比如，在 App 上向客户精准投放打折信息的广告，晚间组织工作人员直接推销当日的生鲜产品。不仅如此，根据对顾客的需求分析，盒马鲜生餐饮产品开发非常强调口味的本地化产品拓展，每个区域都有专业的熟悉本地口味的研发团队，在打造安全美味的美食同时，更多地从适合当地居民喜爱口味出发，精心定制，这是盒马鲜生区别于竞争对手的重要举措，能最大限度地获取竞争优势。

　　经过几年精细打磨，盒马鲜生模式已经基本定型，并且被证明是新零售的标杆。它实现了让消费者获利的变革，颠覆了市场原有的交易结构。"日日鲜"和永远无条件退货的承诺便是两个例证。所谓"日日鲜"，在盒马鲜生的概念设定中就是"只售一日"，不卖隔夜菜和隔夜肉，具体做法是通过将包装小份化，以及在晚上营业结束前对剩余的新鲜食材进行降价处理，以促进售卖。

　　（https://ketang1.com/question/q11c10a8987d141b4940032dc6c5b6b86/）

拓展阅读 6-1
Luckin coffee 瑞幸
咖啡的营销战略
案例分析

拓展阅读 6-2
谭木匠的市场
营销策略
案例分析

第二节 财 务 战 略

一、财务战略的内涵

财务战略是主要涉及财务性质的战略，属于财务管理的范畴。财务战略主要考虑资金的使用和管理的战略问题，以及财务领域全局的、长期的发展方向问题。财务战略强调必须适合企业所处的发展阶段，并符合利益相关者的期望。

财务管理可以分为资金筹集和资金管理两大部分，相应地，财务战略也可以分为筹资战略和资金管理战略。狭义的财务战略仅指筹资战略，包括资本结构决策、筹资来源决策和股利分配决策等。资金管理涉及的实物资产的购置和使用是由经营战略而非财务职能指导的。资金管理的战略主要考虑如何建立和维持有利于创造价值的资金管理体系。

二、财务战略的确立

财务战略的确立指在追求实现企业财务目标的过程中，高层财务管理人员对筹资来源、资本结构、股利分配等方面做出决定，以满足企业发展需要的过程。

(一) 融资渠道与方式

一般来说，企业有四种不同的融资方式：内部融资、股权融资、债权融资和资产销售融资。

▶ 1. 内部融资

企业可以选择使用内部留存利润来进行再投资。这种融资方式是企业最普遍采用的方式。内部融资的优点在于管理层在做此融资决策时不需要听取任何企业外部组织或个人的意见，自主性强，同时可降低融资成本。不足的是融资数量有限；向股东传递了以后盈利的一种信号，对企业盈利能力要求高。

▶ 2. 股权融资

也称权益融资，指企业为了新的项目而向现在的股东和新股东发行股票来筹集资金。股权融资的优点在于没有固定的股利支付压力，适宜于大量资金需求。不足的是容易被恶意收购，从而引起控制权的变更，且股权融资方式的成本也较高。

▶ 3. 债权融资

债权融资大致可以分为贷款和租赁两类。债权融资方式与股权融资方式相比，融资成本较低、融资速度较快，且方式也较为隐蔽。但不足之处是贷款限制较多，额度有限；需要按期还本付息，对企业的压力大。租赁的优点在于不需要额外融资，很有可能使企业享有更多的税收优惠(租金有抵税的作用)，可以增加企业的资本回报率；不足之处是企业使用租赁资产的权利是有限的，因为资产的所有权不属于企业。

▶ 4. 资产销售融资

指企业销售其部分有价值的资产进行融资。销售资产的优点是简单易行，并且不用稀释股东权益。不足之处在于这种融资方式一旦操作了就无回旋余地，而且如果销售的时机选择不准，销售的价值就会低于资产本身的价值。

（二）融资成本

为了评价上述各种不同的融资方式，需要考察它们给企业带来的融资成本。股权融资与债权融资的资本成本估算如下。

▶ 1. 股权融资成本的估计

一是用资本资产定价模型（CAPM）估计权益资本成本。权益资本成本等于无风险资本成本加上企业的风险溢价，因而企业的资本成本可以计算为无风险利得与企业风险溢价之和。

二是用无风险利率估计权益资本成本。使用这种方法时，企业首先要得到无风险债券的利率值，然后企业再综合考虑自身企业的风险，并在此利率值的基础上加上几个百分点，最后按照这个利率值计算企业的权益资本成本。

▶ 2. 长期债务资本成本

长期债务资本成本相对权益资本的计算较为直接，它等于各种长期债务资本成本的加权平均数扣除税收效应。

▶ 3. 加权平均资本成本

加权平均资本成本（WACC）是权益资本成本与长期债务资本成本的加权平均。在实务中，企业通常使用现在的融资成本来计算，因为这样计算比使用过去的资本能更准确地反映企业使用资金的成本，从而做出合理的战略决策。

WACC＝（长期债务成本×长期债务总额＋权益资本成本×权益总额）/总资本

（三）最优资本结构

分析资本成本的最终目的是为企业做出最优的资本结构决策提供帮助。具体来讲，资本结构是权益资本与债务资本的比例。最优资本结构即是加权平均资本成本最低，企业价值最大。

（四）股利分配策略

一般而言，实务中的股利政策有四大类：固定股利政策、固定股利支付率政策、零股利政策和剩余股利政策。

▶ 1. 固定股利政策

每年支付固定的或者稳定增长的股利。为投资者提供可预测的现金流量，减少管理层将资金转移到盈利能力差的活动的机会。但是，盈余下降时也可能导致股利发放遇到一些困难。适用于成熟的、生产能力扩张的需求较少，且获利比较稳定的企业。

▶ 2. 固定股利支付率政策

企业发放的每股现金股利除以企业的每股收益保持不变。能保持盈余、再投资率和股利现金流之间的稳定关系，但是投资者无法预测现金流，无法表明管理层的意图或者期望，并且如果盈余下降或者出现亏损，这种方法就会出现问题。

▶ 3. 零股利政策

所有剩余盈余都留存于企业。在成长阶段通常会使用这种股利政策，并将其反映在股价的增长中。但是当成长阶段已经结束，并且项目不再有正的净现值时，就需要制定新的股利分配政策。

▶ 4. 剩余股利政策

这种股利政策指只有在没有现金净流量为正的项目时，才会支付股利。项目净现值为正，表明投资项目可行。因此，剩余股利政策是在没有净现值为正的项目的时候才会支付股利，即净利润先满足投资项目的资本需求，然后有剩余才给股东分配股利。这在那些处于成长阶段，不能轻松获得其他融资来源的企业中比较常见。

三、财务战略的选择

(一) 企业在产品生命周期不同发展阶段的经营特征

企业在产品生命周期不同发展阶段的经营特征如表 6-4 所示。

表 6-4 企业在产品生命周期不同发展阶段的经营特征

项　　目	产品生命周期阶段			
	导　入　期	成　长　期	成　熟　期	衰　退　期
经营风险	非常高	高	中等	低
财务风险	非常低	低	中等	高
资本结构	权益融资	权益融资为主	权益和债务融资并重	债务融资为主
资金来源	风险资本	权益投资增加	保留盈余＋债务	债务
股利	不分配	分配率很低	分配率高	全部分配
价格/盈余倍数	非常高	高	中	低
股价	迅速增长	增长并波动	稳定	下降并波动

(二) 产品生命周期不同阶段的财务战略

▶ 1. 导入期的财务战略

导入期的经营风险非常高，应选择低财务风险战略，尽量使用权益融资，避免使用负债。对于股权资本筹资来说，从事导入期产品的企业通常利润微薄，收益很低，甚至有可能出现亏损，因此更宜引进风险投资者。从股利分配战略来看，由于从事导入期产品的企业的收益较低，并且波动性较大，融资渠道不畅，留存收益是很多企业唯一的资金来源，因此适宜采取不分配或少分配利润的股利分配战略。

▶ 2. 成长期的财务战略

此时的经营风险虽然有所降低，但仍然维持在较高水平，不宜大量增加负债比例，需要继续使用权益融资。然而最初的风险投资家渴望实现资本收益，以使他们能启动新的商业投资，这意味着需要识别新的权益投资者来替代原有的风险投资者，并提供高速增长阶段所需的资金，最具吸引力的资金来源通常来自公开发行的股票。从股利分配战略来看，宜采用低股利政策。

▶ 3. 成熟期的财务战略

当产品进入成熟期，产业销售额很大，而且相对稳定，利润也比较合理，企业的经营风险再次降低，应当扩大负债筹资的比例。从筹资战略来看，在这一时期，企业可采取相对激进的筹资战略，即在保留盈余的同时，可采用相对较高的负债率，以有效利用财务杠杆。从股利分配战略来看，在产品成熟期，企业现金流量充足，筹资能力强，能随时筹集到经营所需资金，资金积累规模较大，具备较强的股利支付能力，因此，企业可以采取稳健的高股利分红政策，提高股利支付率，并且以现金股利的方式为主。

▶ 4. 衰退期的财务战略

当产品进入衰退期时，企业面临的风险比先前的成熟阶段更低，主要风险是：在该产业中，企业还能够生存多久。此阶段可设法进一步提高负债筹资的比例，以获得利息节税的好处。从筹资战略来看，在产品衰退期，企业仍可继续保持较高的负债率，而不必调整其激进型的资本结构。从股利分配战略来看，仍可采取现金高股利支付的股利分配战略。

(三) 财务风险与经营风险的搭配

经营风险的大小是由特定的经营战略决定的，财务风险的大小是由资本结构决定的，它们共同决定了企业的总风险。经营风险与财务风险的结合方式从逻辑上可以划分为四种类型，如图 6-1 所示。

经营风险	高经营风险 低财务风险	高经营风险 高财务风险
	低经营风险 低财务风险	低经营风险 高财务风险

财务风险

图 6-1　经营风险与财务风险的搭配

▶ 1. 高经营风险与高财务风险搭配

这种搭配具有很高的总体风险，不符合债权人的要求，符合风险投资者的要求。例如，一个处于产品导入期的高科技公司，假设能够通过借款取得大部分资金，那么它破产的概率很大，而成功的可能性很小。

▶ 2. 高经营风险与低财务风险的搭配

这种搭配具有中等程度的总体风险。该种搭配是一种可以同时符合股东和债权人期望的现实搭配。例如，一个处于产品导入期的高科技公司，主要使用权益筹资，较少使用或不使用负债筹资。

▶ 3. 低经营风险与高财务风险的搭配

这种搭配具有中等程度的总体风险。该种搭配是一种可以同时符合股东和债权人期望的现实搭配。例如，一个处于产品成熟期的公用企业，大量使用借款筹资。

▶ 4. 低经营风险与低财务风险的搭配

该种搭配是具有很低的总体风险。该种搭配不符合权益投资人的期望，是一种不现实的搭配。例如，一个处于产品成熟期的公用企业，只借入很少的债务资本。

【案例 6.2】

基于生命周期的"好想你"企业财务战略分析

好想你健康食品股份有限公司（简称：好想你公司）于 1992 年成立于河南省新郑市，2011 年成功上市，公司从事以红枣为主的果干等健康食品的生产和销售，积极探索对枣类产品的生产、加工和销售，在全国城市设立销售子公司，在红枣行业处于全国领先地位。

好想你公司近 10 年的销售收入在整体上为上升趋势，且增加较为迅速。一般情况下，如果销售收入波动较为平稳，那么我们可以将企业定义为处于成熟阶段，好想你公司在2015—2017年的销售收入增速迅速提高至80％以上，但2017—2022年的增速下降，逐渐放缓。好想你公司2017—2021年的现金流量净额基本呈现"正、负、负"的特点，根据现金流量组合法，与成熟期企业的经营活动、投资活动和筹资活动的现金流量净额呈现"正、负、负"的特征基本符合。好想你公司现金流量组合呈"正、负、负"的特点满足成熟期企业现金流量所具备的特征，此外，企业销售增长率的数值虽然较大，但其增长速度正放缓，且有平稳发展的趋势，结合好想你公司的经济业务实质，可以判定好想你公司处于企业生命周期的第三阶段——成熟期。

在好想你公司2016—2022年的资金来源中，所有者权益占比均在50％以上，甚至在2020年达到了88％，所有者权益所占比重均高于负债所占比重。在债务筹资方面，好想你公司在2016—2022年，非流动负债的占比呈先下降后上升的趋势，流动负债的占比较大，且呈现先上升后下降的趋势，拐点均出现在2020年，结合前面章节的分析可知，好想你公司出售郝姆斯使公司的债务筹资结构发生改变。总的来说，好想你公司近几年的资金充裕，且很少对外投资，权益筹资成为好想你公司近几年的主要资金来源。近五年来，好想你公司的留存收益占企业所有者权益的比重逐年上升，2020年，留存收益额达到顶点，可见好想你公司的内部资金充裕。

好想你公司在2016—2022年的利润分配方案采取了股票股利和现金股利两种分配方式，现金股利分配是主要分配方式，股票股利分配只在2016年出现。其中，2020年，好想你公司的利润分配比例大幅增加，也得益于出售郝姆斯给企业带来了巨大的收益，好想你公司将净利润留存企业，虽然企业生产基地的建设、产品的转型升级，以及智能装备的发展都需要投入大量资金，但不分配现金股利的政策也会减少投资者的信心。

（艾珺，闫文娜，许延晨. 基于生命周期的企业财务战略分析：以好想你健康食品公司为例[J]. 全国流通经济，2022(35)：28-31.）

第三节　其他职能战略

一、研究与开发战略

研究与开发（以下简称"研发"）被定义为组织层面的企业创新。研究可以是基础研究、应用型研究和开发型研究，其目的在于改良产品或改良流程。研发战略并不能独立于企业的其他部分单独进行，需要受到企业竞争战略的支持，并集中关注企业成功实施业务战略所需的技术。企业研发的任务包括：改进复杂技术、使流程与当地的原材料相适应、使流程与当地的市场相适应、根据特殊标准和规范来改进产品。产品开发、市场渗透或市场差异化等战略的实施需要成功地开发新产品，或者极大地改良老产品。

（一）研发的类型

研发有两种类型：产品研究和流程研究。

▶ 1. 产品研究——新产品开发

新产品开发是竞争优势的主要来源，是实施差异化战略的企业战略保障体系中的关键环节。但新产品上市也可能花费大量的资金，必须谨慎控制新产品的开发过程。

▶ 2. 流程研究

流程研究关注于生产产品或提供服务的流程，旨在减少环节、改变时序，以提高工作质量和工作效率、降低成本和劳动强度、节约能耗、保证安全生产、减少污染等为目的。因此，流程管理无论是对于实施成本领先战略的企业而言，还是对于实施差异化战略的企业而言，都是必不可少的。

（二）研发的动力来源

研发的动力来源分为需求拉动型和技术推动型。

▶ 1. 需求拉动型

即市场的新需求拉动创新，以满足需求，其开始于市场机会，通过市场调研与客户反馈来寻求市场机会，并确定可以满足市场需求的研发方案。

例如，曾有段时间，在其他地方向来声誉非常好的海尔洗衣机却在四川市场遭到很多客户的投诉，海尔总部派人调研发现，原来许多客户用洗衣机洗红薯，淤积的泥沙影响了洗衣机的正常运转。这本来属于不正当使用的范畴，但海尔却不这样想，他们认为这是客户需要洗衣机有这种功能。于是他们进行技术改进，在销往该地区的洗衣机的涡轮上做了一点改动，这样使洗衣机不但能够洗衣服，还能够洗红薯。客户导向使得海尔洗衣机在该地区大受欢迎。

▶ 2. 技术推动型

即创新来自发明的应用，其开始于技术创新和变革，并确定可以使技术和市场相匹配的研发方案。

例如，微软公司凭借持续不断的技术变革和创新能力始终站在全球电脑市场的最前沿，并保持着微软品牌特有的活力。微软公司的研发中心不断地为其注入来自全球市场的新观念、新影响，使公司的技术创新和变革始终充满活力，不仅引领整个行业的发展，而且也适应了全球各地市场的需求。

（三）研发的战略作用

（1）基本竞争战略。产品创新是产品差异化的来源。流程创新使企业能够采用成本领先战略或差异化战略。

（2）价值链。研发被纳入价值链的支持性活动。通过提供低成本的产品或改良的差异化产品可以强化价值链。

（3）安索夫矩阵。研发支持四个战略象限。可以通过产品求精来实现市场渗透战略和市场开发略；产品开发和产品多元化需要更显著的产品创新。

（4）产品生命周期。产品研发会加速现有产品的衰退，因而需要研发来为企业提供替代产品。

（四）研发定位

企业研发战略至少存在四种定位。

（1）成为向市场推出新技术产品的企业。这是一个富有魅力的、令人兴奋的战略，但同时也是一个风险较大的战略。

（2）成为成功产品的创新模仿者。这种方法的启动风险和成本最小。这种方法必须由先驱企业开发第一代新产品，并证明存在该产品的市场，然后由跟随的企业开发类似产品。

（3）成为成功产品的低成本生产者。通过大量生产与先驱企业开发的产品相类似，但价格相对低廉的产品来成为低成本生产者。由于产品已经被客户所接受，因此价格对作出购买决定非常重要。规模营销成为主要的销售战略。

（4）成为成功产品低成本生产者的模仿者。成功产品的低成本生产者会带来显著的效率和成本优势，对于收入水平和技术水平较低的国家的企业具有很强的吸引力。对低成本生产者的模仿要求企业加大对设备与工艺流程的投资。

（五）研发战略特别要求管理层制定鼓励创新性构思的政策

（1）资金支持：必须对创新给予财务支持，可以通过为研发和市场研究投入资金，以及为新构思投入风险资金来实现。

（2）环境创造：鼓励创新、创建适合研发的企业环境。

（3）以人为本：发挥员工的创造性，激发员工的主动性。

（4）小组协作：运用矩阵制组织结构实现跨部门协同运作。

（5）合理招聘：在适当情况下，企业的招聘政策应集中于招聘具有创新技能的员工，应对员工进行培训，并使其知识、技能与时俱进。

（6）专人沟通：由专门的管理者负责从环境中或从企业的内部沟通中获取与创新构思有关的信息。

（7）辅助与嘉奖：战略计划应有助于创新目标的达成；对成功实现目标的员工应给予奖励。

拓展阅读 6-3
云南天药集团
的研发战略
案例分析

二、生产运营战略

生产运营战略是企业根据目标市场和产品特点构造其生产运营系统时所遵循的指导思想，以及在这种指导思想下的一系列决策规划、内容和程序。生产运营战略与企业内流程的设计、实施和控制相关，它主导着将投入转化为产出的整个过程。

（一）生产运营战略所涉及的主要因素

从生产运营战略的横向考察，所有生产运营流程都涉及转化过程，但是转化过程在四个方面或因素上有所不同，它们分别是批量、种类、需求变动及可见性。

▶ 1. 批量

生产运营流程在所处理的投入和产出的批量上有所不同。较高的投入或产出批量能使生产运营流程成为资本密集型流程，工作专门化使得单位成本较低；较低的投入或产出批量意味着每名员工都要执行一项以上的任务，无法实现专业化，使得单位产出成本相对较高。

▶ 2. 种类

这是企业提供的产品或服务范围。如果种类繁多，则企业具有灵活性，并能够适应个别客户的需求，但企业的工作会变得较为复杂，并且单位成本较高；如果种类有限，则生产运营流程易实现标准化，以及较低的单位成本。

例如，某汽车公司的 T 型车进行标准化生产，从而实现规模经济，降低成本；再如某服装品牌，一年要生产四万款产品，个性化强，防止"撞衫"。

▶ 3. 需求变动

在某些企业中，需求在一年中因季节而异，或者在一天中因时间而异，例如，旅游业或玩具业、公共交通的使用量。当需求变动较大时，生产运营会产生产能利用率的问题。生产运营流程应尽量预测需求变动，并相应调整产量。需求稳定时，生产运营流程可能实现较高的产能利用率，并且成本会相应较低；需求波动大，产能利用率较低，成本会相应较高。

例如，一般企业在一年中的需求都比较稳定，成本容易控制；但是有一些企业季节性明显，如种子、化肥企业，冬季、春季需求量大，夏季、秋季需求量小。当需求量小时，企业的设备和员工都处于未被充分利用的状态，单位成本可能较高，因此，企业应尽量预测需求变动，避免损失。

▶ 4. 可见性

可见性是生产运营流程为客户所见的程度。可见性影响企业的运营方式和管理方式。生产运营流程的高可见性需要员工具备良好的沟通技巧和人际关系技巧，与可见性低的生产运营流程相比，这种运营流程需要更多的员工，因而运营成本费用较高。

例如，同样是烤鸭店，全聚德的厨房是透明的，制作流程为顾客可见，而普通烤鸭店的制作流程通常不可见。

(二) 企业生产运营战略

▶ 1. 产品(服务)的选择

企业进行生产运营，首先要确定的是企业将以何种产品(服务)来满足市场需求，实现企业发展，这就是产品(服务)选择战略所涉及的内容。企业向市场提供什么产品(服务)，需要对各种设想进行充分论证，然后才能进行科学决策，此时通常要考虑市场条件、企业内部的生产运营条件、财务条件，以及企业各部门工作目标的差异性四个因素。

▶ 2. 自制或外购选择

企业进行新产品开发，或者建立、改进生产运营系统时，都要首先做出自制或外购的决策。企业自制战略有两种选择：一是完全自制；二是装配阶段自制，即"外购＋自制"战略，部分零件外购，企业建造一个总装配厂，进行产品组装。

▶ 3. 生产与运营方式选择

企业在做出自制或外购的决策之后，就要从战略的高度对企业的生产方式做出选择。正确的生产与运营方式选择可以帮助企业动态地适应快速变化的市场需求、日益激烈的市场竞争和日新月异的科技发展。可供企业选择的生产与运营方式有许多种，包括大批量、低成本；多品种、小批量；还有计算机集成制造、大规模定制等。

▶ 4. 供应链与配送网络选择

企业需要在高效供应链和敏捷供应链中做出选择。高效供应链适用于品种少、产量高、可预见的市场环境；敏捷供应链适用于品种多、产量低、难以预见的环境。按照产品库存的位置和交付方式的不同，大多数企业都采用以下5种模式的配送网络：制造商存货加直送、制造商存货加直送加在途并货、分销商存货加到户交付、制造商或分销商存货加顾客自提、零售商存货加顾客自提。

（三）生产运营战略的竞争重点

生产运营战略强调生产运营系统时，企业的竞争之本，只有具备了生产运营系统的竞争优势，才能赢得产品的优势，才会有企业的优势。在多数行业中，影响竞争力的因素主要是 TQCF，即交货期、质量、成本、制造柔性，也是生产运营系统的中心任务。

企业要想在 TQCF 四个竞争要素方面同时优于竞争对手而形成竞争优势是不太容易的。企业应从具体情况出发，集中主要资源形成自己的竞争优势。特别是当 TQCF 发生冲突时，就产生了多目标平衡问题，需要对此进行认真分析、动态协调。

（四）生产流程计划与产能计划

产能计划指确定企业所需的最大生产能力，以满足其产品不断变化的需求过程。当产品需求旺盛时，企业需要考虑如何增加生产能力，以满足需求的增长；当产品需求不足时，企业需要考虑如何缩小规模，以避免生产能力过剩，尽可能减少损失。

▶ 1. 产能计划的类型

（1）领先策略。指根据对需求增长的预期增加产能，即产能的增加领先于外部市场需求的增加。领先策略是一种进攻性策略，其目标是将客户从企业的竞争者手中吸引过来。这种策略的潜在劣势在于其通常会产生过量的产能，生产能力因不能被充分利用而导致企业成本上升。

（2）滞后策略。指仅当企业因需求增长而满负荷生产或超额生产后才增加产能，即产能的增加滞后于外部市场需求的增加。该策略是一种相对保守的策略，它能降低生产能力过剩的风险，也可能导致潜在客户流失。

（3）匹配策略。指产能的增加与外部市场需求的增加在规模上、时间上是匹配的。这是一种比较稳健的策略，在把握市场机会和充分利用企业的生产能力两方面得到很好的兼顾。

▶ 2. 平衡产能与需求的方法

（1）资源订单式生产。每个客户的需求各不相同，这使得客户的需求不能准确地提前预测，只能在取得客户订单后，再取得完成订单所需的资源，最后组织生产。例如，建筑企业可能会收到承建新的道路桥梁的大订单，该建筑企业将仅在签订了合同之后才开始采购必需的资源。

（2）订单生产式生产。即按订单装配式生产。客户对产品或服务的需求基本是相同的，只是配置要求不同。因此，企业可以提前保持基本的资源，在取得客户订单后，按订单组织生产。例如，餐馆提前储备兼职员工，但只有在举办大型宴会、需要更多人力时，才使用兼职员工。

（3）库存生产式生产。所有客户对最终产品的规格或型号的需求是确定的、相同的，而且企业对产品的市场前景也看好，因此，客户的需求能够被准确地提前预测，对此，企业可以提前取得资源，然后组织生产，最后推销给客户。例如，某空调厂商预计夏季空调订单会增加，于是在 4 月就开始采购资源，并组织生产。

三、采购战略

采购指企业在一定条件下从供应市场获取产品或服务，并作为企业资源，以保证生产及经营活动正常开展的一项经营活动。采购战略则为企业的采购组织提供具有指导性、全局性、长期性的纲领和规划。采购战略主要包括以下几个方面。

(一) 货源策略

▶ 1. 少数或单一货源的策略

少数或单一货源策略可以使企业与供应商建立较为稳固的关系；有利于企业信息的保密；使企业增加进货的数量，从而产生规模经济，并使企业享受价格优惠；随着与供应商关系的加深，企业可能获得高质量的供应品。但若无其他供应商，则单一供应商的议价能力就会增强；企业容易遭受供应中断的风险。针对该货源策略的缺点，有的企业规定向同一供应商购货的数量不得超过一定的百分比。

▶ 2. 多货源少批量策略

多货源少批量策略可以使企业与较多的供应商建立和保持联系，以保证稳定的供应；有利于与多个供应商合作，从而获得更多的知识和技术；供应商之间的竞争使企业的议价能力增强。但在这种策略下，企业与供应商的联系不够稳固，相互信任程度较低；不利于产生规模经济；企业不能享受大批量购买的价格优惠；不利于企业获得质量和性能不断提高改进的供应品。为减少该货源策略造成的不利影响，企业在与供应商签订采购合同时，应争取把对供应品的质量要求，以及不同购货数量的价格折扣率列入合同条款。

▶ 3. 平衡货源策略

平衡货源策略就是在以上两种货源策略之间寻求一个比较均衡的点，使企业既能获得集中于少数货源的好处，又能充分利用多货源的优点。企业应根据市场上供应商的数量、供应商的实力、企业对供应品的要求或态度、企业与供应商的议价能力，对比确定采用何种货源策略。

(二) 交易策略

交易策略指企业通过一定方式与供应商进行交易，以获取供应品的策略。从企业所需采购的产品、服务的性质和供应商的特点两个维度，可把交易策略分为四类。

▶ 1. 市场交易策略

市场交易策略即企业通过与供应商签订买卖合同，在市场上取得所需供应品的策略。

当供应品的技术含量较低或生产技术相对成熟，供应品在企业产品的生产和销售中不具有重要性，企业不需要供应商提供售后服务，供应商所处的市场较为成熟，供应商数量较多，竞争比较激烈时，适合采用该策略。因此，企业无须与供应商建立长期、稳定的合作关系，只要通过市场竞价方式就能及时获得质量合格、价格低廉的供应品。

▶ 2. 短期合作策略

短期合作策略即企业为了应对一定的市场需求对供应商采取短期合作的策略，在市场需求满足或消失后，合作就宣告结束。

当企业的产品往往面临急剧变化的市场机会和变化很灵活的客户需求，供应品的供给具有较高的适应性，有的供应品有较高的技术含量，且对企业产品的生产设计都有重要影响时，适合采用该策略。

▶ 3. 功能性联盟策略

功能性联盟策略即企业与供应商通过订立协议结成联盟的策略。当供应品在企业产品的生产经营中起着重要作用，企业对供应品的需求量比较大，供应品的生产技术成熟，可替代性较高，供应商拥有较强的生产能力和实现规模经济的能力时，适合采用该策略。企业通过采用这种策略与供应商建立比较长期、稳定的合作关系，有助于规避、减少双方的生产经营风险，同时使供应商的生产产生规模效益，降低供应品的价格，相应地使企业本身的采购成本降低。

▷ 4. 创新性联盟策略

创新性联盟策略即企业为了产品、业务的创新，并取得长期竞争优势而与供应商结成联盟的策略。企业采用这种策略时，往往从某种新产品概念的提出就开始与供应商合作，其产品的设计、试制、改进、定型、生产与供应商的产品和技术创新基本上同步进行、相互契合。为了创新的最终成功和取得双赢的效果，双方需要进行紧密和持久的合作，包括双方发展战略的相互配合，以及资金、人员等重要资源的协调使用，必要时，双方还可建立共同基金、合资企业，或进行股权式合作。

在上述四类交易策略中：从管理的侧重点来看，企业采用市场交易策略和功能性联盟策略侧重于降低采购成本的考虑，采用短期合作策略和创新性联盟策略则侧重于创新的考虑；从与供应商的关系中所追求的目标来看，企业采用市场交易策略和短期合作策略重视的是短期利益，而采用功能性联盟策略和创新性联盟策略追求的是长期利益。

（三）采购模式

▷ 1. 传统采购模式

传统采购模式指企业采购部门在每个月末或者每个季末，根据库存情况制定下个月或下个季的采购计划，经主管经理或企业负责人审批后，向供应商发出采购信息，供应商接收后向企业报价，再经过双方谈判、协商，最终签订交易合同。该种采购模式的主要特点如下。

（1）企业与供应商之间的信息沟通不够充分、有效，甚至双方有时为了各自在谈判中占据有利地位，有意隐瞒一些信息。

（2）企业和供应商之间只是简单的供需关系，缺少其他方面的合作。

（3）以补充库存为目的，缺少对生产需求及市场变化的考虑，因而经常造成库存积压或供不应求，影响企业生产经营正常进行。

（4）管理简单、粗放，采购成本居高不下。

▷ 2. MRP 采购模式

物料需求计划（material requirement planning，MRP）采购模式主要应用于生产企业。它指生产企业以生产为导向，根据生产计划和主产品的结构及库存情况，逐步推导出生产主产品所需要的零部件、原材料等的数量，以及进货时间，据此编制采购计划，按照采购计划向供应商发出订单。该种采购模式的主要特点如下。

（1）生产计划和采购计划十分精细，从产品到原材料、零部件，从需求数量到需求时间，从生产进度到进货顺序，都无一遗漏地做出明确规定。

（2）采购计划的计算、编制非常复杂，尤其在产品种类繁多、产品结构复杂的情况下，对各种所需原材料和零部件及其进货时间的计算量是十分巨大的，因而需要借助计算机技术进行。

▷ 3. JIT 采购模式

准时化（just in time，JIT）采购模式指企业根据自身生产需要对供应商下达订单，要求供应商把适当数量、适当质量的物品在适当的时间送达适当的地点。这种采购模式既能及时充分地满足企业生产对物资的需求，又能使企业库存量降到最小，甚至实现零库存，从而大大减少相关采购、仓储费用，加快企业资金周转。该种采购模式的主要特点如下。

（1）供应商数量少，甚至是单一供应商。

（2）企业与供应商建立长期稳定的合作关系。

（3）采购批量小，送货频率高。

（4）企业与供应商都关心对方产品的改进和创新，并主动协调、配合；信息共享快速可靠。

▶ **4. VMI 采购模式**

供应商库存管理（vendor managed inventory，VMI）采购模式指企业和供应商签订协议，规定由供应商管理企业库存，确定最佳库存量，制定并执行库存补充措施，合理控制库存水平，同时双方不断监督协议执行情况，适时修订协议内容，使库存管理得到持续改进。这种采购模式的特点如下。

（1）企业与供应商建立了长期稳定的深层次合作关系。

（2）打破了以往各自为政的采购和库存管理模式，供应商通过共享企业实时生产消耗、库存变化、消耗趋势等方面的信息，及时制定并实施正确有效的补货策略，不仅以最低的成本满足了企业对各类物品的需要，而且最大可能地减少了自身由于独立预测企业需求的不确定性造成的各种浪费，极大地节约了供货成本。

（3）企业与供应商之间按照利益共享、风险共担的原则，协商确定对相关管理费用和意外损失的分担比例，以及对库存改善带来的新增利润的分成比例，从而为双方的合作奠定了坚实的基础。

▶ **5. 数字化采购模式**

数字化采购模式指通过人工智能、物联网、云端协同等技术，实现对采购全流程的智慧管理，在选择和管理供应商、采购需求和费用分析、决策审批、订单生成、进货物流、对账结算、开票付款等各个环节都实现自动化、可视化、标准化和可控化，并通过实时监测和定期评估使之不断优化。数字化采购模式的主要特点如下。

（1）企业和供应商以数字化平台为基础建立了自动识别、彼此认知、直接交易、高度契合的新型合作关系。

（2）自动化技术淘汰了以往大量的人工操作，创新、优化了采购流程，甚至企业全部业务流程。

（3）采购管理的科学性、便捷性、精细性、准确性空前提高，"降本增效"极为显著；适应新技术发展趋势，推广前景十分广阔。

【案例 6.3】

海尔的 JIT 采购战略

海尔物流的特色是借助物流专业公司的力量，在自建基础上小外包，总体实现采购JIT、原材料配送 JIT 和成品配送 JIT 的同步流程。同步模式的实现得益于海尔的现代集成化信息平台。海尔用 CRM 与 BBP 电子商务平台架起了与全球用户的资源网、全球供应链资源网沟通的桥梁，从而实现了与用户的零距离，提高了海尔对订单的响应速度。

海尔物流整合了集团内分散在 28 个产品事业部的采购、原材料仓储配送，通过整合内部资源来获取更优的外部资源，建立起强大的供应链资源网络。供应商结构得到根本优化，能够参与到前端设计与开发的国际化供应商比例从整合前的不到 20％ 提高到目前的 82％，GE、爱默生、巴斯夫、DOW 等 59 家世界五百强企业都已成为海尔的合作伙伴。

海尔实行并行工程。一批跨国公司以其高科技和新技术参与到海尔产品的前端设计中，不但保证了海尔产品技术的领先性，也增加了产品的技术含量，还大大加快了开发速度。海尔采购订单滚动下达到供应商，一般的订单交付周期为 10 天，加急订单为 7 天。战略性物资，如钢材，每个月滚动采购一次，每三个月与供应商谈判协商价格。另有一些供应商通过寄售等方式为海尔供应物资，即将物资存放在海尔物流中心，但在海尔使用后才结算，供应商可通过 B2B 网站查询寄售物资的使用情况，属于寄售订单的，海尔不收取相关仓储费用。

海尔的 BBP 采购平台由网上订单管理平台、网上支付平台、网上招标竞价平台和网上信息交流平台等有机组成。网上订单管理平台使海尔 100％ 的采购订单由网上直接下达，同步的采购计划和订单提高了订单的准确性与可执行性，使海尔采购周期由原来的 10 天减少到了 3 天，同时供应商可以在网上查询库存，根据订单和库存情况及时补货。网上支付平台则有效提高了销售环节的工作效率，支付准确率和及时率达到 100％，为海尔节约了近 1000 万的差旅费，同时降低了供应链管理成本。网上招标竞价平台通过网上招标，不仅使竞价、价格信息管理准确化，而且防止了暗箱操作，降低了供应商管理成本，实现了以时间消灭空间。网上信息交流平台使海尔与供应商在网上就可以进行信息互动交流，实现信息共享，强化合作伙伴关系。除此之外，海尔的 ERP 系统还建立了其内部的信息高速公路，实现了将用户信息同步转化为企业内部的信息，实现以信息替代库存，接近零资金占用。

在采购 JIT 环节上，海尔实现了信息同步，采购、备料同步和距离同步，大大降低了采购环节的费用。信息同步保障了信息的准确性，实现了准时采购。采购、备料同步使供应链上原材料的库存周期大大缩减。目前已有 7 家国际化供应商在海尔建立的两个国际工业园建厂，爱默生等 12 家国际化分供方正准备进驻工业园，与供应商、分供方的距离同步有力保障了海尔的 JIT 采购与配送。

(https://www.gb56.net/news/5935.shtml)

▌本章小结▐

通过本章的学习，我们可以了解职能战略，即职能层战略是按照总体战略或业务单位战略对企业内各方面职能活动进行的谋划，职能战略是为企业战略和业务战略服务的，所以必须与企业战略和业务战略相配合。职能战略要相对更具体和专门化，且具有行动导向性，职能战略的制定需要较低层管理人员的积极参与。事实上，在制定阶段吸收较低层管理人员的意见对成功地实施职能战略是非常重要的。

本章职能战略主要包括了市场营销战略、财务战略、研究与开发战略、生产运营战略和采购战略。市场营销战略的制定是一个相互作用的、创造和反复的过程，他体现了企业经营特色和竞争地位，其核心包括市场细分、目标市场选择、市场定位和市场营销组合的设计。财务战略是主要涉及财务性质的战略，主要考虑资金的使用和管理的战略问题，以及财务领域全局的、长期的发展方向问题；财务战略主要包括财务战略的确立、产品生命周期不同阶段的财务战略，以及财务风险与经营风险的搭配等主要内容。研究与开发战略并不能独立于企业的其他部分单独进行，研发战略需要受到企业竞争战略的支持，并集中关注企业成功实施业务战略所需的技术；主要进行研发战略类型、研发动力、研发战略作用及研发定位的分析与判断。生产运营战略主导着企业将投入转化为产出的整个过程，需要以生产运营战略所涉及的主要因素为基础进行企业生产运营战略的选择，并制定适当的产能计划。采购战略则为企业的采购组织提供具有指导性、全局性、长期性的纲领和规划，主要包括货源策略、交易策略、采购模式的选择和判断。

课后自测

【即测即练】

【简答题】
1. 简述 4P 营销策略组合理论的基本思想和要素内容。
2. 简述 4 种股利分配策略。
3. 简述财务风险与经营风险的搭配。
4. 简述研发战略的四种定位。
5. 简述交易策略的四种类型。

【案例分析题】
1. 连锁咖啡公司山牧公司于 1998 年成立，现已成为最大的咖啡连锁店之一。山牧公司主要定位于年轻人市场。除了销售咖啡外，山牧公司亦提供茶、蛋糕等商品，部分的山牧公司店面甚至与超级市场、书店等行业结盟。

山牧公司不仅仅为消费者提供咖啡，还为消费者提供以咖啡为基底，依季节性或符合消费者需求的创意咖啡饮品。山牧公司努力营造出充满咖啡香、舒适的环境氛围，同时还以多样咖啡商品组合或优惠吸引到了更多的消费者。山牧公司标榜休闲生活，卖的不只是一杯高质量咖啡，同时也给忙碌的现代人一个放松的地方。因此，山牧公司的产品定价会较高，并以咖啡为主、西点为辅。同时，山牧公司为与顾客建立良好的关系，推出随行卡及相关体验分享，试图让顾客在品味咖啡之余，在精神层面也能引起共鸣。

山牧公司以直接销售的形式节约了中间商费用，并把店开在比较容易看到的地方，例如，商场出入口、火车站等地。同时，根据山牧公司四大风格元素：土（栽种）、火（烘焙）、水（滤泡）、气（香气），开发出四种不同的设计风格，使得山牧公司在各营销渠道的识别形象与消费体验都可以达到相当高的辨识度。在专售通路的妥善布建下，2015 年，山牧公司的年营收已扩增 191.63 亿元，再创历史新高。山牧公司产品以节庆活动推出促销方案，如在圣诞咖啡、门市活动、一起跟好友缤纷一夏、咖啡好友分享日等节庆活动中，山牧公司咖啡 5 折售卖。另外，山牧公司亦善用网络及智能手持装置行动 App、Line 等，带动相关分享及转传效益，在有限的广告宣传费用下，获得相当热切的回响，其案例足为新兴媒体操作之典范。

要求：

(1) 简要分析山牧公司对消费者市场进行细分的依据；

(2) 简要分析山牧公司实施的市场营销组合。

2. 甲公司是一家高科技环保企业，依靠多年技术储备，自主研发出新一代智能呼吸窗，该产品具备更加明显的技术性能优势。公司预计市场需求会持续旺盛，为满足未来持续增长的订单要求，甲公司以投入自有资金为主，再吸收部分风险投资资金入股，在原有生产能力的基础上将产能扩大了三倍，并有效降低融资成本，完全掌控生产线的运作。甲公司生产部经理提出异议：在原有生产能力的基础上增加产能会增加企业的库存成本，不符合公司要求的准时生产方法理论。

为了保证产品的质量，从源头进行质量管控，甲公司所有原材料的采购都来自同一家原材料生产企业。响应企业内部控制的要求，甲公司结合实际情况，全面梳理企业的采购流程，完善采购业务相关管理制度，统筹安排采购计划，明确请购、审批、购买、验收、付款、采购后评估等环节的职责和审批权限，按照规定的审批权限和程序办理采购业务，建立价格监督机制，定期检查和评价采购过程中的薄弱环节，采取有效控制措施，确保物资采购满足企业生产经营需要。

要求：

(1) 分析甲公司所实施的产能计划类型。

(2) 请帮助甲公司生产部经理分析采用准时生产系统的优点。

(3) 分析甲公司采用的货源策略，并简述企业的采购业务需要关注的风险。

第七章 战略实施

学习要点

横向分工结构的基本类型

战略与组织结构

企业文化的类型

战略稳定性与文化适应性

战略失效

预算与平衡计分卡

学习目标

本章主要涉及组织结构、企业文化、战略控制等内容。通过本章的学习，需要掌握纵横向分工结构的基本类型，熟悉横向分工结构的基本协调机制，了解组织结构与战略的关系，熟悉组织的战略类型，熟悉企业文化的类型，熟悉战略稳定性与文化适应性矩阵，掌握战略失效的类型和原因，掌握战略控制方法。

第一节 公司战略与组织结构

一、组织结构的构成要素

组织结构是波特价值链理论中，公司重要的支持活动，组织结构的调整与完善是战略实施的重要环节。为了实现组织目标、组织结构能够在管理工作中起到分工协作的作用，并在职务范围、责任、权利等方面形成相应的结构体系，我们首先需了解组织结构的基本构成要素。

（一）分工

分工指企业为创造价值而对其人员和资源的分配方式。将各类工作分配给各类人群，将人群划分成若干部分，并确定相应的职责，就称之为分工。分工又包含了纵向分工和横向分工。

纵向分工指企业高层管理人员必须在如何分配组织的决策权上做出选择，以便很好地控制企业创造价值的活动。纵向分工主要涉及职权的分配，明确了"向谁报告""对谁负责"的问题。

横向分工指企业高层管理人员必须在如何分配人员、职能部门，以及事业部方面做出选择，以便增加企业创造价值的能力。横向分工主要涉及资源的分配。

（二）整合

为了协调不同职能与事业部门的生产经营活动，避免部门间的脱节、利益冲突，更好地执行企业的战略，企业可以建立跨职能的团队，使得各类部门、各类职工能相互支持、相互配合，这就是一般意义上的整合。因此，整合指企业为实现预期的目标而用来协调人员与职能的手段。

二、纵横向分工结构

（一）纵向分工结构

▶ 1. 基本类型

纵向分工分为高长型组织结构和扁平型组织结构，如图 7-1 所示。

（1）高长型组织指管理层次较多，而控制幅度较窄的组织结构。这种结构有利于企业内部的控制，但对市场变化的反应较慢。

（2）扁平型组织结构指管理层次较少，而控制幅度较宽的组织结构。这种结构可以及时地反映市场的变化，并做出相应的反应，但容易造成管理的失控。企业应根据自己的战略，以及战略所需要的职能来选择组织的管理层次。

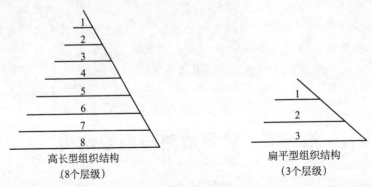

高长型组织结构
（8个层级）

扁平型组织结构
（3个层级）

图 7-1　组织结构图

▶ 2. 组织内部的管理问题

（1）集权与分权

在企业组织中，应根据企业的具体情况选择集权或者分权，两者有不同的适用条件。处理集权与分权的关系时，既要在战略上的集权，又要在战术上的分权，同时还需要因势而变。集权与分权的对比如表 7-1 所示。

近年来，组织结构的设计多倾向于分权和员工授权程度更大的结构，而不太采用独裁型结构和集权型结构。这种转变的基础理念是：企业应当通过将权力分配给各个决策层级来授权和激励员工，这样使企业能对其所在市场做出更快反应。

表 7-1　集权与分权对比

对比\分类	集　权	分　权
含义	所有的决策均由高层管理者制定，基层管理人员只负责执行，适合高长型组织结构	按规则将权力分配给下级管理层，下级在职权范围内自主进行决策，适合扁平型组织结构
优点	① 易于协调各职能间的决策； ② 易于对上下沟通的形式进行规范； ③ 能与企业的目标达成一致； ④ 危急情况下能够做出快速决策； ⑤ 有助于实现规模经济	① 易于下属发挥更多可能性； ② 能为下属提供更多的职位晋升机会； ③ 外部环境的适应能力较强； ④ 信息沟通和传递速度比较快，信息真实性强
缺点	①不利于发展个性，高层管理者顾及不到个别部门的不同要求； ② 决策时间过长，缺乏灵活性与对市场的应变力； ③ 不利于基层管理人员的职业晋升	部门之间难以统一指挥和协调，容易出现部门之间各自为政的情形，甚至有的下属部门因追求自身利益而忽视，甚至损害公司的整体利益
适用情形	适用于产品线数量有限，且关系较为密切的企业，以及由外部机构实施密切监控的企业	适用于产品线数量较多或多元化经营的企业

公司是采用集权型组织，还是分权型组织，并不是简单依据其采取的组织结构的类型（例如，是事业部制结构，还是职能部制结构）。企业采用以产品为基础的事业部结构，而由公司总经理进行所有决策，这样的情况也是屡见不鲜的。比较重要的一点是，企业不仅应选择适当的结构，还应对各个级别的权力做出适当的分配。此外，决策度与责任的大小也与企业的文化密切相关。比如，分权型企业要想成功，其员工必须在实际中承担责任，仅仅要求他们承担责任是远远不够的，管理这种文化的变化是一个企业成功的关键要素。

（2）中层管理人员人数

企业在选择组织层次和指挥链时，要根据自己的实际情况。如果选择高长型组织结构，则意味着要增加管理层次，需要配备较多的中层管理人员，导致管理成本增加；如果选择扁平型组织结构，则意味着要减少管理层次，需要配备较少的中层管理人员，可以节约管理成本。

（3）信息传递

企业内部信息传递是企业组织管理中的一个重要环节。企业内部管理层次越多，信息在传递的过程中失真性越强。因此，企业在选择高长型的结构时，应比较慎重。

（4）协调与激励

企业的管理层次过多会妨碍内部员工与职能部门间的沟通，增加管理费用。管理层次越多，沟通越困难，越容易使管理没有弹性，特别是在应用新技术的企业里，如果采用高长型结构模式，企业通常会遇到各种障碍，不能有效地完成企业的目标。在这种情况下，扁平型组织结构中的信息沟通更为容易，有利于建立以工作成就为导向的员工激励机制。

（二）横向分工结构

▶ 1. 基本类型

从横向分工结构考察，企业组织结构有 8 种基本类型，如图 7-2 所示。

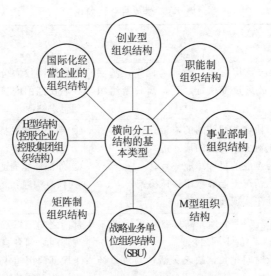

图 7-2　企业组织结构的基本类型

（1）创业型组织结构

也称直线制组织结构，是一种最早的、最简单的组织结构。企业的所有者或管理者对若干下属实施直接控制，并由其下属执行一系列工作任务，属于从最高管理层到最低层实现直线垂直领导的结构，如图 7-3 所示。

图 7-3　创业型组织结构

这一结构类型比较简单，命令统一，但是主要依赖于中心人员的个人能力，即要求高层管理者通晓多种知识和技能，可以亲自处理各种业务。在业务比较复杂、企业规模比较大的情况下，把所有管理职能都集中到最高管理者一人身上，显然是难以胜任的。创业型组织结构只适用于规模较小、生产技术比较简单的传统创业型企业，对生产技术和经营管理比较复杂的企业并不适用。

例如，一家奶茶店在某地区内拥有数家分店，由创办人一人负责管理。每家奶茶店的数名店员都由他亲自聘用，帮忙打理日常店务。这属于简单的创业型组织结构。最近，创办人得到一名投资者的赏识，投入资金，利用创办人的品牌在全国开设 100 多家奶茶加盟店。随着企业规模的扩大，更多复杂的流水线和一体化机制使该奶茶店实现从简单结构到职能制/事业部制组织结构的转变。

（2）职能制组织结构

也称直线职能制组织结构，被大多数人认为是组织结构的典型模式，指各级行政单位除主管负责人外，还相应地设立一些职能机构（如生产、营销、研发等部门），如图 7-4 所示。各部门之间相互独立，但是在实务上，部门之间通常有一定的相互作用和影响。

这一组织结构通过把专业技术和研究方向接近的同类专家集中到同一个部门中，从事

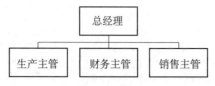

图 7-4　职能制组织结构

企业某一类型的活动，有助于实现规模经济；并且给每一位员工分配特定的、重复性的工作，能够帮助企业培养职能专家，也有利于提高工作效率；为各个职能部门赋予一定的责、权、利，便于董事会监控各个部门的绩效。但是也会产生各种问题。首先，职能部门之间的协作和配合性低；其次，难以确定各项产品产生的盈亏，容易导致各职能部门各自为政，追求部门利益而损害企业的整体利益；最后，等级层次及集权化的决策制定机制会缺乏对市场的应变力与灵活性。

职能制组织结构主要适用于中小型的、产品品种比较单一、生产技术发展较慢、外部环境比较稳定的企业。

（3）事业部制组织结构

当企业逐步成长，产品线增多，市场迅速扩张，要求企业多元化经营时，事业部制组织结构就此产生。事业部制组织结构是按照产品、服务、市场或地区将企业人员划归不同的事业部，企业总部负责计划、协调和安排资源，事业部则承担运营和自身的战略规划责任。

在事业部制组织结构内，还可以依据产品、服务、市场或地区进行细分。

① 区域事业部制结构。当企业在不同的地理区域开展业务时，可以依据地理位置对企业的活动和人员进行分类，比如，将城市划分成各个销售区域，这种结构可用于本地区域或国家区域，如图 7-5 所示。

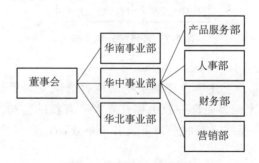

图 7-5　区域事业部制结构

此组织结构以所处的地理区域为基础设立事业部，总部放手让区域人员处理相关事务，能实现更好更快的地区决策；在地区环境发生变化时，也能迅速做出反应；与此同时，还可以削减成本费用，如差旅和交通费用等。

但区域管理人员只能满足本区域业务，可能支撑不了其他区域的事务；因此难以处理跨区域的大客户的事务，并且会导致管理成本的增加。比如，一个国家企业被划分为 10 个区域，则每个区域办事处都需要一个销售部门或财务部门等。

② 产品/品牌事业部制结构。产品/品牌事业部制结构以企业产品的种类为基础设立若干产品部，而不以职能或以区域为基础进行划分，如图 7-6 所示。

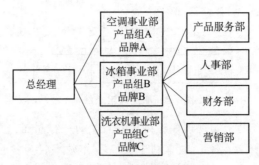

图 7-6　产品/品牌事业部制结构

此组织结构容易协调事业部内部的供、产、销活动；并且各个事业部都可以将精力集中在其自身的区域，有助于企业实现产品差异；同时，易于出售或关闭经营不善的事业部。但是，各个事业部会为了争夺有限资源而产生摩擦；并且各个事业部之间会存在管理成本的重叠和浪费；同时，若产品事业部数量较多，可能会出现难以协调的情况；最后，若产品事业部数量较多，则事业部的高级管理层会缺乏整体观念。

③ 客户细分或市场细分事业部制结构。客户细分事业部制结构通常与销售部门和销售工作相关，批销企业或分包企业也可能采用这种结构，在这些企业中，由管理者负责联系主要客户。另一种方式是，将不同类型的市场按照客户进行划分，如企业客户、零售客户或个人客户等，如图 7-7 所示。事业部制组织结构适用于产业多元化、品种多样化、各有独立的市场，而且市场环境变化较快的企业。

图 7-7　市场细分事业部

(4) M 型组织结构

随着企业规模的扩大，上述事业部制组织结构就会演变为更复杂的 M 型组织结构。在 M 型组织结构中，原来的事业部一般由拥有更大经营权的公司所代替；每个公司比以前的事业部负责更多的产品线；有的公司下设若干事业部，分别管理不同的产品生产线，如图 7-8 所示。

首先，此组织结构使得各事业部之间有比较、有竞争，可以增强企业活力，利于企业的持续成长；其次，总部高层可以摆脱日常事务的烦扰，集中精力考虑全局问题，同时，总部员工的工作量会有所减轻；再次，职权被分派到总部下面的每个事业部，并在每个事业部内部进行再次分派；最后，能够通过诸如资本回报率等方法对事业部的绩效进行财务评估和比较。但是，M 型组织结构会使得事业部分配企业的管理成本比较困难，并略带主观性；并且经常会在事业部之间滋生功能失调性的竞争和摩擦；同时确定内部转移价格可能会产生冲突。

M 型组织结构适用于具有若干生产线的企业，也适用于面临的市场环境复杂多变或所处地理位置分散的企业。

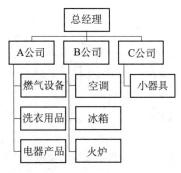

图 7-8　M 型组织结构

（5）战略业务单位组织结构（SBU）

也称超事业部制组织结构，是在事业部制组织结构的基础上，在企业最高管理层和各个事业部之间增加了一级管理机构——战略业务单位，负责管辖和协调所属各个事业部的活动，使领导方式在分权的基础上又适当地集中，如图 7-9 所示。

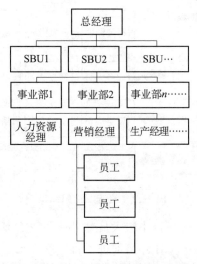

图 7-9　战略业务单位组织结构（SBU）

首先，此组织结构降低了企业总部的控制跨度，减轻了总部的工作负荷；其次，减轻了总部的信息过度情况；再次，使得具有类似使命的产品、区域、市场或客户的事业部之间能够更好地协调；最后，由于几乎无须在事业部之间分摊成本，因此使得监控每个战略业务单位的绩效变得更加容易。但是也会使得总部与事业部的关系变得更疏远。此外，战略业务单位管理者为了取得更多的企业资源会引发竞争和摩擦，而这些竞争会变成功能性失调，并会对企业的总体绩效产生不利影响。比较适用于从事多元化经营的大型企业和巨型企业。

从职能制组织结构到战略业务单位组织结构的发展趋势如图 7-10 所示。

（6）矩阵制组织结构

矩阵结构在职能制组织结构的基础上，再增加一种横向的领导系统，包含两条预算权力线及两个绩效和奖励来源，主要是为了处理非常复杂项目中的控制问题而设计的，比如，某企业为了一项专门任务成立跨职能部门的专门机构，并组成一个专门的产品小组去

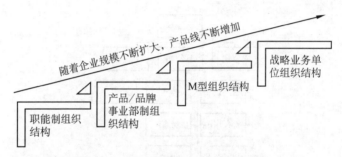

图 7-10 四种组织结构的发展趋势图

从事新产品开发工作，在研究、设计、生产、制造的各个不同阶段，由有关职能部门派人参加，各部门协调共进，保证任务顺利完成。这种结构在职能和产品或项目之间起到了联系的作用，如图 7-11 所示。

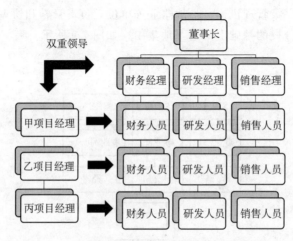

图 7-11 矩阵制组织结构

首先，在此组织结构中，各项目小组人员都是从各职能部门抽调来的有信任感、荣誉感的人员，富有责任感、饱满的工作热情促进了目标的实现；其次，该组织结构加强了不同部门之间的配合和信息交流，克服了职能制组织结构中各部门互相脱节、对产品和市场关注不足的现象；再次，该组织结构使得产品主管和职能主管之间的联系更加直接，从而能够做出更有质量的决策；另外，由于这种结构是根据项目组织的，任务清楚、目标明确，各方面有专长的人都是有备而来，因此，在新的工作小组里能更好地沟通、融合；最后，双重权力使得企业具有多重定位，职能专家就不会只关注自身的业务范围。但由于人员受双重领导，有时出了问题会难以分清责任；项目组成员都临时来自各个职能部门，当任务完成以后仍要回到原部门，可能在职能工作和项目工作之间产生冲突；同时，容易引起职能部门经理和项目经理权力的冲突；最后，协调所有的产品和职能会增加时间成本和财务成本，从而导致制定决策的时间过长。

因此，矩阵制组织结构主要适用于复杂/动态的环境，以及因技术发展迅速和产品品种较多而具有创新性强、管理复杂特点的企业。

（7）H 型结构（控股企业/控股集团组织结构）

当企业不断发展时，业务领域可能涉及多个方面，辐射范围遍布全国，甚至上升到全球化层面，这时，企业就会成立控股企业，其下属子企业具有独立的法人资格。控股企业的类型包含：纯粹控股公司，不直接从事某种实际的生产经营活动，其目的只是掌握子公司的股份，控制其股权；混合控股公司除了利用控股权支配子公司的生产经营活动外，还从事自身的生产经营。

将控股企业与其他企业区别开来的一个关键特点是其控股企业的自主性，尤其是各个子公司对战略决策的自主性。各个子公司能够自负盈亏，并从母公司取得较便宜的投资成本，并且在某些国家，如果将这些企业看成一个整体，整体公司还能够获得一定的节税收益。

（8）国际化经营企业的组织结构

企业国际化经营战略基本上有四种类型：国际战略、多国本土化战略、全球化战略与跨国战略，而这些战略也依托这四类组织结构，如图7-12所示。

图7-12 国际化经营战略类型及其相对应的组织结构

① 与"国际战略"相配套的"国际部结构"。"国际战略"是企业国际化经营早期的战略类型，国际部也应该是一种事业部制，其事业部的划分可以是按区域划分，也可以是按产品划分，甚至还可能是按区域和产品的混合划分，如图7-13所示。

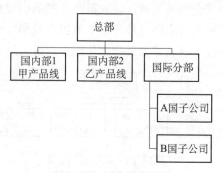

图7-13 国际部结构

② 与"多国本土化战略"相配套的"全球区域分部结构"。多国本土化战略根据不同国家的不同市场，提供更能满足当地市场需要的产品和服务。分部的国家或地区经理有高度的自主权，本土适应能力高，但由于生产规模相对较小，生产成本通常比母公司高，如图7-14所示。

③ 与"全球化战略"相配套的"全球性产品分部结构"。全球化战略向全世界的市场推销标准化的产品和服务，由企业总部确定企业的总目标和经营战略，根据主要产品的种类

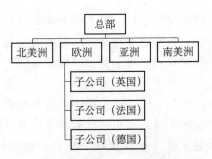

图 7-14　全球区域分部结构

及其相关服务的特点，设立若干产品分部，每一产品分部负责该产品的国际生产经营活动，由此形成经验曲线和规模经济效益，以获得高额利润。但是，下属公司的运营没有太大自主权，生产的产品是供整个公司使用的某一模型或部件，产品的设计和说明很少由下属公司来决定，如图 7-15 所示。

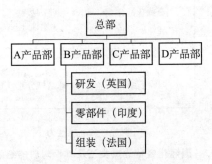

图 7-15　全球性产品分部结构

　　④ 与"跨国战略"相配套的"跨国结构"。跨国战略是将全球化战略的高效率与多国本土化的适应能力结合起来的战略类型。产品分部和地区分部都由副总经理负责，企业总部从全球范围来协调各产品分部和地区分部的活动，以取得各种产品的最佳地区合作，管理各子公司的经营活动。跨国结构的目的是力求同时最大限度地提高效率、地区适应能力和组织学习能力。适用于那些产品多样化程度很高、地区分散化程度也很大的跨国公司，如图 7-16 所示。

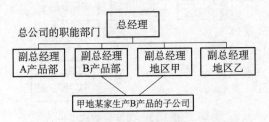

图 7-16　全球性混合结构(产品—地区型)

　　▶ 2. 横向分工结构的基本协调机制

　　协调机制是建立在企业的分工与协调之上的制度。企业组织的协调机制基本上有以下六种类型，如图 7-17 所示。

　　(1) 相互适应，自行调整。这是一种自我控制方式。组织成员直接通过非正式的、平等的沟通达到协调，相互之间不存在指挥与被指挥的关系，也没有来自外部的干预。这种机制适合最简单的组织结构。

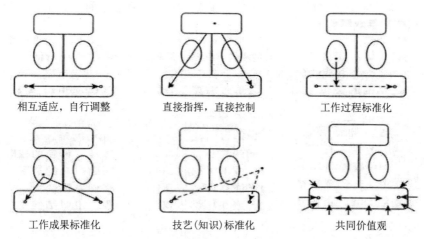

相互适应,自行调整　　　直接指挥,直接控制　　　工作过程标准化

工作成果标准化　　　技艺(知识)标准化　　　共同价值观

图 7-17　组织的基本协调机制

（2）直接指挥,直接控制。指组织的所有活动都按照一个人的决策和指令行事。这位负责人发布指示,监督工作。形象地讲,这种协调机制如人的大脑一样,同时协调两只手的活动。

（3）工作过程标准化。指组织通过预先制定的工作标准来协调生产经营活动。在生产之前,企业向职工明确工作的内容,或对工作制定出操作规程及其规章制度,然后要求工作过程中的所有活动都要按这些标准进行,以实现协调。

（4）工作成果标准化。指组织通过预先制定的工作成果标准实现组织中各种活动的协调。这种协调只规定最终目标,不限定达到目标的途径、方法、手段和过程。

（5）技艺(知识)标准化。有些组织内的工作专业性强,工作过程和工作成果均无法标准化,组织只能通过将员工的技能标准化来实现工作协调的目的。这种协调机制主要依靠组织成员在任职以前就接受了必要的、标准化的训练,成为具有标准化知识和技能的人才。

（6）共同价值观。指组织内全体成员要对组织的战略、目标、宗旨、方针有共同的认识和共同的价值观,充分地了解组织的处境和自己的工作在全局中的地位和作用,互相信任、彼此团结,具有使命感,组织内的协调和控制达到高度完美的状态。

从上述六种类型的关系来看,当企业组织简单时,只需要相互适应、自行调整的协调机制。在企业组织扩大后,需要某人单独执行控制工作时,便产生了直接指挥、直接控制机制。当工作变得更加复杂时,协调机制便趋向标准化。在工作任务相当复杂时,企业便需要采用成果标准化或技艺标准化。在工作极其复杂、难以标准化时,企业往往又自行转回到互相适应调整这种最简单而又最灵活的协调机制上。不过,这不是一种简单的循环,而是螺旋式上升。实际上,企业不可能在一段时间内只依靠一种协调机制,而是往往根据不同任务的侧重点,混合使用六种协调机制。

三、企业战略与组织结构

(一) 组织结构与战略的关系

▶ **1. 战略的前导性与结构的滞后性**

组织结构的功能在于分工和协调,是保证战略实施的必要手段。通过组织结构,企业的目标和战略转化成一定的体系或制度,融进企业的日常生产经营活动中,发挥指导和协调的作用，以保证企业战略的完成。在探索战略与结构的关系方面，艾尔弗雷德·钱德勒在其经典著作《战略与结构》中，首次提出组织结构服从战略的理论，如表7-2所示。

表7-2　钱德勒的组织结构服从战略理论

钱德勒命题		阐　释	启　发
战略的前导性与结构的滞后性	战略前导性	指企业战略的变化快于组织结构的变化	①在经济发展时，企业不可错过时机，要制定出与发展相适应的发展战略 ②一旦战略制定出来以后，就要正确认识组织结构有一定反应滞后性的特性，不可操之过急 ③组织结构反应滞后时间过长将会影响战略实施的效果，企业应努力缩短组织结构反应滞后的时间，使组织结构配合战略的实施
	结构滞后性	指企业组织结构的变化常常慢于战略的变化速度	
企业发展阶段与组织结构		企业在不同的发展阶段应该采用不同的发展战略，并要求组织结构做出相应的调整	

▶ 2. 企业发展阶段与结构

钱德勒有关结构跟随战略的理论是从对企业发展阶段与结构的关系的研究入手的。企业发展到一定阶段，其规模、产品和市场都发生了变化。这时，企业会采用合适的战略，并要求组织结构做出相应的反应。

（1）市场渗透战略。企业在处于创立不久的初步发展阶段时，往往着重发展单一产品，试图通过更强的营销手段来获得更大的市场份额。这时，企业只需采用简单结构，即创业型组织结构。

（2）市场开发战略。企业发展后，需要将产品或服务扩展到其他地区中去。为了实现产品和服务的标准化、专业化，企业要求建立职能制组织结构。

（3）纵向一体化战略。企业进一步发展后，拥有了多个产品线，销售市场迅速扩张，需要增强管理协调能力；同时，为了提高竞争力，需要拥有一部分原材料的生产能力或销售产品的渠道。在这种情况下，企业适宜采用事业部制组织结构。

（4）多元化经营战略。企业高度发展并进入成熟期，为了避免投资或经营风险，需要开发与企业原有产品不相关的新产品系列。这时，企业应根据经营规模、业务结构和市场范围，分别采用更为复杂的组织结构，如战略业务单位组织结构、矩阵制组织结构或H型组织结构。

（二）组织的战略类型

企业通过战略解决的基本问题一般有三类，包括：开创性问题、工程技术问题及行政管理问题。根据一个组织在解决以上三类问题时采用的思维方式和行为特点（战略倾向），可以将组织分为四种类型：防御型战略组织、开拓型战略组织、分析型战略组织和反应型战略组织。

▶ 1. 防御型战略组织

从防御型组织的角度来看，所谓开创性问题就是需要去理解如何保持稳定的市场份额，开拓可以预见的经久不衰的市场，并且利用既有的标准化技术流程获得低成本优势。所谓工程技术问题就是需要去理解如何保证效率。为解决这一问题，防御型组织应尽可能有效地生产与销售产品或提供服务，要创造出一种具有高度成本效率的核心技术。所谓行政管理问题就是要去理解如何控制效率。一般采取"机械式"结构机制来保证组织严格地控制效率，并建立由生产与成本控制专家形成的高层管理格局。

▶ 2. 开拓型战略组织

从开拓型战略组织的角度来看，所谓开创性问题就是需要去理解如何在动态多变的环境中寻找和开发新产品与新市场的机会，一般要求通过产品开发和市场开发获得发展。所谓工程技术问题就是需要去理解如何避免长期局限于单一的技术过程，常常通过开发机械化程度很低和例外性的多种技术及标准技术，以保持其创新性和适应性。所谓行政管理问题就是要去理解如何协调经营活动与创新活动。一般采取奉行灵活性原则，即在大量分散的单位和目标之间调度和协调资源，不采取集中计划与控制全部生产的方式。这类组织的结构应采取"有机的"机制。这种机制包括由市场、研究开发方面的专家组成的高层管理，注重产出结果的粗放式计划、分散式控制，以及横向和纵向的沟通。

▶ 3. 分析型战略组织

从分析型战略组织的角度来看，所谓开创性问题就是需要去理解如何在保持现有市场份额的同时发现新的产品和市场机会。因此，需要当市场稳定时，通过传统的产品和服务来保持低成本；当市场变化时，通过模仿新产品和服务来保持竞争力。所谓工程技术问题就是需要去理解如何使得经营业务中稳定的部分更有效率，而变动的部分更为灵活，这要求企业形成双重的技术核心。其中，一部分技术与防御型战略组织的技术极为类似，另一部分技术则类似于开拓型战略组织的技术。所谓行政管理问题就是要去理解如何区分组织结构的各个方面，以适应既稳定又变动的经营业务，使两种经营业务达到平衡。因此，企业应采用矩阵制组织结构。分析型战略组织能够理智地选择战略，试图以最小的风险、最大的机会获得利润。

▶ 4. 反应型战略组织

反应型战略组织对其外部环境的反应采取一种动荡不定的调整模式，表现为：对经营行动犹豫不决；对环境变化和不确定性做出不适当的反应，且执行不力。该战略组织缺少在变化的环境中随机应变的机制，并且永远处于不稳定的状态，是一种消极无效的组织形态。

企业组织之所以成为反应型组织，主要有 3 个原因：①决策层没有明文表达企业战略；②管理层次中没有形成可适用于现有战略的组织结构；③只注重保持现有的战略与结构的关系，忽视了外部环境条件的变化。

反应型战略组织适用于存在于经营垄断或被高度操纵的产业中，并且只有在其他 3 种战略组织无法运用时，才考虑使用这种方法。一个企业组织如果不是存在于经营垄断或被高度操纵的产业里，就不应采取反应型组织形态，即使采取了这种战略，也要逐步地过渡到防御型、开拓型或分析型战略组织形态。

拓展阅读 7-1
组织的战略
类型对比

拓展阅读 7-2
开拓性战略组织
案例分析

第二节　公司战略与企业文化

一、企业文化的概念

什么是企业文化？企业界和学术界对这一概念有多种定义。以下两种定义较为简单明了。一种是赫尔雷格尔（Hellreigel，D.）等在1992年提出的定义：企业文化是企业成员共有的哲学、意识形态、价值观、信仰、假定、期望态度和道德规范。另一种定义则基于文化的经济学含义，考虑到企业所遵循的价值观、信念和准则这些构成文化基础的东西都很难被观察和测量，因而采用一个更易操作的观点，即企业文化代表了企业内部的行为指南，它们不能由契约明确下来，但却制约和规范着企业的管理者和员工。

二、企业文化的类型

尽管在企业文化的定义和范围上存在着很大的分歧，且没有两个企业的文化是完全相同的，但是查尔斯·汉迪（Charles Handy）在1976年提出的关于企业文化的分类至今仍具有相当重要的参考价值。他将文化类型从理论上分为四类：即权力（power）导向型、角色（role）导向型、任务（task）导向型和人员（people）导向型。

▶ **1. 权力导向型**

权力导向型也称集权式文化。该种文化偏重个人英雄主义，建立在强人统治的基础之上，掌权人试图对下属保持绝对控制。企业文化的宗旨是保证企业家的绝对个人权威，企业家就是原则，是一种"服从文化"。企业的领导方式很强势，有决断力，反应速度很快。通常存在于家族式企业和刚开创的企业。

例如，奥玛公司是一家从事服装加工生产的家族企业。该公司创始人独断专行、事必躬亲，员工主动性差，一切按老板的指示行事。奥玛公司的企业文化类型属于权力导向型。

▶ **2. 角色导向型**

角色导向型也称各司其职的文化。该种文化强调员工对企业的忠诚奉献，企业层级分明，强调规则至上，可能追求理性和秩序（严密的等级和规章制度），凡事皆有规章可循，重视正规化，行事态度谨慎保守，做好分内的事即可，回避改变。在稳定环境中，这类文化可能导致高效率。采用的组织结构往往是职能制组织结构。企业的权力仍在上层（集权，管理层干涉），十分强调等级和地位（资历）。最常见于国有企业和公务员机构。

例如，新阜铁路公司为保障所辖铁路的安全与畅通，制定并实施一整套严格的工作规章和程序，要求所有员工忠于岗位职责，严守操作规程。该公司文化的类型属于角色导向型。

▶ **3. 任务导向型**

任务导向型也称目标导向型文化。管理者关心的是不断地和成功地解决问题，对不同职能和活动的评估完全依据它们对企业目标做出的贡献。采用的组织结构往往是矩阵制组织结构。专长是个人权力和职权的主要来源，并且决定一个人在给定情景中的相对权力。

具有很强的适应性，个人能高度掌控自己分内的工作，在十分动荡或经常变化的环境中会很成功。常见于新兴产业中的企业，特别是一些高科技企业。

例如，索尼人始终不满足于现状，时时有"饥饿感""紧迫感"伴随，这可谓索尼企业的文化特色。正因如此，他们能不断学习世界上比自己先进的东西，经过消化，创造出别人没有的东西，最终适应了市场，赢得了声誉。

▶ 4. 人员导向型

人员导向型也称以人为本的文化。企业存在的目的主要是为其成员的需要服务，如从需求、发展、平衡出发，以关心和满足人性为基础，激发人的积极性、主动性、创造性的企业文化。组织帮助个人实现目标。组织存在的目的是作为孵化器，为成员自我表现和自我实现服务。需要构建平等、和谐的人文氛围，要做到对内以全体员工为本，对外以顾客、用户为本，要提倡平等、公平、公正意识。常见于俱乐部、协会、专业团体和小型咨询公司。

例如，"蓝天救援队"是中国民间专业、独立的纯公益紧急救援机构，成立于 2007 年。"蓝天救援队"的入队誓词："我志愿加入蓝天救援队，遵循人道、博爱、奉献的志愿精神，勤奋刻苦、努力训练、团结友爱、乐于助人，在各种危机面前竭尽所能地挽救生命"。队训："少说多做，默默奉献，完善自我，善待他人"。

三、文化与绩效

文化可能与高绩效相联系，但它又不一定是高绩效的必然原因。下面，我们从三个方面讨论文化与绩效的关系：企业文化为企业创造价值的途径；文化、惯性和不良绩效；企业文化成为维持竞争优势源泉的条件。

▶ 1. 企业文化为企业创造价值的途径

企业文化可以通过以下三个途径为企业创造价值。

（1）文化简化了信息处理。文化减少了企业内部对个人信息处理的要求，允许个人更好地把注意力集中于他们的本职工作。

（2）文化补充了正式控制。文化补充了正式的控制制度，减少了企业中监督个人的成本。

（3）文化促进合作，并减少讨价还价成本。文化影响了企业中个人的偏好，使他们趋向于共同的目标，这就降低了企业中个人的谈判和讨价还价成本，并促进了更多协作行动的产生和发展。

▶ 2. 文化、惯性和不良绩效

文化与绩效相联系是因为企业战略成功的一个重要前提是战略与环境相匹配。企业文化有助于促进组织绩效的提升，但是企业惯性的文化也会带来不良的绩效。

▶ 3. 企业文化成为维持竞争优势源泉的条件

杰伊·巴尼（Barney J. B.）给出了企业文化可以成为维持竞争优势的一个源泉的条件：

（1）文化必须为企业创造价值。

（2）作为维持竞争优势的一个源泉，公司文化必须是企业所特有的。

（3）企业文化必须是很难被模仿的。如果成功的企业文化体现了企业的历史积累，则这种复杂性就会让其他企业很难仿效，也使得其他企业的管理者很难从本质上修改他们企业的文化，以显著提高绩效。

四、战略稳定性与文化适应性

战略的稳定性反映企业在实施一个新的战略时，企业的结构、技能、共同价值、生产作业程序等各种组织要素所发生的变化程度；文化的适应性反映企业所发生的变化与企业目前的文化相一致的程度。处理二者关系可以用图 7-18 表示。

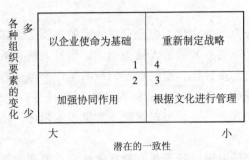

图 7-18　战略稳定性与文化适应性

在矩阵中，纵轴表示企业战略的稳定性状况，横轴表示文化的适应性状况。

▶ 1. 以企业使命为基础

在第一象限中，当企业实施一个新的战略时，重要的组织要素会发生很大变化，那些以往效益好的企业能够根据自己的实力，基于现有的文化，试图改变自己的主要产品和市场，以适应新的要求。在这种情况下，企业管理变革的重点有以下四项。

(1) 企业在进行重大变革时，必须考虑与企业基本使命的关系。在企业中，企业使命是企业文化的正式基础。

(2) 发挥企业现有人员在战略变革中的作用。现有人员之间具有共同的价值观念和行为准则，可以保证企业在文化一致的条件下实施变革。

(3) 在调整企业的奖励系统时，必须注意与企业组织目前的奖励行为保持一致。

(4) 考虑进行与企业组织目前的文化相适应的变革，不要破坏企业已有的行为准则。

▶ 2. 加强协同作用

在第二象限中，企业实施一个新的战略时，组织要素发生的变化不大，又多与企业目前的文化相一致。在这种情况下，企业管理变革的重点有以下两项。

(1) 利用目前的有利条件，巩固和加强企业文化。

(2) 利用文化相对稳定的这一时机，根据企业文化的需求，解决企业生产经营中的问题。

▶ 3. 根据文化进行管理

在第三象限中，企业实施一个新战略，主要的组织要素变化不大，但多与企业组织目前的文化不大一致。在这种情况下，企业管理变革的重点要根据经营的需要，在不影响企业总体文化一致的前提下，对某种经营业务实行不同的文化管理。

▶ 4. 重新制定战略

在第四象限中，企业在处理战略与文化的关系时，遇到了极大的挑战。组织要素变化很大，且现有文化不支持变革。因此，企业首先要考察是否有必要继续推行现行战略。如果没有必要，则需要重新制定战略。重新制定战略需要考虑以下四点。

（1）企业的高层管理人员要痛下决心进行变革，并向全体员工讲明变革的意义。

（2）为了形成新的文化，企业要招聘或从内部提拔一批与新文化相符的人员。

（3）改变奖励结构，将奖励的重点放在具有新文化意识的事业部或个人的身上，促进企业文化的转变。

（4）设法让管理人员和员工明确新文化所需要的行为，形成一定的规范，保证新战略的顺利实施。

第三节　战　略　控　制

一、战略失效与战略控制的概念

▶ 1. 战略失效

战略失效指企业战略实施的结果偏离了预定的战略目标或战略管理的理想状态。

导致战略失效的原因主要有以下六个：企业内部缺乏沟通，企业战略未能成为全体员工的共同行动目标，企业成员之间缺乏协作共事的愿望；在战略实施过程中，各种信息的传递和反馈受阻；战略实施所需的资源条件与现实的资源条件之间出现较大缺口；企业用人不当，主管人员、作业人员不称职或玩忽职守；公司管理者决策错误，使战略目标本身存在严重缺陷或错误；企业外部环境出现较大变化，现有战略一时难以适应。

战略失效可分为早期失效、晚期失效和偶然失效三种类型。早期失效指在战略实施初期，由于新战略还没有被全体员工理解和接受，或者战略实施者对新的环境、工作还不适应，导致战略失效。晚期失效指当战略实施一段时间之后，之前对战略环境的预测与现实之间的差距随着时间的推移变得越来越大，战略所依赖的基础越来越糟，从而造成战略失效。偶然失效是在战略实施过程中，因为一些意想不到的偶然因素导致的战略失效。

▶ 2. 战略控制

战略控制指企业在战略实施过程中，检测环境变化，检查业务进展，评估经营绩效，把检查和评估结果与既定的战略目标相比较，发现战略实施出现的偏差，分析产生偏差的原因，采取有效措施，及时纠正偏差，使战略实施结果符合预期战略目标。

战略控制与预算控制之间有显著的不同。战略控制期通常从几年到十几年不等，定性和定量的方法都要采用，且对企业内部经营和外部环境都要进行评估，战略控制和预算控制之间的差异如表 7-3 所示。

表 7-3　战略控制和预算控制之间的差异

项　目	战　略　控　制	预　算　控　制
控制期间	期间比较长，从几年到十几年以上	期间通常为一年以下
控制方法	定性方法和定量方法	定量方法
控制重点	重点是内部和外部	重点是内部
纠正行为时点	不断纠正行为	通常在预算期结束之后采用纠正行为

二、战略控制过程

战略控制过程包括以下四个重要步骤。

▶ 1. 设定战略控制的目标

设定战略控制的目标指依据企业战略目标，结合企业的内部资源及外部环境的重大变化，合理设定的企业战略控制标准或指标。

▶ 2. 选择战略控制的方法

战略控制方法是从企业战略控制的实际需要出发，用来收集和处理企业经营的相关信息，对内部和外部环境进行监测，检查业务进展情况，衡量和评价企业整体及各个部门的长期和短期业绩，制定调整或纠正偏差措施的方式、工具和标准。选择合理、有效的战略控制方法是战略控制过程中十分重要的一步，直接影响，甚至决定战略控制目标的实现与否。

▶ 3. 实施战略控制措施

实施战略控制措施就是企业决策者通过一定的组织、程序和机制，运用一种或多种战略控制方法，对企业整体及各个经营领域的状况和业绩进行科学衡量和合理评价，将衡量和评价结果与企业的战略控制目标进行比较，找出它们之间的差距，结合企业内外环境的变化分析和识别差距产生的原因，制定和实施弥补差距的对策或应对变化的措施。

▶ 4. 反馈战略控制效果

反馈战略控制效果指将实施战略控制措施的效果或结果及时反馈给企业决策者、部门经理和一般员工，以推动战略控制的持续改进和战略目标的实现。

三、战略控制方法

(一) 预算

预算就是财务计划，即围绕企业战略目标，对一定时期(通常为一年内)企业资金的取得和投放、各项收入和支出、经营成果及其分配等资金运动做出的具体安排。

预算通常有增量预算和零基预算两种类型。

▶ 1. 增量预算

增量预算指在前期的预算或者实际业绩的基础上，通过增加相应的内容编制新的预算。增量预算的优点包括：

(1) 预算编制工作量较少，相对容易操作；

(2) 预算变动较小，且循序渐进，为各个部门的经营活动提供了一个相对稳定的基础；

(3) 有利于避免因资金分配规则改变而引起各部门之间产生冲突；

(4) 比较容易对预算进行协调。

其缺点包括：

(1) 没有考虑经营条件和经营情况的变化；

(2) 容易使企业管理层和部门经理产生维持现状的保守观念，不利于企业创新；

(3) 与部门和员工的业绩没有联系，没有提供降低成本的动力；

（4）鼓励各部门用光预算，以保证下一年的预算不减少；

（5）随着业务活动及其开支水平的变化而失去合理性、可行性。

▶ 2. 零基预算

零基预算指以零为基点，重新分析、判断各个部门的需求和费用，根据企业财力，在综合平衡的基础上编制预算。这种预算指在新的预算期，不受以往预算安排的影响，不考虑过去的预算项目和收支水平。零基预算的优点包括：

（1）有利于根据实际需要合理分配资金；

（2）有利于调动各个部门和员工参与预算编制的积极性；

（3）增强员工的成本效益意识；

（4）鼓励企业管理层和部门经理根据环境变化进行创新；

（5）增加预算的科学性和透明度，提高预算管理水平。

其缺点包括：

（1）预算编制比较复杂，工作量大，费用较高；

（2）如果过度强调眼前预算项目的需要，则容易导致追求短期利益而忽视长期利益；

（3）预算规则和业务项目开支标准的改变可能引起部门之间的矛盾和冲突。

（二）企业业绩衡量

企业业绩包括两类：一类是战略性业绩，另一类是经营性业绩，如表7-4所示。

表 7-4　战略性业绩和经营性业绩对比

种　类	概　念	表　现	特　征
战略性业绩	与企业战略地位和战略目标相关的绩效	市场竞争力、行业地位、企业成长性、企业声誉、重大创新等	整体性、长期性
经营性业绩	与企业日常经营活动相关的业绩	月度或年度的销售额、净利润额、资产回报率、质量合格率等	与企业局部或短期的经营活动相关

与以上两类业绩对应，企业业绩衡量包括战略性业绩衡量和经营性业绩衡量。无论哪一类业绩衡量，都须使用财务指标和非财务指标对其进行定性和定量衡量，并将衡量结果与本企业的历史业绩及同期同类企业的业绩进行比较，对发现的差距和差距产生的原因做出分析。下面是企业通常使用的业绩衡量指标。

▶ 1. 财务衡量指标

（1）盈利能力和回报率指标

$$毛利率＝[（营业收入－销售成本）/营业收入]×100\%$$

$$净利润率＝[（营业收入－销售成本－期间费用）/营业收入]×100\%$$

$$已动用资本报酬率（ROCE）＝（息税前利润/当期平均已动用资本）×100\%$$

（衡量企业投资效益和盈利能力的重要指标）

（2）股东投资指标

$$每股盈余＝净利润/股票数量$$

$$每股股利＝股利/股票数量$$

（每股盈余或每股股利是显示企业为股东带来收益的主要指标）

$$市净率＝每股市价/每股净资产$$

（衡量、评估股票投资价值的指标）

$$股息率＝每股股利/每股市价×100\%$$

（衡量企业投资价值的重要指标之一。假设其他条件相同，股息率低说明企业将较多的利润进行再投资，股息率高说明企业将较多的利润用于股东分红。股息率通常高于利息率）

$$市盈率＝每股市价/每股盈余×100\%$$

（评估股价水平是否合理的指标之一）

（3）流动性指标

作为流动性指标的各种比率越高，企业避免拖欠债务和偿还短期债务的能力越强。

$$流动比率＝流动资产/流动负债×100\%$$

$$速动比率＝（流动资产－存货）/流动负债×100\%$$

$$存货周转期＝存货×365/销售成本$$

$$应收账款周转期＝应收账款借方余额×365/销售收入$$

$$应付账款周转期＝应付账款贷方余额×365/购买成本$$

（4）综合负债和资金杠杆指标

$$负债率＝有息负债/股东权益×100\%$$

（体现企业的整体负债水平和资金杠杆水平）

$$现金流量比率＝经营现金净流量/（流动负债＋非流动负债）×100\%$$

（企业经营活动产生的现金净流量是企业偿还债务的财务保障，现金净流量与企业债务总额之间的比率称为现金流量比率，该比率反映企业偿还全部债务的能力）

上述衡量企业业绩常用的财务指标都表现为某种比率。使用比率来衡量、评价企业业绩的主要原因有：

① 通过比较不同时期的比率可以很容易地发现它们的变动；

② 相对于实物数量或货币的绝对数值，比率对企业业绩的衡量更为适合；

③ 比率适合用作业绩目标；

④ 比率提供了总结企业业绩和经营成果的工具、方法，并可在同类企业之间进行比较。

但是，用比率评价企业业绩有以下局限性：

① 信息获取存在困难；

② 信息的使用存在局限性（数据存在时效性问题，评价侧重过去）；

③ 比率在各个行业的理想标准不同，而且理想标准会随着时间推移发生改变，这为不同行业或同一行业中不同企业的业绩比较带来困难（评价标准存在动态性问题）；

④ 比率有时不能准确反映真实情况（数据存在完整性问题）；

⑤ 比率有时体现的是被扭曲的结果（数据存在真实性问题）；

⑥ 可能鼓励短期行为（比较短视，忽略长远发展）；

⑦ 忽略其他战略要素（过于关注财务指标上的达标，忽视了具有战略意义上的因素）；

⑧ 激励、控制的人员范围有限（对那些对财务结果无任何责任的人员，无法起到激励和控制作用）。

▶ 2. 非财务衡量指标

非财务衡量指标是基于非财务信息的业绩衡量指标。表 7-5 列出了一些非财务衡量指标。

表 7-5　非财务衡量指标

评价的领域	业 绩 计 量
服务	诉讼数量；客户等待时间
人力资源	员工周转率；旷工时间；每个员工的培训时间
市场营销	销量增长；市场份额；客户数量
生产	工艺、流程先进性；质量标准
研发	技术专利数量和等级；设计创新能力
物流	设备利用能力；服务水平
广告	属性等级；成本水平
管理信息	及时性；准确度

使用非财务指标衡量、评价企业业绩的主要原因及局限性如下：

（1）能够反映和监控非财务方面的经营业绩；

（2）通常比使用财务衡量指标提供的企业业绩信息更为及时；

（3）容易被非财务管理人员理解并使用；

（4）有利于激励企业高管关注财务因素之外的因素，甚至决定企业成败的战略因素；

（5）一些衡量企业长期业绩的非财务指标有利于避免短期行为；

（6）往往需要同时采用定性和定量分析，因此更能反映企业业绩的真实情况；

（7）激励、控制的人员范围较广，覆盖了对财务结果无任何责任的人员。

采用非财务指标衡量企业业绩还有一定局限性：由于不能使用统一的比率标准，因此不能容易地发现业绩变化或进行业绩比较；指标通常产生于各个经营部门，并被它们分别使用，不能作为所有部门的共同业绩目标，即企业整体性业绩目标；难以避免外部环境中某些因素的变化，造成不能客观、真实地衡量和反映企业业绩。

▶ 3. ESG 衡量指标

2006 年，联合国责任投资原则（UN PRI）发布，对将环境、社会责任和治理概念整合在一起的 ESG 概念和理念的形成起关键作用。ESG 是环境（environmental）、社会（social）和治理（governance）的英文缩写，是一种关注企业环境、社会和治理等业绩的投资理念，也是一种衡量企业业绩的非财务衡量指标或标准。目前，ESG 企业业绩衡量指标或标准主要涉及以下三个方面。

（1）环境方面。包括碳及温室气体排放、废物污染及管理政策、能源使用/消费、自然资源使用和管理政策、生物多样性、员工环境意识、绿色采购政策、节能减排措施、环境成本核算、绿色技术等。

（2）社会方面。包括性别及性别平衡政策、人权政策及违反情况、社团（或社区）健康安全、管理培训、劳动规范、产品责任、职业健康安全、产品质量、供应链责任管理、精准扶贫、公益慈善及其他等。

（3）治理方面。涉及公司治理、贪污受贿政策、反不公平竞争、风险管理、税收透明、道德行为准则、合规性、董事会独立性及多样性、组织结构、投资者关系等。

（三）平衡计分卡的企业业绩衡量

卡普兰（Kaplan）和诺顿（Norton）于 20 世纪 90 年代后提出的平衡计分卡是一种从财务、顾客、内部流程、创新与学习四个角度，将组织的战略转化为可操作的衡量指标和目标值，从而保证组织战略得到有效实施和控制的一种绩效管理体系。

▶ **1. 财务角度**

财务角度需要重点关注企业战略及其实施对提高企业盈利能力和股东价值做出的贡献。主要衡量指标有营业收入、销售增长率、利润增长率、资产回报率、股东回报率、现金流量、经济增加值等。前面在"企业业绩衡量"中阐述的"财务衡量指标"，都可作为平衡计分卡财务指标内容的选取对象。

▶ **2. 顾客角度**

顾客角度需要重点关注用来衡量和反映企业在满足顾客需求、提高顾客价值方面的业绩。主要衡量指标有顾客满意度、顾客投诉率、投诉解决率、准时交货率、市场份额、客户保留率、新客户开发率、客户收益率等。

▶ **3. 内部流程角度**

内部流程角度需要重点关注企业在哪些业务流程上表现优异，需要加强或改进哪些业务流程才能保证战略落地。主要衡量指标有数字化信息系统覆盖率、计划准确率、设备利用率、订单准时交付率、采购成本和周期、项目进度及完成率、废物减排及利用率、安全事故率、接待客户的时间和次数、对客户诉求的反应时间，以及员工建议采纳率和员工收入等。

▶ **4. 创新与学习角度**

创新与学习角度需要重点关注体现企业在人力资源管理，以及建设创新型、学习型组织和文化方面的业绩。主要衡量指标有研发费用占销售额的比例、新产品销售额占总销售额的比例、专利等级和数量、数字化技术采用率、员工流动率、员工培训费用及次数、员工满意度等。

▎本章小结▕

通过本章的学习，我们可以学习到公司战略实施的各项具体内容。首先，组织结构能够在管理工作中起到分工协作的作用，基本构成要素是分工与整合。纵向分工分为高长型组织结构以及扁平型组织结构，分别适用于集权与分权两种内部管理形式。横向分工组织包括 8 种基本类型：创业型组织结构、职能制组织结构、事业部制组织结构、M 型组织结构、战略业务单位组织结构（SBU）、矩阵制组织结构、H 型结构（控股企业/控股集团组织结构）和国际化经营企业的组织结构。

在分析组织结构与战略的关系时，由钱德勒命题引出战略的前导性与结构的滞后性，以及企业发展阶段与组织结构。组织的战略类型包含防御型战略组织、开拓型战略组织、分析型战略组织、反应型战略组织，通过战略解决的基本问题有三类：开创性问题、工程技术问题、行政管理问题。

公司战略与公司文化也密切相关。企业文化类型从理论上分为四类：权力（power）导向型、角色（role）导向型、任务（task）导向型和人员（people）导向型。在企业发生重大变革时，也需要考虑现有文化的适应性。在以企业使命为基础、加强协同作用、根据文化进行管理、重新制定战略四种不同导向上，有不同的管理变革措施。

然后，公司实施战略也可能会失效，分为早期失效、晚期失效以及偶然失效。当然，企业也有许多战略控制的方法，比如，通过编制预算或是采用业绩考核形式。业绩考核指标包括财务指标及非财务指标，同时还有 ESG 衡量指标。最后，企业也可以通过平衡计分卡衡量企业业绩。

课后自测

【即测即练】

【案例分析题】

汇业公司原本是一家专门经营 VCD 的公司。但在 VCD 行业进入微利时代时，汇业公司凭借 VCD 产品已经积累了一定的资本和品牌知名度。汇业公司为了寻找新的利润增长点，采用了多元化战略，短时间内连续创办了四个子公司，涉足音像、电视剧、功放音响、无绳电话等产业。但这项新战略并未被全体员工理解和接受，内部沟通机制存在着较多问题。虽然高层之间的沟通相对比较容易，但是部门之间的沟通比较困难，基层员工之间的沟通更没有效率。汇业公司的多元化战略在行业的选择、多元化的力度和进入的时机上明显安排不当，导致经营战线过长，产品缺乏竞争力。唯一成功的无绳电话也在发展初期就被母公司接二连三地抽走资金，使其电话公司过早夭折，其他几个子公司由于资金方面的先天不足等原因也未能发展起来。

汇业公司的战略失误导致其在激烈的市场竞争中节节败退。直到行业危机爆发时，最高层的职业经理人仍然不清楚自己公司的财务状况，也没有办法采取相应的措施。最终，汇业公司从辉煌走向没落，退出了历史舞台。

要求：

（1）简要分析汇业公司战略失效的原因；

（2）简要分析汇业公司战略失效的类型。

第八章 公司治理

学习要点

公司的内部治理结构和外部治理机制

公司治理模式

三大公司治理问题

公司治理的基础设施

学习目标

通过本章的学习，了解公司治理理论，熟练掌握三大公司治理问题及其表现；了解中小股东的权益保护措施，掌握公司内部治理结构的相关理论；掌握外部治理机制中的三大市场机制；掌握公司治理基础设施中的五个方面。

第一节 公司治理概述

一、公司治理问题的根源

随着公司制企业的不断发展，现代公司呈现出股权结构分散化、所有权与经营权分离等典型特征，由此产生了治理问题，使公司治理成为现代企业所关注的核心问题。

股权结构的分散化是现代公司的第一个特征。公司的股权结构经历了由少数人持股到社会公众持股，再到机构投资者持股的历史演进过程。随着公司规模的扩大及证券市场的发展和成熟，公司的股权结构逐步分散化。尽管机构投资者也经历着快速的发展，但这些机构的投资策略较为分散，大量的公司股票还是分散到了社会公众手中。高度分散化的公司股权结构对经济运行产生了重要影响。一方面，明确、清晰的财产权利关系为资本市场的有效运转奠定了牢固的制度基础。高度分散化的股权结构为现代公司的生存和资本市场的发展提供了润滑剂，参与股票的买卖者数量越多，股票的交易就越活跃，股票就越容易被定价，规模发展就越快，公司通过资本市场投融资就越便捷。但另一方面，公司股权分散化也对公司经营造成了不利影响。首先，参与公司决策的股东数量众多，从而提高了治理成本；其次，对公司的经营者的监督弱化，特别是大量存在的小股东，不仅缺乏参与公司决策和对公司高层管理人员进行监督的积极性，而且也不具备这种能力；最后，分散的股权结构使得股东和公司其他利益相关者处于被机会主义行为损害、掠夺的风险之下。

所有权与经营权的分离是现代公司的第二个重要特点。1932年，美国学者佰勒(Berle)和明斯(Means)在其著名的《现代公司与私有财产》一书中提出，公司所有权与经营权出现了分离，现代公司已由受所有者控制转变为受经营者控制，股东利益目标有可能与经营管理者的利益目标发生偏离，甚至冲突，而在实践中也确实出现了经营者损害股东权益的倾向。出现这种问题的关键在于信息不对称。信息不对称主要有两类表现，即逆向选择和道德风险。逆向选择指公司经营者比外部投资者掌握更多的有关公司当前状况及未来前景的信息。他们可以通过各种途径，以牺牲外部投资者的利益来谋取自己的信息优势利益。道德风险指与经营者签订聘用合同后，投资者不可能有效地直觉观察到经营者的程度和工作效率，于是经营者就可能偷懒，或将公司状况的恶化归结为不可控制的因素，这将对投资者和整个经营的有效运作产生严重影响。也正是由于信息的不对称给公司内部人提供了侵害外部投资者利益的行为空间，所以公司治理便应运而生。

二、公司治理的概念

（一）公司治理的定义

从公司治理的实践及这一问题的产生和发展来看，可以从狭义、广义两个方面来理解公司治理的定义。

狭义的公司治理指所有者(主要是股东)对经营者的一种监督与制衡机制，即通过一种制度安排，合理地配置所有者和经营者之间的权力和责任关系。它借助股东大会、董事会、监事会、经理层所构成的公司治理结构来实现内部治理，其目标是保证股东利益的最大化，防止经营者对所有者利益的背离。

广义的公司治理不局限于股东对经营者的制衡，还涉及广泛的利益相关者，包括股东、雇员、债权人、供应商和政府等与公司有利害关系的集体或个人。公司治理是通过一套包括正式或非正式的、内部或外部的制度或机制来协调公司与所有利益相关者之间的利益关系，以保证公司决策的科学性，从而最终维护公司各方面的利益的一种制度安排。广义上，公司不仅仅是股东的公司，更是一个利益共同体，公司的治理机制也不仅限于以治理结构为基础的内部治理，而是利益相关者通过一系列内部的和外部的机制来实施的共同治理，治理的目标不仅是股东利益的最大化，更是保证所有利益相关者的利益最大化。

在此基础上，学术界还产生了泛广义的公司治理概念，认为公司治理是董事和高级管理人员为了股东、职员、顾客、供应商及提供间接融资的金融机构的利益而管理与控制公司的制度或方法。也就是说，泛广义的公司治理概念在涵盖狭义与广义的公司治理内涵的同时，还包括了企业的战略决策系统、企业文化、企业高管控制制度、收益分配激励制度、财务制度、人力资源管理制度等。

（二）公司治理概念的变化

随着公司治理的概念从狭义到广义，再到泛广义的发展，公司治理概念的变化主要体现在以下两个方面。

▶ 1. 从内部治理结构到外部治理机制

依据公司内外部环境差异，公司治理可以被划分为内部治理结构和外部治理机制两个维度。

狭义的公司治理的概念侧重于内部治理结构的研究，内部治理结构主要包括股东（大）会、董事会、监事会、高级管理团队及公司员工之间的权、责、利相互监督制衡的制度体系。显然，在现代市场经济环境下，仅靠公司内部的治理结构已经很难解决公司治理的所有问题。

广义的公司治理概念不仅涵盖了内部治理结构，还包括了外部治理机制。外部治理机制主要指除企业内部的各种监督机制外，各项市场机制对公司多维度的监督与约束，这些市场机制主要包括限制经理人道德风险的经理人市场机制、提供公司并购和接管的资本市场机制，以及体现公司产品竞争力的产品市场机制。此外，信用中介机构、政府、媒体舆论等依据公司法、证券法、会计准则等政策法规也从各个角度对公司进行了重要的监督。

▶ 2. 从权力制衡到科学决策

传统的公司治理理论一般只关注在两权分离的条件下，以保护投资者（主要是股东）的权益为目标，力求通过建立一种制度体系，实现权力的配置与制衡，以降低代理成本、减少代理风险。

但在现实生活中，公司治理仅仅关注权力的分配与制衡，很难实现各方利益最大化的目标。因此，应当理顺各利益相关方的权、责、利关系，使其利益在公司实体中得到最大限度的满足，只有这样，才能保证公司可持续的良好经营与发展。即"公司治理的目标不是相互制衡，它只是保证公司科学决策的方式与途径"。权力制衡只是方法，科学决策才是公司治理的核心。

当然，并不是说建立健全了公司治理结构与公司治理机制就能取得良好的治理效果。在实践中，拥有相同或类似的治理结构和治理机制的企业，其绩效有时却存在着巨大的差异。这是因为每个公司的治理能力存在差异性，这种能力与公司领导者的个人能力、治理工具、治理环境等要素密切相关。因此，公司治理是一个动态的、需要不断发展和优化的制度机制。

三、公司治理理论

（一）委托代理理论

委托代理理论是制度经济学契约理论的主要内容之一，主要研究的委托代理关系指一个或多个行为主体（股东等）根据一种明示或隐含的契约，指定、雇用另一些行为主体（经理等）为其服务，同时授予后者一定的决策权利，并根据后者提供的服务数量和质量对其支付相应的报酬。授权者就是委托人，被授权者就是代理人。

委托代理理论的主要观点认为：委托代理关系是随着生产力大发展和规模化大生产的出现而产生的。其原因为：一方面，生产力发展使得分工进一步细化，权利的所有者由于知识、能力和精力等原因不能行使所有的权利了；另一方面，专业化的分工产生了一大批具有专业知识的代理人，他们有精力、有能力代理行使好被委托的权利。

20世纪初，伴随着规模巨大的开放型股份制企业的大量出现，企业的股权也日益分散化。在股份制企业中，作为企业所有者的股东所拥有的企业控制权越来越少，而企业的经营管理者几乎完全拥有了企业的控制权和支配权。所有权与控制权分离导致的直接后果是委托代理问题的产生。

从委托人方面来看，股东或者因为缺乏有关的知识和经验，或者因为其主要从事的工作太繁忙，以至于没有能力或没有时间、精力来监控经营者。对于众多中小股东来说，他要独自承担监控经营者所带来的成本，如搜集信息、说服其他股东、重组企业所花费的成本，而监控公司所带来的收益却由全部股东享受，监控者只按他所持有的股票份额来享受收益。这对于他本人来说得不偿失，因此股东们都想坐享其成，免费"搭便车"。

从代理人方面来看，代理人有着不同于委托人的利益和目标，同时，代理人对自己所做出的努力拥有私人信息，代理人会不惜损害委托人的利益来谋求自身收益的最大化，即机会主义行为。在所有权分散的现代公司中，与所有权与控制权分离相关的所有问题，最终都与代理问题有关。

（二）资源依赖理论

资源依赖理论认为组织需要通过获取环境中的资源来维持生存，没有组织可以完全实现资源自给，企业经营所需的资源大多需要在市场中进行交换获得。

组织对环境及其中资源的依赖是资源依赖学派解释组织内权力分配问题的起点。资源依赖理论强调组织权力，把组织视为一个政治行动者，认为组织的策略均与组织试图获取资源、控制其他组织的权力行为相关。

资源依赖理论考虑了组织内部的因素，认为组织对某些资源的需要程度，该资源的稀缺程度，该资源能在多大程度上被利用并产生绩效，以及组织获取该项资源的能力，都会影响组织内部的权力分配格局。因此，那些能帮助组织获得稀缺性资源的利益相关者往往能在组织中获得更多的话语权，即资源的依赖状况决定组织内部的权力分配状况。

资源依赖理论能比较好地解释企业董事会的功能。例如，董事会的规模和构成会影响董事会为公司提供核心资源的能力。而董事会的规模并不是随意的、独立的，是对外部环境条件的理性反映，随着环境的改变，董事会的构成也应随之改变。同时，董事会的成员能为公司带来资源的能力也是公司治理关注的重要问题。董事会的成员通常具备为公司取得资源的优先条件，同时能构建公司和外部环境之间的信息通道，以便使公司获得更多的竞争优势。

（三）利益相关者理论

1984年，弗里曼出版了《战略管理：利益相关者方法》一书，明确提出了利益相关者理论。与传统的股东至上主义相比，该理论认为，任何一个公司的发展都离不开各利益相关者的投入或参与，企业追求的是利益相关者的整体利益，而不仅仅是某些主体（如股东）的利益。企业的经营管理者应在管理活动中综合平衡各个利益相关者的利益要求。

企业的利益相关者指那些与企业决策行为相关的现实及潜在的、有直接和间接影响的人和群体，包括企业的管理者、投资人、雇员、消费者、供应商、债权人、社区、政府等。每个利益相关者群体都希望组织在制定战略决策时能给他们提供优先考虑，以便实现他们的目标，但这些权益主体的相关利益及所关心的焦点问题存在很大的差别，且往往互有矛盾。公司不得不根据对利益相关者的依赖程度作出权衡，优先考虑某类利益相关者的权益。"股东优先"的治理模式正是因此而产生的。

然而，企业虽是由出资者设立、以获取盈利为出发点，但其毕竟存在于社会之中，与社会及其他社会成员之间存在着千丝万缕的联系，因此，企业的生存和发展取决于其能否有效处理同各个利益相关者之间的关系，而股东只是利益相关者之一。而且，并不是只有股东承担剩余风险，职工、债权人、供应商都可能是剩余风险的承担者。尤其是在股权高度分散的经济社会中，绝大多数资本所有者只是小股东，只不过是市场上的寻利者，大多只会"用脚投票"，对企业承担的责任并不多。真正为企业的生存和发展操心的，是与企业利害关系更为密切的经理人员和广大职工。因此，从利益相关者视角来分析企业的公司治理问题，在如今得到了普遍的认可。公司治理结构不能仅仅局限于调节股东与经理之间的关系，董事会等决策机构中除了股东代表外，还应有其他利益相关者的代表。

四、公司治理与战略管理

公司治理作为现代企业制度的核心，通过合理的利益与风险的分配，以及有效的监督机制、激励机制和权力制衡机制，能够在很大程度上解决因契约的不完整性而产生的委托代理问题，从而为公司进行有效的战略管理提供制度基础和根本保障。

(一) 公司治理直接影响战略管理主体行使战略管理权限和职能

战略管理主体指参与企业战略管理过程的所有组织、机构和人员，包括董事会、高层管理者、事业部经理、职能部门管理者及相关人员等。公司治理的不同模式或结构会赋予这些战略管理主体不同的权限和职能，从而影响他们对战略管理的参与度和影响力。在正常情况下，有效的公司治理能够在各战略管理主体之间合理、公平地配置战略管理的权限，使他们积极、正确地发挥战略管理的职能，客观、清晰地认识企业内外环境的变化，及时、科学、公正地进行战略选择和经营决策，并对战略实施过程进行有效的指挥和控制。公司治理扭曲或流于形式是导致企业战略管理失误，甚至是失败的最重要的原因之一。

(二) 公司治理影响企业战略目标

战略目标是企业各利益主体进行利益博弈与平衡的结果，而公司治理结构与治理机制直接决定了企业各利益主体在利益博弈中的地位，制约着他们对自身利益的追求和对企业战略目标的选择。一般而言，合理的公司治理可以保证各利益主体平等地共同治理，较好地协调各利益主体之间的利益关系，形成体现所有利益主体利益最大化的战略目标。公司治理结构和治理机制存在缺陷或失效会导致企业各利益主体之间的利益博弈失衡，从而难以形成符合所有利益主体利益诉求的战略目标。例如，在"一股独大"的股权集中的公司中，控股股东对董事会具有控制力，在公司战略目标的选择上拥有决定权；在股权较为分散的公司中，任何一个股东都难以单独控制、操纵董事会的决策权，因而企业战略目标的选择权往往集中于高层管理者手中，股东则通过持有或出售股票表达他们是否认同企业的战略目标。

(三) 公司治理模式对战略实施过程有重大影响

公司治理作为一种权力制衡和监督机制，对战略实施过程起着监督、控制作用。企业如果选择内部治理模式，则这种监督、控制责任就由董事会履行。企业如果选择外部治理模式，对战略实施的监督、控制则通过外部市场实现。如果公司治理失效，则市场上的投资者就会通过"用脚投票"的方式抛售企业股票，董事会或相关高级管理层会因此受到相应的惩罚。

第二节　公司内部治理结构

公司内部治理结构是重点研究如何优化公司治理层结构的制度体系，研究对象主要涵盖股东（大）会、董事会、监事会、高管层，即"三会一层"之间的结构关系。由于两权分离的存在，股东需要在公司内部设计一种制度机制，以约束经理人员的行为。所以，在实践中，股东并不是将公司的控制权直接交给经理人员，而是以一种信托关系首先交给了董事会，董事会再通过委托代理关系聘用经理人员，进行经营管理。为了使公司能够有效地运作，各层权力机构应明确自身的权利与义务，避免出现越级管理的现象。

一、股东大会

（一）股东及股东权利

股东是出资设立公司，并对公司债务负责的人。股东向公司投资，从而持有公司股票，并且凭借持有的股票行使其权利，享受法定的经济利益，并承担相应的义务。股东可以是自然人，也可以是各种类型的法人实体。股东与其所持股的公司互为独立的法律人格，并互为权利义务关系，是相互独立的两个民事主体。股东可以分为普通股股东和优先股股东。

▶ **1. 普通股股东**

普通股是股份公司发行的无特别权利的股份，也是最基本、最标准的股份。所有的普通股股东都享有同样的权利和义务。普通股股票的票面价值是股票票面表明的金额，其大小通常由公司章程规定。票面价值的主要作用是确定每股股票占公司股本总额的比例。我国法律规定，股票必须有票面金额，不允许公司发行无面额股票。普通股股东享有的权利如下。

（1）剩余收益请求权和剩余财产清偿权。在公司持续经营的条件下，作为公司的投资者，普通股股东有权按照其出资比例从公司获得投资收益，但是他们的投资收益是公司经营收益被所有其他利益相关者分割完毕后剩余的部分，故称为剩余收益请求权。在公司因故解散清算的条件下，普通股股东有权按照其出资比例分得公司的剩余财产。同样，这种清偿权也是要在所有其他有关人员的清偿要求得到满足之后才能实现，故称为剩余财产清偿权。普通股股东的剩余收益请求权和剩余财产清偿权的特征加大了投资风险，因此，普通股股东必然要求较高的报酬率。所以，普通股的资本成本一般是最高的。

（2）监督决策权。由于普通股股东享有公司剩余收益请求权，其投资收益的高低完全取决于公司经营业绩的好坏，是公司经营风险的主要承担者，因此，他们必然要拥有对公司重大经济行为的监督权和决策参与权。这种监督权和决策参与权是多方面的，包括对选举公司董事、公司利润分配、公司合并分立等重大事项，依其持有的股份行使表决权是普通股股东"用手投票"的途径和体现。

（3）优先认股权。这方面的权利主要体现为在公司增发新股时，普通股股东有权按其持股比例优先购买一定比例的新股。普通股股东的这种优先认股权主要是为了在公司扩股时，使他们有机会保持自己对公司的控股比例不受伤害，即不稀释控制权。当然，普通股股东可以根据自己的意愿转让，甚至放弃这一权利。

（4）股票转让权。公司的股东有权按照自己的意愿随时转让手中的公司股票。其中，上市公司的普通股股东可以在证券交易所进行转让，而非上市公司的股东只能在场外交易市场上转让手中的股票。转让股票是普通股股东"用脚投票"的途径和体现。

▶ 2. 优先股股东

优先股制度是有关优先股的一系列规范安排。优先股的根本特征在于优先股股东在公司收益分配和财产清算方面比普通股股东享有优先权。与这种优先权相伴随的是，优先股股东一般不享有股东大会投票权。优先股股东的权利主要集中于以下三个方面。

（1）利润分配权。优先股股东在利润分配上有优于普通股股东的权利。在利润分配方面，公司要在支付了优先股股利之后，才能向普通股股东支付股利。优先股股利通常是按照面值的固定比例支付的，无特殊情况不随公司的经营业绩波动而波动。

（2）剩余财产清偿权。优先股具有收益凭证和产权凭证的双重属性。当公司因经营不善而破产时，在偿还全部债务和清理费用之后，如有剩余财产，则优先股股东有权按票面价值优先于普通股股东得到清偿。

（3）管理权。通常，在公司的股东大会上，优先股股东没有表决权。但是，当公司研究与优先股有关的问题时，有权参加表决。当然，有表决权的优先股股东有权参与公司的管理，能够参加股东大会，并选举董事，但是这种优先股在实践中并不多见。

（二）股东大会

股东大会作为由公司全体股东组成的，对公司重大事务进行决策的机制，在本质上是一种制度，是股东民主的制度形式，是公司的权力机构。理论上，股东大会是由全体股东组成的，任何股东均有权出席股东大会。

根据《中华人民共和国公司法》（以下简称《公司法》）的规定，股东大会主要行使以下职权：

（1）决定公司的经营方针和投资计划；

（2）选举和更换非由职工代表担任的董事、监事，决定有关董事、监事的报酬事项；

（3）选举和更换由股东代表担任的监事，决定有关监事的报酬；

（4）审议批准董事会的报告；

（5）审议批准监事会的报告，以及公司的年度财务预算方案、决算方案；

（6）审议批准公司的利润分配方案和弥补亏损方案；

（7）对公司增加或者减少注册资本作出决议；

（8）对发行公司债券作出决议；

（9）对股东向股东以外的人转让出资作出决议；

（10）对公司合并、分立、解散和清算等事项作出决议；

（11）修改公司章程以及公司章程规定须由股东大会决定的事项。

股东大会分为一年一度定期召开的定期股东大会和非定期的、因公司特殊事项而组织召开的临时股东大会。根据我国《公司法》规定，股东大会应当每年召开一次年会，通常在每一个会计年度结束后的 6 个月内召开。除了定期的年度股东大会之外，有下列情形之一的，应当在两个月内召开临时股东大会。一是董事人数不足《公司法》规定的人数，或者公司章程所定人数的三分之二时；二是公司未弥补的亏损达实收股本总额三分之一时；三是单独或者合计持有公司10％以上股份的股东请求时；四是董事会认为必要时；五是监事会提议召开时；六是公司章程规定的其他情形。

（三）机构投资者

▶ **1. 机构投资者的概念**

机构投资者指用自有资金或者从分散的公众手中筹集的资金专门进行有价证券投资活动的法人机构。随着公司投资者中的机构投资者规模扩大，机构投资者的所有权不再被视作是被动的，而是可以通过参与股东大会表决参与公司管理，这就形成了机构投资者的行动主义，从而使公司治理变得更加有效。我国证券市场中的主要机构投资者包括证券投资基金、证券公司、信托投资公司、财务公司、社保基金、保险公司、合格的境外机构投资者（QFII）、三类企业（国有企业、国有控股企业、上市公司）。

▶ **2. 机构投资者的特点**

作为证券市场中一个重要的市场主体，与个人投资者相比，机构投资者具有显著的人才优势，可以利用这些专业人士对上市公司及其所处行业基本情况和发展前景进行分析研究。同时，机构投资者具有资金优势，持有股票数量显著超过一般的个人投资者，所以，机构投资者既有动机，又有能力参与被投资公司的治理事务，最终实现公司股东财富最大化。因此，机构投资者往往奉行稳健的价值投资理念，投资偏好那些行业前景好、具有中长期投资价值的股票，特别关注公司的经营稳定性和上市公司未来的长期业绩。

▶ **3. 机构投资者参与公司治理**

机构投资者参与公司治理可以"用脚投票"，也可以"用手投票"。当机构投资者认为一家公司的股价被低估时，就会大量购买该公司的股票，从而给市场传递一个积极的信号，股价显著增长，使包括机构投资者在内的全体股东获得投资回报。反之，当机构投资者发现一家公司存在各类委托代理问题时，就会"用脚投票"，大量抛售该公司股票，迫使董事会或经理层能够及时对股东等利益相关者的要求作出反应，从而使其行为受到市场的约束。

另外，机构投资者通过董事会选举获取董事会席位，进入董事会和出席股东大会，对公司投资、融资、人事、分配等重大问题议案进行表决或否决，即"用手投票"，参与公司的重要决策，直接对公司董事会和经理层的行为施加影响。

二、董事会

董事会是由股东大会选举产生的，负责公司及其经营活动的指挥与管理。它对股东大会负责，是股东大会闭幕期间公司常设的权力机构，是集体行使权力的机构。股东大会所做的公司重大事项的决定，董事会必须执行。

（一）董事会的职能

我国《公司法》规定，股份有限公司设董事会，行使下列职权：

（1）负责召集股东大会，并向股东大会报告工作；

（2）执行股东大会的决议；

（3）决定公司的经营计划和投资方案；

（4）制定公司的年度财务预算方案、决算方案；

（5）制定公司的利润分配方案和弥补亏损方案；

（6）制定公司增加或者减少注册资本的方案，以及发行公司债券的方案；

（7）制定公司合并、分立、解散或者变更公司形式的方案；

（8）决定公司内部管理机构的设置；

（9）聘任或者解聘公司经理，根据经理的提名，聘任或者解聘公司副经理、财务负责人，决定其报酬事项；

（10）制定公司的基本管理制度。另外，董事会的职权规定也适用于有限责任公司。

（二）董事及其分类

董事指由公司股东大会选举产生的、具有实际权力和权威的、管理公司事务的人员，是公司内部治理的主要力量，对内管理公司事务，对外代表公司进行经济活动。占据董事职位的人可以是自然人，也可是法人，但法人充当公司董事时，应指定一名有行为能力的自然人为代理人。

董事按照其与公司的关系分为内部董事与外部董事。内部董事也称执行董事，主要指担任董事的本公司管理人员，如总经理、常务副总经理等。外部董事指不在公司担任除董事以外的其他职务的董事，如其他上市公司总裁、公司咨询顾问和大学教授等。

公司的外部董事还可以进一步分为关联董事和独立董事。关联董事指虽然不在公司中担任其他职位，但仍与公司保持着利益关系的董事，如公司关联机构的雇员或咨询顾问等，而独立董事才是真正具有独立性的董事，他们不仅是公司的外部董事，而且还需要与公司或公司经营管理者没有重要的业务联系或专业联系，并对公司事务做出独立判断的董事，如大学的教授、退休的政府官员等。

（三）董事的权利及义务

▶ 1. 董事的权利

董事的权利指董事基于法律和公司章程的规定和委托契约的约定而享有受托处理公司事务的各种权利。一般包括如下内容。

（1）出席董事会会议。依《公司法》规定，董事会会议应由董事本人出席。董事因故不能出席的，可以书面委托其他董事代为出席董事会，委托书中应载明授权范围。

（2）表决权。董事在董事会议上，具有就所议事项进行表决的权利。

（3）董事会临时会议召集的提议权。《公司法》只规定董事会可以召开临时会议，而未规定如何召集。当然，董事长可视情况主动召集，也可以根据一定人数的董事的提议而召集。

（4）通过董事会行使职权而行使权利。董事会的职权不是董事个人的职权，因而不能由董事分别行使，但是没有董事的参与，董事会无法行使其职权，且董事作为董事会的成员，可以通过行使决议权影响董事会的决定。

▶ 2. 董事的义务

董事的义务就是董事作为公司的受托人和代理人，应满足股东和公司的合法利益，依法应当为或不为一定行为的制度规定。主要包括勤勉和诚信两大义务。

（1）勤勉义务。勤勉义务也称注意义务，就是要求董事付出适当的时间和精力，关注公司经营，并按照股东和公司的最佳利益谨慎行事。

（2）诚信义务。诚信义务也称忠实义务，就是要求董事履职时必须诚实、善意，且合理地相信其行为符合公司的最佳利益。

诚信义务的具体内容包括：①不得与公司进行交易；②竞业禁止，董事不得自营或者为他人经营与其所任职公司同类的业务，以防止董事利用自身的地位与职权牟取私利，从而损害公司利益；③不得泄露公司的秘密；④不得篡夺公司的机会。公司的机会指任何一种从事商业活动的机会，并且这一机会与其公司所从事或依合理的预计能够从事的业务有密切的联系。如果某一商业机会是公司的机会，公司可能因此达成交易或合同，并获取利益，那么公司董事或控股股东就不可以利用自己的地位或职权，为自己的利益而获取或抢夺该商业机会。

（四）董事会专门委员会

为了更有效地解决公司内部治理问题，董事会一般可以下设几个专门委员会，分别从事各方面的工作。董事会的这些委员会原则上都应由独立董事构成，分别召开会议，承担各自的工作。其中，最常见的是审计委员会、薪酬与考核委员会、提名委员会与战略决策委员会。

▶ **1. 审计委员会**

其主要职责是：第一，检查公司会计政策、财务状况和财务报告程序；第二，与公司外部审计机构进行交流；第三，对内部审计人员及其工作进行考核；第四，对公司的内部控制进行考核；第五，检查、监督公司存在或潜在的各种风险；第六，检查公司遵守法律、法规的情况。

▶ **2. 薪酬与考核委员会**

其主要职责是：第一，负责制定董事、监事与高级管理人员考核的标准，并进行考核；第二，负责制定和审查董事、监事、高级管理人员的薪酬政策与方案。

▶ **3. 提名委员会**

其主要职责是：第一，分析董事会的构成情况，明确对董事的要求；第二，制定董事选择的标准和程序；第三，广泛搜寻合格的董事候选人；第四，对股东、监事会提名的董事候选人进行形式审核；第五，确定董事候选人，提交股东大会表决。

▶ **4. 战略决策委员会**

其主要职责是：第一，制定公司长期发展战略；第二，监督、核实公司重大投资决策。

三、监事会

我国《公司法》第五十一条规定：有限责任公司，经营规模较大的，设立监事会，其成员不得少于3人。监事会应在其组成人员中推选1名召集人。监事会由股东代表和适当比例的公司职工代表组成，具体比例由公司章程规定。监事会中的职工代表由公司职工民主选举产生。有限责任公司，股东人数较少或者规模较小的，可以设1～2名监事。董事、经理及财务负责人不得兼任监事。第一百一十七条规定：股份有限公司设监事会，其成员不得少于3人。关于监事会组成和人员产生方式的要求与有限责任公司相同。

四、高管层

高管层指在现代企业中，对法人的财产拥有经营管理权，承担法人财产保值增值责任的企业高级经营管理者。其由公司董事会聘任，在法律、法规及公司章程规定和董事会授权范围内，代表公司从事业务活动。

（一）高管层的职权

在我国，高级管理者虽然受聘于董事会，但其职权的主体部分却不为董事会所授予，而是由《公司法》明文规定。其职权包括：主持公司的生产经营管理工作，组织实施董事会决议；组织实施公司年度经营计划和投资方案；拟订公司内部管理机构设置方案；拟订公司的基本管理制度；制定公司的具体规章；提请聘任或者解聘公司副经理、财务负责人；决定聘任或者解聘除应由董事会决定聘任或者解聘以外的负责管理人员等。

（二）高管层的薪酬激励

▶ 1. 年薪制

年薪制是最基本的管理者报酬制度，指企业以年度为单位，根据经营者的生产经营成果和所承担的责任、风险确定其工资收入的薪酬分配制度。年薪制是我国目前主要的高管层报酬制度，由基本收入和风险收入两部分构成，基本收入体现了高级管理者的人力资本价格，一般以公司职工平均工资为基数，结合公司规模及其他因素来确定。风险收入是对高管层超额的奖励。

年薪制将经营者的收入与其经营业绩挂钩，体现出了经营者人力资本的价值，从而能更好地发挥经营者的积极性和创造性。但年薪制的根本缺陷在于易导致经营者的短期行为。由于年薪制中的企业家收入以年度来计算，主要取决于当年企业的经营效益状况，经营者有可能通过削减企业某些支出或选择那些回收期短的投资项目来提高企业当年的经营效益，这显然不利于企业的未来发展。

▶ 2. 股权激励

股权激励也称为高管层持股，是一种通过经营者获得公司股权的形式给予企业经营者一定的经济权利，使他们能够以股东的身份参与企业决策、分享利润、承担风险，从而勤勉尽责地为公司的长期发展服务的激励方法。股权激励的具体方式有多种，包括股票期权、股票增值权、虚拟股票、业绩股票及限制性股票、延期支付、经理人持股等。

一般来说，股权激励兼具"报酬激励"和"所有权激励"双重作用。如果公司经营得好，公司股票的价格就能不断地上涨，经营者就可以通过出售股权而获得可观的收益；反之，如果公司经营不善，股票价格就难以上涨，甚至还会下跌，在这种情况下，经营者就可能会遭受损失。因此，股权激励能够在较大程度上规避传统薪酬分配形式的不足，将高级管理者的利益与投资者的利益捆绑在一起，对公司业绩有巨大的推动作用，能够更好地吸引核心员工，并发挥其创造力。

【案例 8.1】

用友软件上演中国式分手

用友软件创始人王文京，其 24 岁开始创业，在 15 年间就打造出了国内软件业第一品牌。职业经理人何经华，2002 年 4 月空降用友，立志要为用友工作 5 年，只身进入公司，未带任何亲信，仅用了两年时间，就使用友的收入翻了一番。但不久，王何二人却分道扬镳。

优秀又敬业、同时都真心希望公司更上一层楼的两个人，为何仅仅两年半，就分开了？

王文京高薪聘请何经华的原因之一，就是想聘请一个有国际化经验的人，能够带领用友公司实现国际化经营。一个是向往着国际化的董事长，一个本身就具有国际化学习背景的职业经理人，按理说，两个人的目标一致，应该会合作得非常愉快。然而，事实却并非如此，因为对于公司是否应当国际化、产品在国际市场应当选择高端路线，还是中低端路线这两个战略性问题上，两人始终无法达成共识。

据用友高层透露，在用友内部，董事长王文京的绝对权力是无法被挑战的。与国内不少创业者一样，王文京对控制权极度看重，尽管王文京很欣赏何经华，并对他以礼相待，但在处理公司事务方面，王文京也从未真正放权。

虽然外界一贯认为王文京与何经华分工明确。但是，实际上，董事长和总裁的分工，在两年半来从来没有分清过。由于没有白纸黑字的岗位责任书，因此使得何经华在用人、预算、费用、产品等涉及经营的层面，都没有足够大自主权。

例如，用友的中高层写电子邮件向上汇报时，因为公司没有规范的解决问题的流程，所以中高层经常同时将邮件发给王文京与何经华。何经华也感到非常困惑：要不要回邮件呢？自己的意见和王文京意见不一致怎么办？开始他还强调发邮件的层级和管理次序，到后来一见此类邮件就干脆不回了，让发件人直接等王文京回信。

正是因为用友公司没有明确董事长和总裁的职责权限，没有清晰地划分各自的工作内容和工作流程，导致原本一腔热血、想在用友工作五年的职业经理人早早地与公司分道扬镳，上演"中国式分手"。

拓展阅读 8-1
华凌电器内部治理
结构案例分析

（http://finance.sina.com.cn/leadership/jygl/20041206/15091204700.shtml）

第三节 公司外部治理机制

从科学决策的角度看，公司内部治理结构不能解决公司治理的所有问题，更需要若干具体的超越结构的外部治理机制。而外部治理机制主要指除企业内部的各种监控机制外，还包括各个市场机制（如产品市场、资本市场、经理人市场）对公司的监控和约束。

一、产品市场

产品市场的竞争对经理人员的约束主要来自两个方面。

一方面，在充分竞争的市场上，只有最有效率的企业才能生存，作为企业的经理人员自然也就面临更大的压力。企业的经理人员如果不努力的话，企业就可能破产，经理人员自己也可能失业。在生存的压力下，经理人员就可能付出更大的努力，而且产品市场的竞争越激烈，经理人员的这种压力就越大。也就是说，市场竞争越激烈，经理人员败德行为的空间就越小。

另一方面，产品市场的竞争可以提供有关经理人员行为的更有价值的信息。如果企业所在行业没有竞争，全行业只有一家企业，企业的股东就很难评判经理人员工作的好坏。但是，如果同时有几家企业在同一行业内竞争，并且，影响不同企业收益和成本的因素是相同的，那么企业的股东就可以通过把自己的企业与其他企业进行比较而获得经理人员工作好坏的更准确信息。有了产品市场上的比较，股东就可以把经理人员的报酬与同行业其他企业经理人员的业绩相联系，也就可以为经理人员提供更强的激励。

二、资本市场

资本市场也称为控制权市场。资本市场对经理人员行为的约束是通过接管和兼并方式进行的，也就是通过资本市场上对企业控制权的争夺的方式进行的。简单地说，就是当公司现有经理人员经营不努力时，企业的业绩就可能下降，企业的股票价格就会下跌，股票的价值也会小于可能的最大价值。这时，就会有人通过资本市场上的收购控制这家公司的控制权，经营无方的管理者将被替代，以期待改进管理后实现增值。

即使收购不成功，在位管理者也会因面临被替代的威胁而主动改变经营行为。此时，即使没有其他的激励措施，经理人员也可能付出更多的努力，从而有可能使其行为与股东利益和公司价值最大化目标更趋一致。因此，收购和重组的威胁被认为是控制经理人员行为的最有效方法之一。

三、经理人市场

存在于公司所有者和管理者之间的委托代理问题会因为管理者对自己的职业生涯的关注而得到缓解。而管理者对自己职业生涯的关注主要来源于经理人市场。经理人市场之所以对经理人员的行为有约束作用，是因为在竞争的市场上，声誉是决定个人价值的重要因素。经理人员如果不努力，其业绩表现就会不佳，声誉就会下降。同时，经理人员也必须关心自己的名声，因为只有信誉好了，在未来才会有人愿意聘请他，他才能获得更高的报酬。

【案例 8.2】

红星美凯龙的外部治理机制

红星美凯龙的前身红星家具城创建于 1991 年，在很短的时间里，红星美凯龙便走上了连锁化经营的道路。红星美凯龙的主营业务为家居装饰及家具商场的经营、管理和专业咨询服务。截至目前，红星美凯龙规模已居全国首位。

目前，红星美凯龙拥有的商城规模已经超过国内任何一家开发商运营商城的规模，但红星美凯龙的盈利能力在一定程度上是由其不断扩大规模获得的。红星美凯龙在公司发展的同时，也在完善公司治理。红星美凯龙的一部分盈利来源于其子公司红星地产和红星商业，其开发的商业品牌"爱琴海"已经成了著名的商业品牌。在红星地产方面，俊发地产前CEO 赵彬已出任红星美凯龙房地产集团有限公司执行总裁，赵彬具有良好的工作履历，丰富的专业知识，以及解决问题的思维，并在俊发地产任职超过 17 年。赵彬的加盟使红星地产由具有丰富经验的职业经理人来管理。与此同时，红星地产为赵彬开出了高额的年薪，并辅以一定的股权奖励。

在家具行业，红星美凯龙不仅需要和国内的厂商月星家居进行竞争，还需要和国外的宜家进行竞争，其竞争压力非常大，这就驱使着职业经理人更加努力工作，力求在与行业强力竞争对手的竞争中占据优势地位。在资本市场方面，若公司持续效益不佳，股票价格就会下跌，就可能会有人试图通过收购来争夺公司的控制权。作为本土的产业巨头，职业经理人若是在红星美凯龙表现不佳，则必然会影响其职业生涯。

从红星美凯龙的外部治理机制分析：①产品市场。"在家具行业，红星美凯龙不仅需要和国内的厂商月星家居进行竞争，还需要和国外的宜家进行竞争，其竞争压力非常大"。②资本市场。"若公司持续效益不佳，股票价格就会下跌，可能会有人试图通过收购来争夺公司的控制权"。③经理人市场。"在红星地产方面，俊发地产前 CEO 赵彬……由具有丰富经验的职业经理人来管理""作为本土的产业巨头，职业经理人若是在红星美凯龙表现不佳，则必然会影响其职业生涯"。

（https：//wenku. baidu. com/view/7e2a4813de36a32d7375a417866fb84ae45cc399. html？_ wkts_ ＝1692181601055＆bdQuery）

拓展阅读 8-2
珠海银隆新能源
有限公司外部治理
机制案例分析

第四节　公司治理问题

公司治理问题主要包括：代理型公司治理问题、剥夺型公司治理问题和企业与其他利益相关者之间的关系问题三大类。

代理型公司治理问题主要指股东与经理间的委托代理问题，对经理代理问题的处理是传统公司治理的核心内容，被形象地称作经理人对于股东的"内部人控制"问题。

剥夺型公司治理问题也属于委托代理问题，是大股东与中小股东之间的代理问题，涉及股东与股东间的利益关系，产生的内在原因在于权力与责任的不匹配，而其行为的隐蔽性是促成剥夺行为的外在条件，被称为"终极股东对中小股东的隧道挖掘"问题。

在更多利益相关者涉及公司经营方方面面事务的今天，企业与其他利益相关者之间的关系问题成为公司治理的第三类问题。

一、经理人对于股东的"内部人控制"问题

代理型公司治理问题的种种直观表现也被总结为"内部人控制"问题。"内部人控制"问题指公司的内部人员（主要是经理）获得了与其剩余索取权不相称的剩余控制权，以至于公司的权力制衡关系被扭曲的状态。"内部人控制"问题的定义是由日本经济学家青木昌彦提出的，最早的研究针对的是苏联和东欧各国在公司私有化改造中的一种特有现象。随着研究的深入，所谓的内部人也不再专指经理，实际掌握公司资产经营权的控股股东相对于其他股东而言，也被称为内部人。

（一）"内部人控制"的成因

在所有权和经营权分离的公司制度下，"内部人控制"问题的形成实际上是委托代理关系所带来的必然结果。虽然从某种意义上讲，所有者与经营者利益一致、目标相同，公司经营好坏与两者息息相关，但两者实际上并非相同的利益主体，所有者目标较为单一，追求企业利益最大化；而代理人的目标更为多元化，既追求个人收入，也追求权力、地位及在职消费等。当两者之间发生利益冲突时，由于存在信息不对称，经营者往往会利用控制公司的特殊地位和拥有公司大量信息的有利条件，设法弱化所有者的约束，架空所有者的有效控制，放弃甚至侵害所有者的权益，以实现自身利益的最大化，这就是所谓的"内部人控制"现象。

另外，公司治理机制的不完善为内部人控制提供了有利条件。通过对股份制企业的运行状况进行研究分析，可以发现许多公司的内部治理结构是扭曲的，在国有股份占主导地位的企业中表现得更为严重。股东大会流于形式，企业并没有把股东大会作为最高权力机构，董事会凌驾于股东大会之上。甚至是董事长兼任总经理，董事会、监事会成员由股东大会选举产生的比例也不高，因而难以产生有效的监督和制衡。

(二)"内部人控制"问题的主要表现

经理人对股东负有忠诚、勤勉的义务，然而，由于委托代理问题和缺乏足够的监督，经理人在经营管理中通常会违背忠诚和勤勉义务，从而导致内部人控制问题。

一般认为违背忠诚义务导致的内部人控制问题的主要表现有：过高的在职消费；盲目过度投资，经营行为短期化；侵占资产，转移资产；工资、奖金等收入增长过快，侵占利润；会计信息作假、财务作假，建设"个人帝国"。

一般认为，违背勤勉义务导致的内部人控制问题的主要表现有：信息披露不完整、不及时；敷衍偷懒不作为；财务杠杆过度保守；经营过于稳健、缺乏创新等。

国有资产流失、会计信息失真是我国国企改革过程中，"内部人控制"问题的主要不良表现。

(三)治理"内部人控制"问题的基本对策

当前公司治理中存在的"内部人控制"问题虽然出现在企业内部，但根源却是企业外部的制度和机制问题，即外部职责的懈怠和治理功能的缺失。要解决"内部人控制"问题可以从以下四个方面着手。

(1)完善公司治理体系，加大监督力度。在明确股东大会、董事会、监事会和经理层职责的基础上，使其运作流程更加规范，信息更加透明、公开。这既有利于监管企业的日常经营活动，又能为建立更好的经理人激励机制提供条件。

(2)强化监事会的监督职能，形成企业内部权力制衡体系。吸纳具有良好专业素质的外部人员担任独立董事，以此削弱监事会对董事会的依附，从而加强对企业经理人员的监督。监督机构独立运作，与日常经营相互制约、相互扶持。从长远来看，这有助于形成内部不同利益集团间的监督制衡机制。

拓展阅读 8-3
四水集团存在的公司治理"内部人控制"问题案例分析

(3)加强内部审计工作，充分发挥内部审计的监督职能，完善企业内部约束机制。

(4)完善和加强公司的外部监督体系，使利益相关者参与到公司的监管中，再结合经济、行政、法律等手段，构建对企业经营者的外部监督机制。

二、终极股东对中小股东的"隧道挖掘"问题

委托代理问题还体现为大股东与中小股东之间的利益冲突，具体表现为终极股东对中小股东的"隧道挖掘"的剥夺型公司治理问题。控股股东的存在也是真实世界的常态，对应的控股股东剥夺现象也是公司治理必须处置的问题。目前，学术界比较关注前一种情况，并以"隧道"(也有翻译成掏空、转移、输送)为名，展开了深入广泛的研究。

（一）"隧道挖掘"问题的成因

许多公司都存在一个或几个具有绝对影响力的大股东，对于那些数量上占绝大多数的中小股东而言，他们实际上只拥有名义上的控制权，这与其所承担的实际风险并不对等。尤其是当资本市场缺乏对小股东利益的保护机制时，对公司经营活动具有控制力的大股东的行为就更加不容易被约束，他们可能以牺牲众多的中小股东利益为代价，通过追求自利目标而非公司价值目标来实现自身利益最大化，从而导致终极股东的"隧道挖掘"问题。

"隧道挖掘"行为的产生在于控股股东"隧道挖掘"的收益大于其"隧道挖掘"的成本。而收益来源于控股股东所掌控的权利，成本则反映了控股股东对其行为所承担的责任。

（二）"隧道挖掘"问题的表现

剥夺型公司治理问题主要是控股股东剥夺其他中小股东利益的行为，即"隧道挖掘"行为。剥夺指终极股东利用控股股东身份侵犯公司资源，进而损害其他股东（以及其他利益相关者）利益的行为，其可以分为以下两种类型。

▶ **1. 滥用公司资源**

滥用公司资源指并非以占有公司资源为目的，但也未按照公司整体目标为行动导向的行为，违背了终极股东作为代理人的勤勉义务。例如，终极股东是某家族或国有企业的时候，终极股东做的一些决策可能更多的是从家族利益（如为了家族荣耀等目标采取过度保守的经营策略）或政府社会性功能的角度出发（如保障社会就业而导致国有企业的冗员），从而偏离了股东财富最大化目标。

▶ **2. 占用公司资源**

占用公司资源指终极股东通过各种方法将公司的利益输送至自身的"损人利己"行为，违背了其作为代理人的忠实义务。占用公司资源的利益输送行为又可以分为直接占用资源、关联性交易和掠夺性财务活动三类。

（1）直接占用资源

直接占用资源指终极股东直接从公司将利益输送给自己，表现为直接借款、利用控制的企业借款、代垫费用、代偿债务、代发工资、利用公司为终极股东违规担保、虚假出资。预付账款也是终极股东及其他关联方占用公司资金的途径之一，比其他应收款、应收账款更加隐秘，例如，大股东及其他关联方通过代销产品等经营性关系，加大对挂牌公司资金的占用。

此外，除了这些直接的利益输送外，终极股东占用公司商标、品牌、专利等无形资产，以及抢占公司的商业机会等行为也属于直接的利益输送，即终极股东违规占用公司的资源，为其进行利益输送。

（2）关联性交易

关联性交易的利益输送又可以分为商品服务交易活动、资产租用和交易活动、费用分摊活动。这些活动本属于企业的正常经营管理业务，但如果这些活动都以非市场的价格进行交易，就容易成为终极股东进行隧道挖掘、牟取私利的工具。

① 商品服务交易活动。我国很多上市公司都是原国有企业剥离改制上市的，上市公司后面都有一个控股的母公司，国有企业集团，上市公司和母公司之间的买卖购销非常紧密。终极股东经常以高于市场的价格向公司销售商品和提供服务，以低于市场价格向公司购买商品和服务，利用明显的低价或高价来转移利润，进行利益输送。

② 资产租用和交易活动。资产租用和交易活动与商品服务交易活动很相似，仅仅是交易的标的物不同。租用和交易的资产有房屋、土地使用权、机器设备、商标权和专利权等无形资产。托管经营活动中的非市场交易也属于这一类。

③ 费用分摊活动。上市公司和控股母公司常常要共同分担一系列费用，如广告费用、离退员工费用、各类员工福利费用，以及医疗、住房、交通等费用，这些费用的分摊过程充满了随意性，且属于内部信息，控股的终极股东常常利用费用分摊活动从上市公司获取利益，进行"隧道挖掘"。另外，终极股东自己或者派人到公司担任董事、监事和高管等职位后，将相关的高额薪酬、奖金、在职消费等费用分摊到公司，这样终极股东就变相地从公司进行了利益输送。

(3) 掠夺性财务活动

掠夺性财务活动更为复杂和隐蔽，具有多种表现形式，具体可以分为掠夺性融资、内幕交易、掠夺性资本运作和超额股利等。

① 掠夺性融资。公司上市后可以大量融资，利用信息不对称进行财务作假，以骗取融资资格、虚假包装以及过度融资的行为损害外部中小投资者利益。另外，公司向终极股东低价定向增发股票也属于掠夺性融资行为。

② 内幕交易。内幕交易指内幕人员根据内幕消息买卖证券或者帮助他人，违反了证券市场"公开、公平、公正"的原则，内幕交易行为必然会损害证券市场的秩序，因此，《证券法》明文禁止这种行为。终极股东经常利用信息优势，即利用所知悉、尚未公开的可能影响证券市场价格的重大信息来进行内幕交易，谋取不当利益。

③ 掠夺性资本运作。掠夺性资本运作活动有点类似于资产租用和交易活动，但是掠夺性资本运作的标的物是公司的股权，终极股东经常利用公司股权进行资本运作，实现相关公司的股权交易，经常是公司高价收购终极股东持有的其他公司股权，造成公司的利益流向了终极股东，这属于典型的"隧道挖掘"行为。

④ 超额股利。以终极股东需求为导向的股利政策操纵也是一种"隧道挖掘"行为。对于我国上市公司的终极股东和小股东而言，现金股利并非利益均沾，我国股权分置改制之前上市公司的"二元"股权结构使得通常持有非流通股的大股东与通常持有流通股的小股东在股权成本与股权利益上都存在明显的差异，大股东所持股份无法在股票市场流通，股权转让只能通过协议转让等形式进行，而且转让价格的确定一般依据账面净值，而非股票市价。与小股东相比，大股东无法分享股票价格上涨带来的好处，因此其正常的利益实现形式只有现金股利。还有一些公司刚融到钱就进行大笔超额的股利分配，利益输送的特征非常明显。

【案例 8.3】

康美药业造假面具下的"隧道挖掘"

2018 年年底，证监会发现上市公司康美药业涉嫌财务造假，涉案金额巨大，立案后，证监会集中力量进行查办。

经查，2016—2018 年，康美药业股份有限公司实际控制人、董事长马兴田等通过虚开和篡改增值税发票，伪造、变造大额定期存单等方式虚增货币资金，将不满足会计确认和计量条件的工程项目纳入报表，虚增固定资产等。累计虚增货币资金 887 亿元，虚增收入 275 亿元，虚增利润 39 亿元。同时，康美药业涉嫌未在相关年度报告中披露控股股东及关联方非经营性占用资金情况。康美药业有预谋、有组织，长期、系统地实施财务造假行为，恶意欺骗投资者，影响极为恶劣。

该事件的主要责任人马兴田担任康美药业董事长、总经理，全面管理公司事务，组织安排相关人员将上市公司资金转移到其控制的关联方，且未在定期报告里披露相关情况；同时，为掩盖上市公司资金被关联方长期占用、虚构公司经营业绩等违法事实，组织策划康美药业相关人员通过虚增营业收入、虚增货币资金等方式实施财务造假，同时作为实际控制人，存在指使相关人员从事信息披露违法行为。

证监会依法对康美药业违法违规案作出行政处罚及市场禁入决定，决定对康美药业责令改正，给予警告，并处以60万元罚款，对21名涉及的公司实际控制人和董事、监事、高级管理人员处以90万元至10万元不等罚款，对6名主要责任人采取10年至终身证券市场禁入措施。

拓展阅读8-4
依云公司终极
股东"隧道挖掘"
的案例分析

(吴育丞. 会计师事务所审计失败案例探析：以正中珠江审计康美药业为例[J]. 复印报刊资料：财会文摘，2022(2)：105-107.)

（三）保护中小股东权益的措施

▶ **1. 累积投票制**

根据我国《公司法》的规定，股东大会选举董事、监事可以依照公司章程的规定或者股东大会的决议实行累积投票制。这里的累积投票制指股东大会选举董事或者监事时，每一股份拥有与应选董事或者监事人数相同的表决权，股东拥有的表决权可以集中使用，即当股东应用累积投票制度行使表决权时，每一股份代表的表决权数不是一个，而是与待选人数相同，并且股东可以将与持股数目相对应的表决票数以任何集中组合方式投向所选择的对象。

累积投票制对应的是直接投票制，直接投票制指将董事会席位逐一进行表决。根据投票多少决定人选。直接投票制体现的是一种由大股东控制公司的权利义务对等的理念。

例如，某公司有两位股东，张三有80股，李四有20股。现在要选举4位董事，若采取直接投票制，张三提名的4位候选人每人可以得到80%的选票，而李四提名的4位候选人全部没有胜算。若采用累积投票制度，张三有320张(80×4)选票，李四有80张(20×4)选票。此时，如果张三想全部占有董事会的4个席位，那么平均每个席位80票，与李四所选的候选人票数相同，5个候选人的票数相同，选举无效。因此，想成功地组建董事会，只能张三选择退一步，把票数分给自己挑选的3个候选人，这样，作为小股东的李四就会得到一个董事会的席位。

可见，累积投票制度让小股东可以将其表决权集中投给自己提名的候选人，通过这种局部集中的投票方法，能够使小股东选出代表自己利益的人，从而对终极股东形成制衡，增强中小股东的话语权，提升中小股东权益的保护水平。

▶ **2. 建立有效的股东民事赔偿制度**

为了加强对终极股东的权力滥用的监控，限制其"隧道挖掘"行为，我国也出台了相应的法律规定。例如，我国《公司法》规定：公司股东应当遵守法律、行政法规和公司章程，依法行使股东权利，不得滥用股东权利损害公司或者其他股东的利益；不得滥用公司法人独立地位和股东有限责任损害公司债权人的利益。公司股东滥用股东权利给公司或者其他股东造成损失的，应当依法承担赔偿责任。公司股东滥用公司法人独立地位和股东有限责任，逃避债务，严重损害公司债权人利益的，应当对公司债务承担连带责任。

我国《公司法》还规定：公司的控股股东、实际控制人、董事、监事、高级管理人员不得利用其关联关系损害公司利益。违反前款规定，给公司造成损失的，应当承担赔偿责任。公司股东会或者股东大会、董事会的决议内容违反法律、行政法规的无效。

▶ 3. 建立表决权排除制度

表决权排除制度也被称为表决权回避制度，指当某一股东与股东大会讨论的决议事项有特别的利害关系时，该股东或其代理人均不得就其持有的股份行使表决权的制度。表决权排除制度实际上是对利害关系和控股股东表决权的限制，因为有机会进行关联交易或者在关联交易中，有利害关系的往往都是终极股东。有利害关系的终极股东不参与表决使得表决更能体现公司整体利益，从而保护了中小股东的权益。特别是在我国上市公司中，关联交易情况比较频繁，更加应该实施表决权排除制度。

例如，我国《公司法》规定，上市公司董事与董事会会议决议事项所涉及的企业有关联关系的，不得对该项决议行使表决权，也不得代理其他董事行使表决权。董事会会议由过半数的无关联关系董事出席即可举行，董事会会议所作决议须经无关联关系董事过半数通过。出席董事会的无关联关系董事人数不足三人的，应将该事项提交上市公司股东大会审议。

▶ 4. 完善小股东的代理投票权

代理投票制指股东委托代理人参加股东大会，并代行投票权的法律制度。在委托投票制度中，代理人以被代理人的名义，按自己的意志行使表决权。例如，我国《公司法》规定：股东可以委托代理人出席股东大会会议，代理人应当向公司提交股东授权委托书，并在授权范围内行使表决权。代理投票权的规定可以降低小股东行使公司治理权的成本，有利于保障其权益不受大股东的侵占。

▶ 5. 建立股东退出机制

当公司被终极股东控制时，为了降低中小股东的投资风险，降低其受终极股东剥夺的程度，当作为少数派的外部中小股东无法实现其诉求时，退出就成为中小股东降低风险的最后退路。股东退出机制包括转股和退股两类方式。

（1）转股

转股指股东将股份转让给他人，从而退出公司，也称为"用脚投票"。我国《公司法》规定：有限责任公司的股东之间可以相互转让其全部或者部分股权。股东向股东以外的人转让股权，应当经其他股东过半数同意。股东应就其股权转让事项书面通知其他股东征求同意，其他股东自接到书面通知之日起满三十日未答复的，视为同意转让。其他股东半数以上不同意转让的，不同意的股东应当购买该转让的股权；不购买的，视为同意转让。经股东同意转让的股权，在同等条件下，其他股东有优先购买权。两个以上股东主张行使优先购买权的，协商确定各自的购买比例；协商不成的，按照转让时各自的出资比例行使优先购买权。公司章程对股权转让另有规定的，从其规定。

（2）退股

退股指在特定条件下，股东要求公司以公平合理价格回购其股份，从而退出公司，这种机制来源于异议股东股份回购请求权制度。

异议股东股份回购请求权制度指对于提交股东大会表决的公司重大交易事项持有异议的股东，在该事项经股东大会资本多数表决通过时，有权依法定程序要求对其所持有的公司股份的"公平价值"进行评估，并由公司以此为标准买回其股票，从而实现自身退出公司的制度，该制度是一种中小股东在特定条件下的解约退出权。

对于有限责任公司而言，我国《公司法》规定：有下列情形之一的，对股东会该项决议投反对票的股东可以请求公司按照合理的价格收购其股权：①公司连续五年不向股东分配利润，而公司该五年连续盈利，并且符合本法规定的分配利润条件的；②公司合并、分立、转让主要财产的；③公司章程规定的营业期限届满或者章程规定的其他解散事由出现，股东会会议通过决议修改章程使公司存续的。

对于股份有限公司而言，我国《公司法》规定：公司不得收购本公司股份。但是，有下列情形之一的除外：①减少公司注册资本；②与持有本公司股份的其他公司合并；③将股份用于员工持股计划或者股权激励；④股东因对股东大会作出的公司合并、分立决议持异议，要求公司收购其股份；⑤将股份用于转换上市公司发行的可转换为股票的公司债券；⑥上市公司为维护公司价值及股东权益所必需。

拓展阅读 8-5
立阳公司终极股东
对中小股东的"隧道
挖掘"案例分析

三、企业与其他利益相关者之间的关系问题

公司到底是奉行"股东至上论"，以股东利益最大化为目标，还是要考虑利益相关者，以公司利益相关者利益最大为目标，一直是公司治理所争论的主要问题之一。

传统股东价值理论认为，企业归股东所有，企业的首要职责是为股东创造价值。所对应的治理模式也是以股东利益最大化为核心目标，该理论过度关注投资者利益，而忽略了债权人、员工、供应商、社区、顾客等与公司密切相关的利益群体。大量公司治理实践证明，在现代社会中，任何一个公司的发展均离不开各种利益相关者的投入与参与。企业并不单纯是所有者的企业，也是所有其他利益相关者的共同企业。这些利益相关者都为企业的生存和发展注入了一定的专用型投资，或者是分散了一定程度的经营风险，因此，应当拥有企业的剩余控制权，企业的经营决策者必须要考虑他们的利益，并给予相应的报酬或是补偿。只有当各利益相关者的利益得到合理的配置与满足时，才能建立更有利于企业长远可持续发展的外部环境。当前，在企业的治理模式中过度强调股东利益最大化，而缺乏必要机制，以维护各利益相关者权益的现象十分普遍。在利益相关者对企业经营和公司治理的影响越来越明显的背景下，企业经营必须重视将利益相关者融入企业的治理模式中，让外部与企业利益相关的主体共同参与公司治理。

但是，也有学者提出了让所有利益相关者直接参与公司治理事务的弊端。所有利益相关者共同参与公司治理会产生权责不清的问题，从而降低公司运作效率，企业容易陷入"泛利益相关者治理"的困境。所以，有学者建议应当对利益相关者进行选择，应当依据潜在利益相关者对公司稀缺资源的贡献程度，利益相关者因公司破产或关系终结而承担的风险损失的大小，优先利益相关者的利益诉求，利益相关者在组织里的权力大小来安排公司治理。这就会导致利益相关者的范围和重要性是动态的，它会随着政治经济或社会环境的变化而变化，加上不同企业对利益相关者识别的标准不同，使得利益相关者参与公司治理的机制和具体措施尚处于探索阶段，缺乏统一的框架和标准。

第五节　公司治理的基础设施

影响公司治理效率的因素不仅包括公司内部治理结构和外部治理机制，还包括公司治理的基础设施。公司治理的基础设施主要包括公司信息披露制度、评价公司财务信息和治理水平的信用中介机构、保护投资者利益的法律法规、政府监管，以及媒体和专业人士的舆论监督等，这些方面都是围绕确保披露高质量的公司信息而被有机地联系起来的。

公司治理的一个重要目标是提供高质量的公司信息。但是，披露的信息质量很难保证，因此需要会计、审计等信用中介机构进行评价，为披露出的公司信息出具独立意见。但即使有了中介机构，也并不能保证公司披露的信息一定是真实可靠的，一旦出现问题，就可能要诉诸事后的惩罚机制，也就是法律法规的介入。如果有完善的投资者法律保护，并且有公正透明的执法程序，那么，一旦出现信用中介机构伙同公司欺骗信息使用者，尤其是投资者的情况，相关法律制裁机制便立即启动，同样可以在最大限度上挽回投资者损失。除此之外，还有从公司信息的产生到披露过程中的政府监管和专业人士的舆论监督，他们可以在事中控制信息披露的质量。

一、信息披露制度

(一) 信息披露制度的概念

信息披露制度是上市公司为保障投资者利益、接受社会公众的监督，而依照法律规定必须将自身的财务变化、经营状况等信息和资料向证券管理部门与证券交易所报告，并向社会公开或公告，以便使投资者充分了解情况的制度。其特征主要有：信息披露义务的强制性和自愿性、信息披露内容的多样性和信息披露时间的持续性等。信息使用者主要包括股东、管理者、普通员工、债权人、供应商、消费者、竞争者、政府、社区等组织和个人。

我国上市公司信息披露包括三类：①上市披露(对一级市场的招股说明书；对二级市场的上市公告书)，上市阶段的信息披露在公司完成上市以后就结束了；②定期披露，包括年度报告和中期报告，其中，年度报告基本上包括了所有最重要的、正式的应披露信息；③临时披露，主要包括重要事件公告、收购与合并公告等。后两类信息披露在上市公司运营期间长期存在。

上市公司除了披露上述信息外，还要披露相关的审计信息，包括注册会计师的审计报告、内部控制评估等。同时，公司应建立网址、网站，完善信息披露载体和途径，便于投资者及时查阅有关信息。总体而言，上市公司的信息披露应该具有真实性、完整性、及时性、准确性、重要性和可比性。

(二) 信息披露与公司治理

▶ 1. 信息披露在公司治理中的基本作用

(1) 提供和改进信息披露可以促使公司向股东提供更多有价值的信息，减少信息不对称，从而有效节约代理成本。

（2）公司财务会计信息披露在公司治理中发挥了控制机制的作用。财务会计信息可以帮助外部投资者约束其所投资公司的管理层，激励他们为股东的利益服务。

（3）在公司治理中，会计信息披露是监督公司与管理层契约的核心，成为约束管理层行为的必要手段。

▶ 2. 信息披露对公司治理的作用机制

信息披露有效缓解了内部治理结构中的契约摩擦和沟通摩擦，能够降低公司治理成本，高质量的信息披露是公司治理的基石。根据现代企业理论，公司治理中存在的道德风险和信息不对称可能对公司的股东造成利益损害，而信息披露正是纠正这些问题的重要措施。

财务信息通过对一个企业的财务状况、经营成果和现金流量进行披露，降低了股东与经理人员之间，以及大股东和中小股东之间的信息不对称，从而比较有效地降低管理人员和大股东的机会主义行为。

同时，财务信息披露是对经理人员进行评价的基础，对经理人员真实、客观的评价可以起到降低道德风险、提高激励的作用。

▶ 3. 公司治理对信息披露的影响

规范有效的公司治理是高质量信息披露的环境保证。股权结构、董事会和监事会都会通过内部决策和相关执行机制对信息披露产生影响。完善的公司治理结构能够为公司的管理活动提供正确的导向和原则，提高信息透明度。相关研究表明，公司的董事会结构越合理，外部董事的比例越大、持股比例越高、担任其他公司外部董事的数量越少，公司财务报表的欺诈可能性就越低，公司就会更加自愿披露，财务报告质量就会越好。

二、信用中介机构

（一）主要信用中介机构及业务

公司自己出具的报告有时候并不能取得投资者和利益相关者的信任，需要通过信用中介机构让公司的投资者和利益相关者相信公司所提供信息的真实性和可靠性。这就要求信用中介机构需要保持足够的独立性，对公司披露的信息出具客观公正的评估，为公司的利益相关者负责，避免公司利益相关者的利益受到损害。如果信用中介机构对公司披露的虚假信息表示认可，那么就会面临承担相应法律责任的风险，可能会受到政府部门的民事或刑事起诉，后果比较严重。所以，信用中介机构在工作中一般会严格遵守工作准则和职业道德。主要的信用中介机构包括会计师事务所、投资银行和律师事务所等。

▶ 1. 会计师事务所

会计师事务所是依法设立并承办注册会计师业务的机构。注册会计师在遵守相关的职业道德要求、保证其独立性的前提下，运用职业判断，对上市公司的财务报表进行审计，防止上市公司出现虚假报告及重大舞弊等行为，并发表审计意见、出具审计报告。注册会计师执行业务应当加入会计师事务所。会计师事务所在保证独立性的前提下，对财务报表审计业务实施质量控制，并通过审计过程中与上市公司治理层的沟通，完善公司治理机制，提升财务报表预期使用者对上市公司财务报表的信赖程度。

▶ 2. 投资银行

投资银行指主要从事证券发行、承销、交易、企业重组、兼并与收购、投资分析、风险投资及项目融资等业务的非银行金融机构。它主要由一些专业金融投资分析师组成，他们能够对公司进行深度投资分析，评价公司投资价值，这是一般投资者所不具有的能力。因此，投资分析结论对广大投资者的投资决策有重大影响。另外，有投资银行参与的企业兼并、收购和重组等业务充分体现出投资银行的公司治理功能。在我国充当投资银行的主要是券商。

▶ 3. 律师事务所

与会计师事务所、投资银行相比，律师事务所对公司的财务状况参与度不高，因此，投资者对律师事务所并不是很关注。但在发达的证券市场，它们的作用不容忽视。律师事务所会综合考虑接受发行公司准备的相关文件，提醒发行公司和投资银行遵守信息披露制度。

（二）信用中介机构的公司治理作用

信用中介机构的主要作用是保证公司披露信息的质量，以减少投资者及其他利益相关者的信息不对称程度。但如果信用中介机构出现失信行为，则非但不能为投资者及其他利益相关者提供有效的公司信息，还可能会加重公司对他们的利益侵害，增加其投资风险。因此，必须通过有效的信息披露及监督机制进行弥补，以保证信用中介机构的独立性。

如何通过制度安排确保信用中介机构的独立性成为公司治理中建立中介机构信用机制的核心。提高信用中介机构的独立性可以采取两种方案。一种是通过制定一系列法律法规促使信用中介机构对投资者承担责任，如设立代表最低质量标准的信用中介机构许可证、调查中介机构违规案件、取消中介机构经营许可证，对情节严重者追究其刑事责任。另一种是建立评价二级信用中介机构，以保证一级信用中介机构的质量，如行业协会和自律组织等。

【案例 8.4】

中介机构未勤勉尽责被处罚

信永中和会计师事务所在对乐视网的审计业务中，因未能勤勉尽责而被处罚。信永中和在对乐视网 2015 年、2016 年的年报审计业务中，出具的报告存在虚假记载。经中国证监会查明：

1. 信永中和在对乐视网 2015 年度财务报表审计时存在以下违法事实：

（1）未对广告业务"销售与收款循环"内部控制中的重要环节进行穿行测试；

（2）未执行控制测试；

（3）IT 审计测试——方舟系统的审计结论缺少证据支持；

（4）未对广告业务收入设计有针对性的审计程序；

（5）未有效执行应收账款函证替代程序。

2. 信永中和在对乐视网 2016 年度财务报表审计时存在以下违法事实：

（1）对乐视网内部控制缺陷的判断存在错误；

（2）对乐视网内部生成的信息，未获取充分、适当的审计证据证明内部生成信息的可靠性、完整性与准确性；

（3）营业收入实质性测试程序中，对于发现的异常情况，注册会计师未采取进一步审计程序以获取充分、适当的审计证据；

（4）营业收入实质性测试程序中，部分测试样本计算的广告实际投放收入与订单金额存在重大差异，注册会计师未采取进一步审计程序以获取充分、适当的审计证据。

中国证监会认为，信永中和的上述行为违反了《证券法》的规定，构成"证券服务机构未勤勉尽责，所制作、出具的文件有虚假记载、误导性陈述或者重大遗漏"的行为，并对其进行了相应的处罚。

（新浪财经 http：//vip. stock. finance. sina. com. cn/corp/view/vCB _ AllBulletinDetail. php? stockid＝300104&.id＝8159262)

三、法律法规

公司治理是以法治为基础的，《公司法》《银行法》《证券法》《破产法》《劳动法》等法律均会对公司治理产生重大影响。投资者法律保护主要指一个国家的法律法规对投资者的保护条款及这些条款的执行情况。通常，在经济社会中，一个国家或地区的法律法规越健全，执行得越严格，对投资者及其他利益相关者保护得就越好。尤其是对中小投资者的法律保护越好，公司价值越高。对小股东的权利保护较好时，普通投资者预期他们未来的投资收益被大股东剥夺的可能性较小，从而更愿意购买这些公司的股票。相反，对小股东的权利保护较差时，普通投资者面临着很大的被大股东欺诈的可能性，因而不能实现他们应该得到的未来收益。在这种情况下，普通投资者愿意为这些公司的股票付出的价格就低，在极端的情况下，甚至可能迫使一些公司退出股票市场。

四、政府监管

信息不对称问题及法律法规的不完备性均可能会导致市场失灵，因此需要通过政府监管加以弥补。一个有效的政府是市场经济得以健康发展的前提条件。同时，政府为了促进就业经济增长、收取税收，也必然要关注公司稳定和公司各方的利益，也就必然要对公司实施监管。

有效的政府监管体系应包括法律监管、行政监管、市场环境监管和信息披露监管。其中，法律监管应从两个方面进行：一方面是制定法律规章，即立法监管；另一方面是法院执法，即司法介入监管。行政监管指各级行政机关依法律的授权和规定对公司治理中各主体和客体的行为进行监督。行政监管的主体主要有证券委及其派出机构、财政部、国资委、银保监会等。市场环境监管指政府通过对市场环境的建设来达到公司治理的目的，一个良好的市场体系必然要依靠政府去培育和建设。而信息披露监管是一个国家或地区对上市公司信息披露行为所采取的管理体系、管理结构和管理手段的总称。负责上市公司信息披露监管的管理机构主要包括证券主管机关和证券交易所。

五、媒体和公众的舆论监督

舆论监督的实施主体主要分为两个层次，即公众和媒体层次。公众作为舆论监督的主体，是舆论话题的发现者与提供者。一方面，媒体是公众舆论监督的实现途径和输出管道，另一方面也是舆论监督话题的发现者与供应者。可以说，媒体在舆论监督中负有双重任务。

公众监督对公司治理的影响主要来自包括公司治理、公司财务等方面的专家和学者等专业人士的作用。他们对上市公司治理评价以及虚假信息披露等问题的分析发挥了专业人士积极的公司治理监督作用。

拓展阅读 8-6
公司治理基础设施
在治理依云公司
终极股东"隧道
挖掘"行为中
的表现分析

媒体监督具有全方位性和独立性，尤其是自媒体时代，媒体监督无处不在，对公司治理主体和客体构成了现实的和潜在的监督。它通过对公司的一些重大违法事件的揭露来提高监督效率，同时还对行政监管行为进行监督。通过对公司违规行为的调查披露，迫使行政监管部门提高监管效率，迫使立法机关加快立法进程，从而促进行政监管效率和法律监管效率的提升。

本章小结

通过本章的学习，我们理解掌握了公司治理的内涵、理论，公司治理与公司战略管理的支撑互动关系；了解了不同公司的治理模式，熟悉公司的内部治理结构和外部治理机制。掌握三大公司治理问题及公司治理的基础设施。

公司内部治理结构为实现公司最佳经营业绩，公司所有权与经营权基于信托责任而形成的相互制衡关系的结构性制度安排，包括公司内部治理结构的不同模式以及公司内部治理结构各方主体的权利和义务。外部治理机制是各个市场机制对公司的监控和约束，包括产品市场、资本市场和经理人市场。三大公司治理问题主要包括经理人对于股东的"内部人控制"问题，终极股东对于中小股东的"隧道挖掘"问题，以及企业与其他利益相关者之间的关系问题。影响公司治理效率的因素不仅包括公司内部治理结构和公司外部治理机制，还包括公司治理的基础设施，即信息披露制度、中介机构、法律法规、政府监管和媒体、专业人士的舆论监督。

课后自测

【即测即练】

【简答题】

1. 简述公司治理的原因。
2. 简述公司战略与风险管理的关系。
3. 简述三大公司治理问题及原因。

【案例分析题】

成立于 1991 年的三友电器是一家地方国有资本控股的股份制企业，也是目前全球最大的集研发、生产、销售、服务于一体的专业化空调企业。不少股东认为，公司的董事长兼总裁谢东能力强、经验丰富、有战略眼光，为三友电器迈入国际性大企业行列做出了巨大贡献。他有望将三友电器带入一个新时代。

2012 年 5 月，在国家"家电下乡"的政策支持下，各家电企业均取得不错的经营业绩，股票市场上，家电股呈现上涨趋势，但是三友电器的股价表现不尽如人意。其中一个很重要的原因是其控股股东某市国资委提名国资委副主任李强参选公司董事会董事，进而担任三友电器总裁。李强仅有在银行和国资委的任职经历，完全不熟悉白色家电行业的管理方式，而且，李强的调动没有事先通告三友电器前董事长周彤，周彤向市国资委表达了对李强进入三友电器的担忧，许多中小股东也对李强极度不信任。

不同于大多数国有控股企业，三友电器的股权结构较为分散，以多家法人相对均衡持股。经过股权分置改革、股权转让和多次二级市场减持、股权激励和增发，到 2010 年 5 月 25 日股东大会前，国资委所属的三友集团在三友电器的持股比例不足 20%，成为相对控股的"大股东"。在增选公司董事的股东大会上，机构投资者出于潜在的共同利益，运用"累积投票制"联手集中推举徐积良高票当选公司董事，国资委提名的李强黯然出局。这一选举结果震惊了国内证券市场，被认为是"机构投资者积极参与上市公司治理，中小股东叫板大股东"的标志性事件。

第九章 风险与风险管理

第一节 企业的主要风险

企业面对的主要风险分为两大类：外部风险和内部风险。外部风险主要包括政治风险、法律风险与合规风险、社会文化风险、技术风险、市场风险等；内部风险主要包括战略风险、运营风险、财务风险等。

全面风险管理指企业围绕总体经营目标，通过在企业管理的各个环节和经营过程中执行风险管理的基本流程，培育良好的风险管理文化，建立健全全面风险管理体系，包括风险管理策略、风险理财措施、风险管理的组织职能体系、风险管理信息系统和内部控制系统，从而为实现风险管理的总体目标提供合理保障的过程和方法。

一、外部风险

(一) 政治风险

政治风险指完全或部分由政府官员行使权力和政府组织的行为而产生的不确定性。虽然政治风险更多地与海外市场风险有关，但这一定义适用于国内外所有市场。

政治风险常常表现为如下几方面内容。

▶ **1. 限制投资领域**

出于对东道国产业安全保护的目的，大多数国家对外国企业对本国的投资领域进行限制。例如，2018 年，某发达国家出台相关政策，限制外国企业对该国科技公司投资，以保护该国敏感技术外流。

▶ 2. 设置贸易壁垒

近年来，一些发达国家对新兴经济体企业与本国的贸易设置了多重壁垒，如制定限制本国高新技术产品出口等知识产权保护政策，开展对进口产品反倾销、反补贴、反垄断等调查与诉讼等。

▶ 3. 外汇管制规定

通常，欠发达国家制定的外汇管制规定更为严格。例如，外币供应实行定量配给，从而限制东道国的企业从外国购买商品，以及禁止其向外国股东支付股利，这些企业继而可能会陷入资金被冻结的局面。

▶ 4. 进口配额和关税

规定进口配额可以限制在东道国内的子公司从其控股公司购买，以投放到国内市场上销售的商品数量。有些时候，东道国会要求征收额外税收，即对外国企业按高于本地企业的税率征税，目的是为本地企业提供优势条件，甚至有可能故意征收超高税率，使得外国企业难以盈利。

▶ 5. 组织结构及要求最低持股比例

凭借要求所有投资必须采取与东道国的公司联营的方式，东道国政府可决定组织结构。最低持股比例指外资公司的部分股权必须由当地投资人持有。

▶ 6. 限制向东道国的银行借款

限制甚至包括禁止外资企业向东道国的银行和发展基金按最低利率借款。某些国家仅向本国的企业提供获取外币的渠道，以迫使外资企业将外币带入本国。

▶ 7. 没收资产

出于国家利益的考虑，东道国可能会没收外国财产。国际法认为，这是主权国的权力，但主权国要按照公平的市场价格迅速地以可自由兑换的货币进行赔偿。

（二）法律风险与合规风险

法律风险与合规风险都是现代企业风险体系中的重要部分，两者各有重合，又各有侧重。合规风险指因违反法律或监管要求而受到制裁、遭受金融损失，以及因未能遵守所有适用法律、法规、行为准则或相关标准而给企业信誉带来损失的可能性。法律风险指企业在经营过程中因自身经营行为的不规范或者外部法律环境发生重大变化而造成不利法律后果的可能性。

法律风险通常包括以下三个方面：一是法律环境因素，包括立法不完备、执法不公正等；二是市场主体自身法律意识淡薄，在经营活动中不考虑法律因素等；三是交易对方的失信、违约或欺诈等。

合规风险侧重于行政责任和道德责任的承担，而法律风险则侧重于民事责任的承担。以下例子可以说明法律风险与合规风险的关系。例如，银行与客户约定的利率超出了人民银行规定的基准利率幅度，那么，银行合规风险突出表现在监管机关的行政处罚、重大财产损失和声誉损失上，而法律风险则侧重于银行对客户民事赔偿责任的承担上。

合规风险和法律风险有时会同时发生，比如，在上一个例子中，银行将会同时面临监管机关的处罚和客户的起诉,但两者有时也会发生分离,如银行的违规经营被媒体曝光,银行的声誉将面临重大损失,这显然属于合规风险,但其与法律风险无关。

依据《中央企业全面风险管理指引》,法律风险与合规风险至少要考虑以下几个方面:

(1) 国内外与企业相关的政治、法律环境可能引发的风险;

(2) 影响企业的新法律法规和政策可能引发的风险;

(3) 员工的道德操守可能引发的风险;

(4) 企业签订的重大协议和有关贸易合同可能引发的风险;

(5) 企业发生的重大法律纠纷案件可能引发的风险;

(6) 企业和竞争对手的知识产权可能引发的风险。

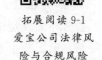

拓展阅读 9-1
爱宝公司法律风
险与合规风险

(三) 社会文化风险

社会文化风险指文化这一不确定性因素给企业经营活动带来的影响。从文化风险成因来看,文化风险存在并作用于企业经营的更深领域,主要有以下三个方面。

▶ 1. 跨国经营活动引发的文化风险

跨国经营使企业面临东道国文化与母国文化的差异,这种文化差异直接影响管理实践,构成经营中的文化风险。在一种特定文化环境中行之有效的管理方法应用到另一种文化环境中,也许会产生截然相反的结果。

▶ 2. 企业并购活动引发的文化风险

并购活动导致企业双方文化的直接碰撞与交流。尤其是对于跨国并购而言,面临组织文化与民族文化的双重风险,如果一个组织之中存在两种或两种以上的组织文化,那么,对于任何一个成员来说,识别组织的目标都将是困难的。同样,在为达成组织目标而努力时,判断应当针对不同情景做出何种行为也会是困难的。

▶ 3. 组织内部因素引发的文化风险

组织文化的变革、组织员工队伍的多元文化背景会导致个人层面的文化风险。广泛开展的跨国、跨地区的经济合作与往来会导致组织内部的价值观念、经营思想与决策方式不断面临冲击、更新和交替,进而在组织内部引发多种文化的碰撞与交流。即使没有并购和跨国经营,企业也会面临组织文化与地区文化、外来文化的交流问题,以及组织文化的更新问题。

(四) 技术风险

▶ 1. 从技术风险范围分

从技术风险范围考察,技术风险的定义有广义和狭义之分。

(1) 广义技术风险。指在某一种新技术给某一行业或某些企业带来增长机会的同时,可能对另一行业或另一些企业形成巨大的威胁。例如,晶体管的发明和生产严重危害了直头管行业;高性能塑料和陶瓷材料的研制和开发严重削弱了钢铁业的获利能力。

(2) 狭义技术风险。指技术在创新过程中,由于技术本身的复杂性和其他相关因素变化的不确定性而导致技术创新遭遇失败的可能性。例如,技术手段的局限性、技术系统内部的复杂性、技术难度过高、产品寿命的不可预测性、替代性技术的缺乏等原因都可能导致技术创新夭折。再如,若技术创新目标出现较大起伏,企业现有科研水平一旦不能满足新技术目标的需求,那么,技术创新就有面临失败的风险。

▶ **2. 从技术活动过程所处的不同阶段分**

从技术活动过程所处的不同阶段考察，技术风险可以划分为技术设计风险、技术研发风险和技术应用风险。

（1）技术设计风险。指技术在设计阶段，由于技术构思或设想的不全面性致使技术及技术系统存在先天"缺陷"或创新不足而引发的各种风险。例如，氟利昂技术在设计之初就存在着"缺陷"，其产生的氯原子会不断分解大气中的臭氧分子，进而破坏臭氧层。又如，我国采用模仿创新途径开发的一些技术不适合中国国情，在设计思路上就存在创新不足而引发的风险。

（2）技术研发风险。指在技术研究或开发阶段，外界环境变化的不确定性、技术研发项目本身的难度和复杂性、技术研发人员自身知识和能力的有限性都可能导致技术的研发面临失败的危险。例如，外部环境不具备一个协调规范的产权制度、市场结构、投资管理、政策组成的社会技术创新体系，没有形成一个由社会流动资本、专业技术人员、风险投资者/风险投资公司、筹资/退资渠道组成的高效便利的风险投资体系，或者从微观组织结构来看，缺乏灵活的技术开发组织形式，缺乏创新观念和创业理念的企业家精神等，都会因低水平管理、低效率运行等可能使企业的技术研发活动陷入困境，从而难以实现预期目标。

（3）技术应用风险。指技术成果在产品化、产业化的过程中所带来的一系列不确定性的负面影响或效应。例如，外部环境没有良好的社会化服务和技术的聚集效应，缺乏成熟的市场经济体制、规范的市场环境、透明的行业政策等；市场对新技术的接受程度不高；他人的技术模仿行为；由于市场准入的技术门槛较低，大量企业涌入致使竞争激烈；人为的道德诚信问题；等等，都可能使企业面临技术应用风险。

（五）市场风险

市场风险指企业所面对的外部市场的复杂性和变动性所带来的与经营相关的风险。依据《中央企业全面风险管理指引》，市场风险至少要考虑以下几个方面。

（1）产品或服务的价格及供需变化带来的风险。

（2）能源、原材料、配件等物资供应的充足性、稳定性和价格的变化带来的风险。

（3）主要客户、主要供应商的信用风险。

（4）税收政策和利率、汇率、股票价格指数的变化带来的风险。

（5）潜在进入者、竞争者、与替代品的竞争带来的风险。

二、内部风险

（一）战略风险

战略风险指企业在战略管理过程中，由于内外部环境的复杂性和变动性，以及主体对环境的认知能力和适应能力的有限性而导致企业整体性损失和战略目标无法实现的可能性及损失。

▶ **1. 战略风险所要考虑的主要方面**

依据《中央企业全面风险管理指引》，战略风险至少要考虑以下几个方面：

（1）国内外宏观经济政策和经济运行情况、企业所在产业的状况、国家产业政策可能引发的风险。

（2）科技进步、技术创新可能引发的风险。

（3）市场对企业产品或服务的需求可能引发的风险。

（4）与企业战略合作伙伴的关系、寻求战略合作伙伴可能引发的风险。

（5）企业主要客户、供应商及竞争对手可能引发的风险。

（6）与主要竞争对手相比，企业实力与差距可能引发的风险。

（7）企业编制发展战略和规划、投融资计划、年度经营目标、经营战略可能引发的风险。

（8）企业对外投融资过程中曾发生或易发生错误的业务流程或环节可能引发的风险。

▶ **2. 从内部控制角度展开战略风险的具体体现**

我国《企业内部控制应用指引第 2 号——发展战略》从企业制定与实施发展战略角度阐明企业战略风险具体体现在以下三个方面。

（1）缺乏明确的发展战略或发展战略实施不到位，可能导致企业盲目发展，难以形成竞争优势，丧失发展机遇和动力；

（2）发展战略过于激进，脱离企业实际能力或偏离主业，可能导致企业过度扩张，甚至经营失败；

（3）发展战略因主观原因频繁变动，可能导致资源浪费，甚至危及企业的生存和持续发展。

（二）运营风险

运营风险是指企业在运营过程中，由于内外部环境的复杂性和变动性，以及主体对环境的认知能力和适应能力的有限性而导致的运营失败或使运营活动达不到预期目标的可能性及损失。

▶ **1. 运营风险所要考虑的主要方面**

依据《中央企业全面风险管理指引》，运营风险至少要考虑以下几个方面：

（1）企业产品结构、新产品研发可能引发的风险。

（2）企业新市场开发、市场营销策略（包括产品或服务定价与销售渠道，市场营销环境状况等）可能引发的风险。

（3）企业组织效能、管理现状、企业文化，高、中层管理人员和重要业务流程中专业人员的知识结构、专业经验等方面可能引发的风险。

（4）期货等衍生产品业务中发生失误带来的风险。

（5）质量、安全、环保、信息安全等管理中发生失误导致的风险。

（6）因企业内、外部人员的道德风险或业务控制系统失灵导致的风险。

（7）给企业造成损失的自然灾害等风险。

（8）企业现有业务流程和信息系统操作运行情况的监管、运行评价及持续改进能力方面引发的风险。

▶ **2. 从内部控制角度展开几个主要运营风险**

（1）组织架构

依据《企业内部控制应用指引第 1 号——组织架构》，组织架构设计与运行中须关注的主要风险如下。

① 治理结构形同虚设，缺乏科学决策、良性运行机制和执行力，可能导致企业经营

失败，难以实现发展战略。

② 内部机构设计不科学，权责分配不合理，可能导致机构重叠、职能交叉或缺失、推诿扯皮，运行效率低下。

（2）人力资源

依据《企业内部控制应用指引第 3 号——人力资源》，人力资源管理须关注的主要风险如下。

① 人力资源缺乏或过剩、结构不合理、开发机制不健全，可能导致企业发展战略难以实现。

② 人力资源激励约束制度不合理、关键岗位人员管理不完善，可能导致人才流失、经营效率低下或关键技术、商业秘密和国家机密泄露。

③ 人力资源退出机制不当，可能导致法律诉讼或企业声誉受损。

（3）社会责任

依据《企业内部控制应用指引第 4 号——社会责任》，履行社会责任方面须关注的主要风险如下。

① 安全生产措施不到位，责任不落实，可能导致企业发生安全事故。

② 产品质量低劣，侵害消费者利益，可能导致企业巨额赔偿、形象受损，甚至破产。

③ 环境保护投入不足，资源耗费大，造成环境污染或资源枯竭，可能导致企业巨额赔偿、缺乏发展后劲，甚至停业。

④ 促进就业和员工权益保护不够，可能导致员工积极性受挫，影响企业发展和社会稳定。

（4）企业文化

依据《企业内部控制应用指引第 5 号——企业文化》，企业文化建设须关注的主要风险如下。

① 缺乏积极向上的企业文化，可能导致员工丧失对企业的信心和认同感，企业缺乏凝聚力和竞争力。

② 缺乏开拓创新、团队协作和风险意识，可能导致企业发展目标难以实现，影响可持续发展。

③ 缺乏诚实守信的经营理念，可能导致舞弊事件的发生，造成企业损失，影响企业信誉。

④ 忽视企业间的文化差异和理念冲突，可能导致并购重组失败。

（5）采购业务

依据《企业内部控制应用指引第 7 号——采购业务》，采购业务须关注的主要风险如下。

① 采购计划安排不合理，市场变化趋势预测不准确，造成库存短缺或积压，可能导致企业生产停滞或资源浪费。

② 供应商选择不当，采购方式不合理，招投标或定价机制不科学，授权审批不规范，可能导致采购物资质次价高，出现舞弊或遭受欺诈。

③ 采购验收不规范，付款审核不严，可能导致采购物资、资金损失或信用受损。

拓展阅读 9-2
三云公司采购
业务风险分析

（6）资产管理

依据《企业内部控制应用指引第 8 号——资产管理》，资产管理须关注的主要风险如下。

① 存货积压或短缺，可能导致流动资金占用过量、存货价值贬损或生产中断。

② 固定资产更新改造不够、使用效能低下、维护不当、产能过剩，可能导致企业缺乏竞争力、资产价值贬损、安全事故频发或资源浪费。

③ 无形资产缺乏核心技术、权属不清、技术落后、存在重大技术安全隐患，可能导致企业法律纠纷、缺乏可持续发展能力。

（7）销售业务

依据《企业内部控制应用指引第 9 号——销售业务》，销售业务须关注的主要风险如下。

① 销售政策和策略不当，市场预测不准确，销售渠道管理不当等，可能导致销售不畅、库存积压、经营难以为继。

② 客户信用管理不到位，结算方式选择不当，账款回收不力等，可能导致销售款项不能收回或遭受欺诈。

拓展阅读 9-3
东方公司销售
业务风险分析

③ 销售过程存在舞弊行为，可能导致企业利益受损。

（8）研究与开发

依据《企业内部控制应用指引第 10 号——研究与开发》，开展研发活动须关注的主要风险如下。

① 研究项目未经科学论证或论证不充分，可能导致创新不足或资源浪费。

② 研发人员配备不合理或研发过程管理不善，可能导致研发成本过高、舞弊或研发失败。

③ 研究成果转化应用不足、保护措施不力，可能导致企业利益受损。

（9）工程项目

依据《企业内部控制应用指引第 11 号——工程项目》，工程项目须关注的主要风险如下。

① 立项缺乏可行性研究或者可行性研究流于形式，决策不当，盲目上马，可能导致难以实现预期效益或项目失败。

② 项目招标暗箱操作，存在商业贿赂，可能导致中标人实质上难以承担工程项目、中标价格失实及相关人员涉案。

③ 工程造价信息不对称，技术方案不落实，预算脱离实际，可能导致项目投资失控。

④ 工程物资质次价高，工程监理不到位，项目资金不落实，可能导致工程质量低劣、进度延迟或中断。

⑤ 竣工验收不规范，最终把关不严，可能导致工程交付使用后存在重大隐患。

（10）担保业务

依据《企业内部控制应用指引第 12 号——担保业务》，担保业务须关注的主要风险如下。

① 对担保申请人的资信状况调查不深，审批不严或越权审批，可能导致企业担保决策失误或遭受欺诈。

② 对被担保人出现财务困难或经营陷入困境等状况监控不力，应对措施不当，可能导致企业承担法律责任。

③ 担保过程中存在舞弊行为，可能导致经办审批等相关人员涉案或企业利益受损。

（11）业务外包

依据《企业内部控制应用指引第 13 号——业务外包》，企业的业务外包须关注的主要风险如下。

① 外包范围和价格确定不合理，承包方选择不当，可能导致企业遭受损失。

② 业务外包监控不严、服务质量低劣，可能导致企业难以发挥业务外包的优势。

③ 业务外包存在商业贿赂等舞弊行为，可能导致企业相关人员涉案。

（12）合同管理

依据《企业内部控制应用指引第 16 号——合同管理》，合同管理须关注的主要风险如下。

① 未订立合同、未经授权对外订立合同、合同对方主体资格未达要求、合同内容存在重大疏漏和欺诈，可能导致企业合法权益受到侵害。

② 合同未全面履行或监控不当，可能导致企业诉讼失败、经济利益受损。

③ 合同纠纷处理不当，可能损害企业利益、信誉和形象。

（13）内部信息传递

依据《企业内部控制应用指引第 17 号——内部信息传递》，内部信息传递须关注的主要风险如下。

① 内部报告系统缺失、功能不健全、内容不完整，可能影响生产经营有序运行。

② 内部信息传递不通畅、不及时，可能导致决策失误、相关政策措施难以落实。

③ 内部信息传递中泄露商业秘密，可能削弱企业核心竞争力。

（14）信息系统

依据《企业内部控制应用指引第 18 号——信息系统》，信息系统须关注的主要风险如下。

① 信息系统缺乏或规划不合理，可能造成信息孤岛或重复建设，导致企业经营管理效率低下。

② 系统开发不符合内部控制要求，授权管理不当，可能导致无法利用信息技术实施有效控制。

③ 系统运行维护和安全措施不到位，可能导致信息泄露或毁损，系统无法正常运行。

【案例 9.1】

汇通集团的运营风险分析

汇通集团创业伊始，公司率先生产新标准豆浆机，一举占领中国豆浆机市场半壁江山，成为国内厨房电器行业的领军企业。2007—2022 年，公司开始扩大业务板块，成为拥有家电、日化、房地产等多产业集团化企业。

公司高层认为，随着技术的快速发展，单一业务的抗压能力较弱、盈利面较窄，不论从风险方面考虑，还是从新的经济增长点考虑，都必须开拓新的领域。在豆浆机领域的成功使得公司积累了丰厚的资金，足以拓展新的发展领域。为了充分利用公司在家电行业的优势地位，早在 2008 年年初，汇通集团陆续拓展了电冰箱、洗碗机和空调等产品项目，希望利用公司的品牌和声誉，在多个领域创造新的利润。

但随着时间的推移，汇通集团的高层思想陈旧，无法针对外部环境的变化及时给予指导性意见。面对消费者需求的巨大变化和市场日趋激烈的竞争，汇通集团的反应愈发迟钝。互联网开始普及，汇通集团认为网络是虚拟的，对其安全性持观望态度，没能抓住时机拓宽销售渠道，不久之后，国内的消费渠道迎来巨变，线上消费渠道占领主流地位，但汇通集团仍然故步自封，以至于丢失了大部分订单。

依据《中央企业全面风险管理指引》，汇通集团在经营中面临的运营风险主要如下。

（1）企业产品结构、新产品研发方面可能引发的风险。"面对消费者需求的巨大变化和市场日趋激烈的竞争，汇通集团的反应愈发迟钝"。

（2）企业新市场开发，市场营销策略方面可能引发的风险。"互联网开始普及，汇通集团认为网络是虚拟的，对其安全性持观望态度，没能抓住时机拓宽销售渠道""国内的消费渠道迎来巨变，线上消费渠道占领主流地位，但汇通集团仍然故步自封，以至于丢失了大部分订单"。

（3）企业组织效能、管理现状、企业文化，高、中层管理人员和重要业务流程中专业人员的知识结构、专业经验等方面可能引发的风险。"随着时间的推移，汇通集团的高层思想陈旧，无法针对外部环境的变化及时给予指导性意见"。

拓展阅读 9-4
佳林公司近年来所
面临的市场风险
与运营风险

（https://ketang1.com/question/q67100e163e8d4dab8bc906b156f7388d/）

（三）财务风险

财务风险指企业在生产经营过程中，由于内外部环境的各种难以预料或无法控制的不确定性因素的作用，使企业存在在一定时期内所获取的财务收益与预期收益发生偏差的可能性。财务风险是客观存在的，企业管理者对财务风险只能采取有效措施来降低风险，而不可能完全消除风险。

▶ 1. 财务风险所要考虑的主要方面

依据《中央企业全面风险管理指引》，财务风险至少要考虑以下几个方面：

（1）企业负债、负债率、偿债能力方面可能引发的风险。

（2）现金流、应收账款及其占销售收入的比重、资金周转率方面可能引发的风险。

（3）产品存货及其占销售成本的比重、应付账款及其占购货额的比重方面可能引发的风险。

（4）制造成本和管理费用、财务费用、营业费用方面可能引发的风险。

（5）盈利能力方面可能引发的风险。

（6）成本核算、资金结算和现金管理业务中曾发生或易发生错误的业务流程或环节可能引发的风险。

（7）与企业相关的产业会计政策、会计估算，与国际会计制度的差异与调节（如退休金、递延税项等）等信息方面可能引发的风险。

▶ 2. 从内部控制角度展开几个主要财务风险

（1）全面预算

依据《企业内部控制应用指引第 15 号——全面预算》，实行全面预算管理须关注的主要风险如下。

① 不编制预算或预算不健全，可能导致企业经营缺乏约束或盲目经营。

② 预算目标不合理、编制不科学，可能导致企业资源浪费或发展战略难以实现。

③ 预算缺乏刚性、执行不力、考核不严，可能导致预算管理流于形式。

（2）资金活动

依据《企业内部控制应用指引第 6 号——资金活动》，资金活动须关注的主要风险如下。

① 筹资决策不当，引发资本结构不合理或无效融资，可能导致企业筹资成本过高或债务危机。

② 投资决策失误，引发盲目扩张或丧失发展机遇，可能导致资金链断裂或资金使用效益低下。

③ 资金调度不合理、营运不畅，可能导致企业陷入财务困境或资金冗余。

④ 资金活动管控不严，可能导致资金被挪用、侵占、抽逃或遭受欺诈。

（3）财务报告

依据《企业内部控制应用指引第 14 号——财务报告》，编制、对外提供和分析利用财务报告须关注的主要风险如下。

① 编制财务报告违反会计法律法规和国家统一的会计准则制度，可能导致企业承担法律责任和声誉受损。

② 提供虚假财务报告，误导财务报告使用者，造成决策失误，干扰市场秩序。

③ 不能有效利用财务报告，难以及时发现企业经营管理中存在的问题，可能导致企业财务和经营风险失控。

【案例 9.2】

全优公司预算管理主要风险

全优公司是一家致力于汽车零部件研发、生产及销售的公司。2020 年，公司拟实行全面预算管理体系，并于 2020 年底由财务总监牵头各部门负责人成立预算管理临时小组，该小组根据公司的发展战略和经营计划直接编制 2021 年度预算草案。由于预算编制过程中缺少对预算期内经济政策、市场环境、公司在市场中竞争地位等因素的综合分析，又没有按照上下结合、分级编制、逐级汇总的程序进行运作，因此，公司预算与实际运营呈现出较大差距。例如，公司给销售部的 2021 年预算收入为 5000 万元，而到 10 月份，销售部仅完成销售收入 3000 多万元，公司要求的预算收入在年底前难以完成。销售部经理不得不自行把预算销售额调整为 4000 万元，然后将详细情况通告给预算管理小组。

本案例中，依据《企业内部控制应用指引第 15 号——全面预算》，全优公司在预算管理方面须关注的主要风险如下。

（1）预算目标不合理、编制不科学，可能导致企业资源浪费或发展战略难以实现。"该小组根据公司的发展战略和经营计划直接编制 2021 年度预算草案。由于预算编制过程中缺少对预算期内经济政策、市场环境、公司在市场中竞争地位等因素的综合分析，又没有按照上下结合、分级编制、逐级汇总的程序进行运作，公司预算与实际运营呈现出较大差距。例如，公司给销售部的 2021 年预算收入为 5000 万元，而到 10 月份，销售部仅完成销售收入 3000 多万元，公司要求的

拓展阅读 9-5
天启公司资金活动
主要风险分析

预算收入在年底前难以完成"。

(2) 预算缺乏刚性、执行不力、考核不严，可能导致预算管理流于形式。"公司给销售部的 2021 年预算收入为 5000 万元，而到 10 月份，销售部仅完成销售收入 3000 多万元，公司要求的预算收入在年底前难以完成。销售部经理不得不自行把预算销售额调整为 4000 万元，然后将详细情况通告给预算管理小组"。

第二节　风险管理基本流程

风险管理基本流程包括以下主要工作：收集风险管理初始信息；进行风险评估；制定风险管理策略；提出和实施风险管理解决方案；风险管理的监督与改进。

一、收集风险管理初始信息

风险管理基本流程的第一步：要广泛地、持续不断地收集与本企业风险和风险管理相关的内部、外部初始信息，包括历史数据和未来预测。应把收集初始信息的职责分工落实到各有关职能部门和业务单位。

收集初始信息要根据所分析的风险类型具体展开，具体内容如下。

▶ 1. 分析战略风险

企业应广泛收集国内外企业战略风险失控导致企业蒙受损失的案例，并至少收集与本企业相关的以下重要信息：

(1) 国内外宏观经济政策和经济运行情况、企业所在产业的状况、国家产业政策。

(2) 科技进步、技术创新的有关内容。

(3) 市场对该企业产品或服务的需求。

(4) 与企业战略合作伙伴的关系，未来寻求战略合作伙伴的可能性。

(5) 企业主要客户、供应商及竞争对手的有关情况。

(6) 与主要竞争对手相比，企业的实力与差距。

(7) 企业发展战略和规划、投融资计划、年度经营目标、经营战略，以及编制这些战略、规划、计划、目标的有关依据。

(8) 企业对外投融资过程中曾发生或易发生错误的业务流程或环节。

▶ 2. 分析财务风险

企业应广泛收集国内外企业财务风险失控导致危机的案例，并至少收集本企业的以下重要信息：

(1) 负债、负债率、偿债能力。

(2) 现金流、应收账款及其占销售收入的比重、资金周转率。

(3) 产品存货及其占销售成本的比重、应付账款及其占购货额的比重。

(4) 制造成本和管理费用、财务费用、营业费用。

(5) 盈利能力。

(6) 成本核算、资金结算和现金管理业务中曾发生或易发生错误的业务流程或环节。

(7) 与企业相关的产业会计政策、会计估算、与国际会计制度的差异及调节（如退休金、递延税项等)等信息。

▶ 3. 分析市场风险

企业应广泛收集国内外企业因忽视市场风险、缺乏应对措施导致企业蒙受损失的案例，并至少收集与本企业相关的以下重要信息：

(1) 产品或服务的价格及供需变化。

(2) 能源、原材料、配件等物资供应的充足性、稳定性和价格变化。

(3) 主要客户、主要供应商的信用情况。

(4) 税收政策和利率、汇率、股票价格指数的变化。

(5) 潜在竞争者、竞争者及其主要产品、替代品情况。

▶ 4. 分析运营风险

企业应至少收集与本企业、所在行业相关的以下信息：

(1) 产品结构、新产品研发情况。

(2) 新市场开发情况、市场营销策略，包括产品或服务定价与销售渠道、市场营销环境状况。

(3) 企业组织效能、管理现状、企业文化，高、中层管理人员和重要业务流程中专业人员的知识结构、专业经验。

(4) 期货等衍生产品业务中曾发生或易发生失误的流程和环节。

(5) 质量、安全、环保、信息等管理中曾发生或易发生失误的业务流程或环节。

(6) 因企业内、外部人员的道德风险使企业遭受损失或业务控制系统失灵的情况。

(7) 给企业造成损失的自然灾害，以及除上述有关情形之外的其他纯粹风险。

(8) 对现有业务流程和信息系统操作运行情况的监管、运行评价及持续改进能力。

(9) 企业风险管理的现状和能力。

▶ 5. 分析法律风险

企业应广泛收集国内外企业忽视法律法规风险、缺乏应对措施导致企业蒙受损失的案例，并至少收集与本企业相关的以下信息：

(1) 国内外与企业相关的政治、法律环境。

(2) 影响企业的新法律法规和政策。

(3) 员工的道德操守。

(4) 企业签订的重大协议和有关贸易合同。

(5) 企业发生重大法律纠纷案件的情况。

(6) 企业和竞争对手的知识产权情况。

企业还要对收集的初始信息进行必要的筛选、提炼、对比、分类、组合，以便进行风险评估。

二、进行风险评估

在完成了风险管理初始信息收集之后，企业要对收集的风险管理初始信息和企业各项业务管理及重要业务流程进行风险评估。风险评估包括风险辨识、风险分析、风险评价三个步骤。

风险辨识指查找企业各业务单元、各项重要经营活动及重要业务流程中有无风险，有哪些风险。进行风险辨识、分析、评价应将定性与定量方法相结合。

风险分析是对辨识出的风险及其特征进行明确的定义描述，分析和描述风险发生可能性的高低、风险发生的条件。风险分析应包括风险之间的关系分析，以便发现各风险之间的自然对冲、风险事件发生的正负相关性等组合效应，从风险策略上对风险进行统一集中管理。

风险评价评估风险对企业实现目标的影响程度、风险的价值等。风险评估应由企业组织有关职能部门和业务单位实施，也可聘请有资质、信誉好、风险管理专业能力强的中介机构协助实施。企业在评估多项风险时，应根据对风险发生可能性的高低和对目标的影响程度的评估，绘制风险坐标图，对各项风险进行比较，初步确定对各项风险进行管理的先后顺序和策略。

企业应对风险管理信息实行动态管理，定期或不定期实施风险辨识、分析、评价，以便对新的风险和原有风险的变化重新评估。

三、制定风险管理策略

风险管理基本流程的第三步是制定风险管理策略。风险管理策略指企业根据自身条件和外部环境，围绕企业发展战略，确定风险偏好、风险承受度、风险管理有效性标准，选择风险承担、风险规避、风险转移、风险转换、风险对冲、风险补偿、风险控制等适合的风险管理工具，并确定风险管理所需人力和财力资源的配置原则的总体策略。

企业在制定风险管理策略时，要根据风险的不同类型选择适宜的风险管理策略。例如，一般认为，针对战略、财务、运营、政治、法律风险等，可采取风险承担、风险规避、风险转换、风险控制等方法。针对能够通过保险、期货、对冲等金融手段进行理财的风险，可以采用风险转移、风险对冲、风险补偿等方法。

四、提出和实施风险管理解决方案

按照风险管理的基本流程制定风险管理策略后的工作是制定实施风险管理解决方案，也就是执行前一阶段制定的风险管理策略，进一步落实风险管理工作。

(一) 风险管理解决方案的两种类型

从大的分类来看，风险管理解决方案可以分为外部解决方案和内部解决方案。

▶ 1. 外部解决方案

外部解决方案一般指外包。企业经营活动外包是利用产业链专业分工提高运营效率的必要措施。将有关方面的工作外包可以降低企业的风险，提高效率。外包可以使企业规避一些风险，但同时可能带来另一些风险，应当加以控制。

▶ 2. 内部解决方案

内部解决方案是风险管理体系的运转。在具体实施中，一般是以下几种手段的综合应用：风险管理策略；组织职能；内部控制(以下简称"内控")，包括政策、制度、程序；信息系统，包括报告体系；风险理财措施。

(二) 关键风险指标管理

关键风险指标管理是对引起风险事件发生的关键成因指标进行管理的方法。关键风险指标管理可以管理单项风险的多个关键成因，也可以管理影响企业主要目标的多个主要风险的成因。例如，假设公司现在关心的主要目标是年度盈利指标，那么，关键风险指标管理就要对影响年度盈利指标的年度销售额、原材料价格、制造成本、销售成本、投资收入、利息、应收账款等多个风险因素进行管理。

▶ 1. 关键风险指标管理的步骤

关键风险指标管理过程一般分为以下六步。

（1）分析风险成因，从中找出关键成因。

（2）将关键成因量化，确定其度量，分析确定导致风险事件发生（或极有可能发生）时该成因的具体数值。

（3）以具体数值为基础，以发出风险信息为目的，加上或减去一定数值后形成新的数值，该数值即为关键风险指标。

（4）建立风险预警系统。当关键成因数值达到关键风险指标时，发出风险预警信息。

（5）制定出现风险预警信息时应采取的风险控制措施。

（6）跟踪监测关键成因的变化，一旦出现预警，即实施风险控制措施。

▶ 2. 关键风险指标分解

企业目标的实现要靠企业各个职能部门和业务单位共同努力，同样，企业的关键风险指标也要分解到企业的各个职能部门和业务单位。

针对关键风险指标的分解，要注意职能部门和业务单位之间的协调，关键是从企业整体出发和把风险控制在一定范围内。对于一个具体单位而言，不可采用"最大化"的说法。比如，信用管理部门负责信用风险的管理，如果其强调最小化信用风险，紧缩信用，就会给负责扩大市场占有率和销量的市场和销售部门造成伤害，从而影响公司整体目标的实现。

针对关键风险指标的分解，要兼顾各职能部门和业务单位的诉求。一个可行的方法是在企业统一领导和整体战略指导下进行部门和业务单位间的协调。

（三）落实风险管理解决方案

落实风险管理解决方案应做到以下几方面。

（1）高度重视风险管理，充分认识风险管理是企业时刻不可放松的工作，是企业价值创造的根本源泉。

（2）风险管理是企业全员的分内工作，没有风险的岗位是不创造价值的岗位，没有理由存在。

（3）将风险管理方案落实到各级各类组织，明确分工和责任。

（4）对风险管理解决方案的实施进行持续监控改进，并把实施情况与绩效考核联系起来，以确保工作的效果。

五、风险管理的监督与改进

风险管理基本流程的最后一个步骤是风险管理的监督与改进。企业应以重大风险、重大事件和重大决策、重要管理及业务流程为重点，对风险管理初始信息、风险评估、风险管理策略、关键控制活动及风险管理解决方案的实施情况进行监督，采用压力测试、返回测试、穿行测试，以及风险控制自我评估等方法对风险管理的有效性进行检验，根据情况变化和存在的缺陷及时加以改进。

企业应建立贯穿于整个风险管理基本流程，连接各上下级、各部门和业务单位的风险管理信息传递渠道，确保信息沟通的及时、准确、完整，为风险管理监督与改进奠定基础。

企业各有关部门和业务单位应定期对风险管理工作进行自查和检验，及时发现缺陷并改进，其检查、检验报告应及时报送企业风险管理职能部门。

企业风险管理职能部门应定期对各部门和业务单位风险管理工作的实施情况和有效性进行检查和检验，要根据在制定风险管理策略时提出的有效性标准对风险管理策略进行评估，对跨部门和业务单位的风险管理解决方案进行评价，提出调整或改进建议，出具评价和建议报告，及时报送企业总经理或其委托分管风险管理工作的高级管理人员。

第三节　风险管理体系

企业风险管理体系包括五大系统：风险管理策略；风险理财措施；风险管理的组织职能体系；风险管理信息系统；内部控制系统。

一、风险管理策略

(一) 风险管理策略总体定位

风险管理策略指企业根据自身条件和外部环境，围绕企业发展战略，确定风险偏好、风险承受度、风险管理有效性标准，选择风险承担、风险规避、风险转移、风险转换、风险对冲、风险补偿、风险控制等适合的风险管理工具，并确定风险管理所需人力和财力资源的配置原则的总体策略。

从这一纲领性的指引中不难看到，风险管理策略的总体定位：风险管理策略是根据企业经营战略制定的全面风险管理的总体策略；在整个风险管理体系中起着统领全局的作用；在企业战略管理过程中起着承上启下的作用，制定与企业战略保持一致的风险管理策略减少了企业战略失误的可能性。

风险管理策略的总体定位决定了风险管理策略的作用：为企业的总体战略服务，保证企业经营目标的实现；连接企业的整体经营战略和运营活动；指导企业的一切风险管理活动；分解为各领域的风险管理指导方针。

(二) 风险管理策略的工具

风险管理策略的工具共有七种：风险承担、风险规避、风险转移、风险转换、风险对冲、风险补偿和风险控制。

▶ 1. 风险承担

风险承担亦称风险保留、风险自留。它指企业对所面临的风险采取接受的态度，从而承担风险带来的后果。

企业面临的风险有很多，通常，企业能够明确辨识的风险只占全部风险的少数。风险评估工作的结果对企业是否采用风险承担影响很大。

对于未能辨识出的风险，企业只能采用风险承担。对于辨识出的风险，企业也可能由于以下几种原因采用风险承担：①缺乏能力进行主动管理；②没有其他备选方案；③从成本效益考虑，风险承担是最适宜的。

对于企业的重大风险而言，即影响到企业目标实现的风险，企业一般不应采用风险承担。

▶ 2. 风险规避

风险规避指企业回避、停止或退出蕴含某一风险的商业活动或商业环境，避免成为风险的所有人。例如，放弃或终止某项活动的实施，即在尚未承担风险的情况下拒绝风险；在已承担风险的情况下通过改变某项活动的性质、工作地点、工艺流程等途径来避免未来经营活动中所承担的风险。

当风险潜在威胁的可能性极大，并会带来严重后果，且损失无法转移又不能承受时，可以选择风险规避。

▶ 3. 风险转移

风险转移指企业通过合同将风险转移到第三方，企业对转移后的风险不再拥有所有权。转移风险不会降低其可能的严重程度，只是从一方移除后转移到另一方。例如，向保险公司投保；非保险型的风险转移；风险证券化。

▶ 4. 风险转换

风险转换指企业通过战略调整等手段将企业面临的风险转换成另一个风险。风险转换的手段包括战略调整和使用衍生产品等。

风险转换一般不会直接降低企业总的风险，其简单形式就是在减少某一风险的同时增加另一风险。例如，通过放松交易客户信用标准增加了应收账款，但扩大了销售。企业可以通过风险转换在两个或多个风险之间进行调整，以达到最佳效果。风险转换可以在低成本或者无成本的情况下达到目的。

▶ 5. 风险对冲

风险对冲指采取各种手段，引入多个风险因素或承担多个风险，使得这些风险能够互相冲抵，也就是使这些风险的影响互相抵消。常见的例子有资产组合使用，多种外币结算的使用和战略上的多种经营等。

在金融资产风险管理中，对冲也包括使用衍生产品，如利用期货进行套期保值。在企业面临的风险中，有些具有自然对冲的性质，应当加以利用。例如，不同行业的经济周期风险对冲。

风险对冲不是针对单一风险，而是涉及风险组合。对于单一风险而言，只能采用风险规避、风险控制等其他工具。

▶ 6. 风险补偿

风险补偿指企业对风险可能造成的损失采取适当的措施进行补偿。风险补偿表现在企业主动承担风险，并采取措施以补偿可能的损失。

风险补偿的形式有财务补偿、人力补偿、物资补偿等。财务补偿是损失融资，包括企业自身的风险准备金或应急资本等。例如，某公司之前一直购买灾害保险，但经过数据分析，认为保险公司历年的赔付不足以平衡相应的保险费用支出，因此不再续保；同时，为了应对可能发生的灾害性事件，公司与银行签订应急资本协议，规定在灾害发生时，由银行提供资本，以保证公司的持续经营。

▶ 7. 风险控制

风险控制指通过控制风险事件发生的动因、环境、条件等，达到减轻风险事件发生时的损失或降低风险事件发生概率的目的。

风险控制对象一般是可控风险，包括多数运营风险，如质量、安全和环境风险，以及法律风险中的合规性风险。一般情况下，对战略、财务、运营和法律风险，可采取风险承担、风险规避、风险转换、风险控制等方法；对能够通过保险、期货、对冲等金融手段进行理财的风险，可以采用风险转移、风险对冲、风险补偿等方法。

(三) 确定风险偏好和风险承受度

风险偏好和风险承受度是风险管理策略的重要组成部分。一般来讲，风险偏好和风险承受度是针对公司的重大风险制定的，对企业的非重大风险的风险偏好和风险承受度不一定要十分明确，甚至可以先不提出。

企业的风险偏好依赖于企业风险评估的结果。由于企业的风险不断变化，因此，企业需要持续进行风险评估，并调整自己的风险偏好。重大风险的风险偏好是企业的重大决策，应由董事会决定。

(四) 风险度量

▶ 1. 关键在于量化

风险承受度的表述需要对风险进行量化描述。风险偏好可以只定性，但风险承受度一定要定量。如果不能量化，仅靠直观或感觉确定风险承受度很可能出错，而且很难在整个企业统一思想，不能准确计算成本与收益的关系，不能同绩效考核联系起来。很多风险管理手段，如风险理财，必须有风险的量化描述。

▶ 2. 风险度量方法

选择合适的风险度量方法是确定风险管理策略的需要。企业应该对所采取的风险度量方法取得共识，但不一定在整个企业使用唯一的风险度量方法，而应对不同的风险采取不同的度量方法。

常用的风险度量指标和方法如下。

(1) 最大可能损失。最大可能损失指风险事件发生后可能造成的最大损失。用最大可能损失来定义风险承受度是最差情形的思考逻辑。企业一般在无法判断或无须判断发生概率的时候，可将最大可能损失作为风险的衡量方法。

(2) 概率值。概率值指风险事件发生的概率或造成损失的概率。在可能的结果只有好坏、对错、是否、输赢、生死等简单情况下，常常使用概率值。在实践中，统计意义上的频率和主观概率的判断都可以采用，但是要分清不同的场合。有时，人们的主观判断会因心理上的原因造成失误。同时，在许多场合使用频率作为概率值是没有意义的，特别是在缺少数据或者一次性决策的场合。

(3) 期望值。期望值通常指数学期望，即概率加权平均值。在所有事件中，先将每一事件发生的概率乘以该事件的影响，得出乘积，然后将这些乘积相加得到和。常用的期望值有统计期望值和效用期望值。期望值综合了概率值和最大损失两种方法，如图 9-1 所示。

(4) 波动性。波动性反映数据的离散程度，也就是该变量离其期望值的距离。一般用方差或均方差(标准差)来描述波动性。方差是各个数据与其期望值的离差平方和的平均

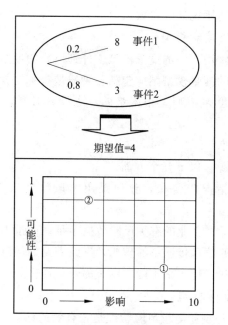

图 9-1　期望值

数；方差的算术平方根称为该变量的标准差，也称均方差。

（5）在险值。在险值指在正常的市场条件下，在给定的时间段和给定的置信区间内，预期可能发生的最大损失，如图 9-2 所示。在险值具有通用、直观、灵活的特点，为《巴塞尔协议》所采用。在险值的局限性是适用的风险范围小，对数据要求严格，计算困难，对肥尾效应无能为力。

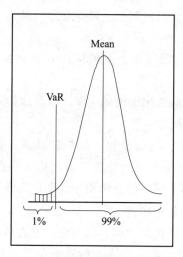

图 9-2　在险值

（6）直观方法。直观方法指不依赖于概率统计结果的度量方法，即人们直观判断的方法，如专家意见法、层次分析法（AHP）等。

当统计数据不足或需要度量的结果包括人们的偏好时，可以使用直观方法。

在很多情况下，统计和直观的方法可综合使用。例如，首先使用专家意见法来缩小范围，取得初始数据，然后使用统计度量方法。

▶ 3. 选择适当的风险度量模型

对不同种类的风险要使用不同的度量模型。外部风险的度量模型应包括市场指标、景气指数等。内部运营风险的度量模型则应包括各种质量指标、执行效果、安全指数等。要找到一种普遍适用的风险度量模型是很困难的，也没有必要，因为人们有不同的目的和偏好。

▶ 4. 风险量化的困难

风险量化的困难主要源自以下几个方面。

(1) 方法误差：企业情况很复杂，致使采用的风险度量不能准确反映企业的实际情况。

(2) 数据：很多情况下，企业的有关风险数据不足，质量不好。

(3) 信息系统：企业的信息传递不够理想，导致需要的信息未能及时到达。

(4) 整合管理：数据和管理水平不能与现实的管理连接。

(五) 风险管理有效性标准

风险管理有效性标准是企业衡量风险管理是否有效的标准。风险管理有效性标准的作用是帮助企业了解企业现在的风险是否在风险承受度范围之内，即风险是否优化；企业风险状况的变化是否符合要求，即风险的变化是否优化。

量化的企业风险管理有效性标准与企业风险承受度有相同的度量基础。确立风险管理有效性标准的原则如下：

(1) 风险管理有效性标准要针对企业的重大风险，能够反映企业重大风险管理的现状。

(2) 风险管理有效性标准应当对照全面风险管理的总体目标，在所有五个方面保证企业的运营效果。

(3) 风险管理有效性标准应当在企业的风险评估中应用，并根据风险的变化随时调整。

(4) 风险管理有效性标准应当用于衡量全面风险管理体系的运行效果。

(六) 风险管理的资源配置

风险管理的资源包括人才、组织设置、政策、设备、物资、信息、经验、知识、技术、信息系统、资金等。由于全面风险管理覆盖面广，因此，资源的使用一般是多方面的、综合性的。企业应当统筹兼顾，将资源用于需要优先管理的重大风险。

(七) 确定风险管理的优先顺序

企业应根据风险与收益相平衡的原则，以及各风险在风险坐标图上的位置，进一步确定风险管理的优先顺序，明确风险管理成本的资金预算和控制风险的组织体系、人力资源、应对措施等总体安排。

(八) 风险管理策略检查

企业应定期总结和分析已制定的风险管理策略的有效性和合理性，结合实际不断地修订和完善。其中，应重点检查依据风险偏好、风险承受度和风险控制预警线实施的结果是否有效，并提出定性或定量的有效性标准。

风险管理策略要随着企业经营状况的变化、经营战略的变化、外部环境的变化而调整。风险管理策略定期检查的频率取决于企业面临的风险；回顾企业经营战略时应同时总结和分析风险管理策略。

二、风险理财措施

(一)风险理财的含义、特点及选择原则

风险理财用金融手段管理风险，是全面风险管理的重要组成部分。

风险理财的手段既不改变风险事件发生的可能性，也不改变风险事件可能引起的直接损失程度。风险理财需要判断风险的定价，因此量化的标准较高，即不仅需要风险事件的可能性和损失的分布，更需要量化风险本身的价值。风险理财的应用范围一般不包括声誉等难以衡量价值的风险，也难以消除战略失误造成的损失。风险理财手段技术性强，许多风险理财工具本身具有比较复杂的风险特性，使用不当容易造成重大损失。

风险管理策略的七大工具为风险承担、风险规避、风险转移、风险转换、风险对冲、风险补偿、风险控制。风险理财是运用金融手段来实施这些策略的。选择风险理财策略与方案需要与公司整体风险管理策略一致；采用与公司所面对风险的性质相匹配的风险理财手段；依据公司内外部环境选择适宜的风险理财工具；遵循风险管理成本与收益的平衡原则。

(二)两类主要的风险理财措施

▶ 1. 损失事件管理

损失事件管理指对可能给企业造成重大损失的风险事件进行事前、事后管理的方法。损失的内容包括企业的资金、声誉、技术、品牌、人才等。

(1)损失融资

损失融资为风险事件造成的财物损失融资，从风险理财的角度进行损失事件的事后管理，是损失事件管理中最具共性，也最重要的部分。

企业损失分为预期损失和非预期损失，因此，损失事件融资也相应分为预期损失融资和非预期损失融资。

预期损失融资一般作为运营资本的一部分，而非预期损失融资则属于风险资本范畴。

(2)风险资本

风险资本是除经营资本之外，公司补偿风险造成的财务损失而需要的资本，是使一家公司破产的概率低于某一给定水平所需的资金，因此取决于公司的风险偏好。

例如，一家公司每年最低运营资本是 5 亿元，但是有 5% 的可能性需要 7.5 亿元维持运营，有 1% 的可能性需要 10 亿元才能维持运营。换句话说，如果风险资本为 2.5 亿元，那么这家公司的生存概率就是 95%，而 5 亿元的风险资本对应的则是 99% 的生存概率。

(3)应急资本

应急资本是一个金融合约，规定在某一个时间段内、某个特定事件发生的情况下，公司有权从应急资本提供方募集股本或贷款(或资产负债表上的其他实收资本项目)，并为此按时间向资本提供方缴纳费用。所谓特定事件可称为触发事件。

应急资本费用、利息和额度在合同签订时约定。应急资本最简单的形式是公司为满足特定条件下的经营需要而从银行获得的信贷额度，一般通过与银行签订协议加以明确，如

信用证、循环信用工具等。

应急资本具有如下特点。

① 应急资本的提供方并不承担特定事件发生的风险，而只是在风险事件发生并造成应急资本受让方损失后提供用于弥补损失、确保持续经营的资金。

② 应急资本是一个在一定条件下的融资选择权，应急资本受让方可以不使用这个权利。

③ 应急资本可以为应急资本受让方提供持续经营的保证。

（4）保险

保险是一种金融合约。保险合同规定保险公司为预定的损失支付补偿（也就是为损失进行融资），作为交换，在合同签订时，购买保险合同的一方要向保险公司支付保险费。

保险合同降低了购买保险一方的风险，因为他把损失的风险转移给了保险公司，而保险公司通过损失的分散化来降低自己的风险。例如，保险公司可以通过出售大量涉及多种类型损失的保险合同来降低自己的风险。

可保风险是纯粹风险，机会风险不可保。

（5）专业自保

专业自保公司又称"专属保险公司"，是非保险公司的附属机构，为其母公司提供保险，并由母公司筹集保险费，建立损失储备金。几乎所有的大跨国公司都有专业自保公司。

专业自保的特点包括：由被保险人所有和控制，承保其母公司的风险，也可以通过租借方式承保其他公司的保险，不在保险市场上开展业务。

专业自保公司的优点包括：降低运营成本；改善公司现金流；保障项目更多；公平的费率等级；保障的稳定性；直接进行再保险；提高服务水平；减少规章的限制；国外课税扣除和流通转移。专业自保公司的缺点包括：提高内部管理成本；增加资本投入；损失储备金不足；减少其他保险的可得性。

▶ 2. 套期保值

企业选择套期保值的风险理财措施涉及对金融衍生产品的选择。

（1）对金融衍生产品的选择

金融衍生产品的概念和类型。衍生产品是其价值决定于一种或多种基础资产或指数的金融合约。常用衍生产品包括远期合约、互换交易、期货、期权等。

① 远期合约。远期合约指合约双方同意在未来日期按照事先约定的价格交换金融资产，该合约会指明买卖的商品或金融工具的种类、价格及交割结算的日期。远期合约是必须履行的协议，其合约条件是为买卖双方量身定制的，通过场外交易（OTC）达成。远期合约是现金交易，买方和卖方达成协议在未来的某一特定日期交割一定质量和数量的商品。

② 互换交易。互换交易主要指对相同货币的债务和不同货币的债务通过金融中介进行互换的一种行为。互换交易主要包括利率互换、货币互换、商品互换、股权互换、信用互换、气候互换（碳互换）、期权互换等。

③ 期货。期货指在约定的将来某个日期按约定的条件（包括价格、交割地点、交割方式）买入或卖出某种一定标准数量、质量的资产。期货是在期货交易所买卖的标准化合约；期货合约往往会在到期日之前对冲平仓；期货价格是在期货交易所公开竞价产生的。

期货合约的主要类型有外汇期货、利率期货、股票指数期货、商品期货。

④ 期权。期权是在期货的基础上产生的一种金融衍生工具，它是在某一特定日期或该日期之前的任何时间以规定的价格购买或者出售某种规定的资产(包括股票、政府债券、货币、股票指数、商品期货等)的权利。

按赋予期权买方权利的不同，期权分为看涨期权和看跌期权。看涨期权指在期权有效期内按执行价格买进一定数量标的物的权利。看跌期权指在期权有效期内按执行价格卖出一定数量标的物的权利。按执行时间的不同，期权分为欧式期权和美式期权。欧式期权指只有在合约到期日才被允许执行的期权。美式期权指可以在期权有效期内任何一个时点被执行的期权。

期权的买方拥有是否执行期权的权利，无执行的义务，期权的卖方只有履行期权的义务，而无权利。

（2）套期保值与投机

套期保值指为冲抵风险而买卖相应的衍生产品的行为，与套期保值相反的便是投机行为。

套期保值的目的是降低风险，投机的目的是承担额外的风险以盈利。套期保值的结果是降低了风险，投机的结果是增加了风险。

（3）期货套期保值

① 期货价格与现货价格。绝大多数期货合约不会在到期日用标的物兑现。期货价格表现的是市场对标的物的远期预期价格。"基差"的概念用来表示标的物的现货价格与所用合约的期货价格之差。基差在期货合约到期日为零，在此之前可正可负。一般而言，离到期日越近，基差就越小。

② 期货套期保值基本原理与主要方式。期货的套期保值亦称为期货对冲，指为配合现货市场上的交易，而在期货市场上做与现货市场商品相同或相近，但交易部位相反的买卖行为，以便将现货市场价格波动的风险在期货市场上抵消。

期货的套期保值交易之所以有利于回避价格风险，其基本原理就在于某一特定商品的期货价格和现货价格受相同的经济因素影响和制约。

三、风险管理的组织职能体系

企业风险管理组织职能体系主要包括规范的公司法人治理结构、风险管理委员会、风险管理职能部门、审计委员会、企业其他职能部门及各业务单位。具备条件的企业可建立风险管理三道防线：各有关职能部门和业务单位为第一道防线；风险管理职能部门和董事会下设的风险管理委员会为第二道防线；内部审计部门和董事会下设的审计委员会为第三道防线。

（一）规范的公司法人治理结构

企业应建立健全规范的公司法人治理结构，股东（大）会、董事会、监事会经理层依法履行职责，形成高效运转、有效制衡的监督约束机制。

董事会就全面风险管理工作的有效性对股东（大）会负责。董事会在全面风险管理方面主要履行以下职责：

（1）审议并向股东（大）会提交企业全面风险管理年度工作报告。

（2）确定企业风险管理总体目标、风险偏好、风险承受度，批准风险管理策略和重大风险管理解决方案。

（3）了解和掌握企业面临的各项重大风险及其风险管理现状，做出有效控制风险决策。

（4）批准重大决策、重大风险、重大事件和重要业务流程的判断标准或判断机制。

（5）批准重大决策的风险评估报告。

（6）批准内部审计部门提交的风险管理监督评价审计报告。

（7）批准风险管理组织机构设置及其职责方案。

（8）批准风险管理措施，纠正和处理任何组织或个人超越风险管理制度做出的风险性决定行为。

（9）督导企业风险管理文化的培育。

（10）批准或决定全面风险管理的其他重大事项。

（二）风险管理委员会

具备条件的企业，董事会可下设风险管理委员会。该委员会成员中需有熟悉企业重要管理及业务流程的董事，以及具备风险管理监管知识或经验、具有一定法律知识的董事。

风险管理委员会对董事会负责，主要履行以下职责：

（1）提交全面风险管理年度报告。

（2）审议风险管理策略和重大风险管理解决方案。

（3）审议重大决策、重大风险、重大事件和重要业务流程的判断标准或判断机制，以及重大决策的风险评估报告。

（4）审议内部审计部门提交的风险管理监督评价审计综合报告。

（5）审议风险管理组织机构设置及其职责方案。

（6）办理董事会授权的有关全面风险管理的其他事项。

企业总经理对全面风险管理工作的有效性向董事会负责。总经理或总经理委托的高级管理人员负责主持全面风险管理的日常工作，负责组织拟订企业风险管理组织机构设置及其职责方案。

（三）风险管理职能部门

企业应设立专职部门或确定相关职能部门履行全面风险管理的职责。该部门对总经理或其委托的高级管理人员负责，主要履行以下职责：

（1）研究提出全面风险管理工作报告。

（2）研究提出跨职能部门的重大决策、重大风险、重大事件和重要业务流程的判断标准或判断机制。

（3）研究提出跨职能部门的重大决策风险评估报告。

（4）研究提出风险管理策略和跨职能部门的重大风险管理解决方案，并负责该方案的组织实施和对该风险的日常监控。

（5）负责对全面风险管理的有效性进行评估，研究提出全面风险管理的改进方案。

（6）负责组织建立风险管理信息系统。

（7）负责组织协调全面风险管理日常工作。

（8）负责指导、监督有关职能部门，各业务单位，以及全资、控股子企业开展全面风险管理工作。

（9）办理风险管理的其他有关工作。

（四）审计委员会

企业应在董事会下设立审计委员会，企业内部审计部门对审计委员会负责。内部审计部门在风险管理方面，主要负责研究提出全面风险管理监督评价体系，制定监督评价相关制度，开展监督与评价，出具监督评价审计报告。

▶ 1. 审计委员会履行职责的方式

审计委员会应每年至少举行三次会议，并于审计周期的主要日期举行。审计委员会应每年至少与外聘及内部审计师会面一次，讨论与审计相关的事宜，但无须管理层出席。审计委员会成员之间的不同意见如无法内部调解，则应提请董事会解决。

此外，审计委员会应每年对其权限及其有效性进行复核，并就必要的人员变更向董事会报告。为了很好地完成这项工作，行政管理层必须向审计委员会提供恰当的信息。管理层对审计委员会有告知义务，并应主动提供信息，而不应等待审计委员会索取。

▶ 2. 审计委员会与合规

审计委员会的主要活动之一是核查对外报告的合规情况。审计委员会一般有责任确保企业履行对外报告合规的义务。审计委员会应结合企业财务报表的编制情况，对重大的财务报告事项和判断进行复核。

▶ 3. 审计委员会与内部审计

确保充分且有效的内部控制是审计委员会的义务，其中包括负责监督内部审计部门的工作。审计委员会应监察和评估内部审计职能在企业整体风险管理系统中的角色和有效性。审计委员会批准内部审计主管的任命和解聘，并确保内部审计部门能直接与董事长或董事会主席接触。审计委员会还复核及评估年度内部审计工作计划。

四、风险管理信息系统

企业的管理信息系统在风险管理中发挥着至关重要的作用。企业应将信息技术应用于风险管理的各项工作，建立涵盖风险管理基本流程各环节的风险管理信息系统。

企业应采取措施确保向风险管理信息系统输入的业务数据和风险量化值的一致性、准确性、及时性、可用性和完整性。输入信息系统的数据未经批准，不得更改。

风险管理信息系统应具备如下功能：能够对各种风险进行计量和定量分析、定量测试；能够实时反映风险矩阵和排序频谱、重大风险和重要业务流程的监控状态；能够对超过风险预警上限的重大风险实施信息报警；能够满足风险管理内部信息报告制度和企业对外信息披露管理制度的要求。

风险管理信息系统应实现信息在各职能部门、业务单位之间的集成与共享，既能满足单项业务风险管理的要求，也能满足企业整体和跨职能部门、业务单位的风险管理综合要求。企业应确保风险管理信息系统的稳定运行和安全，并根据实际需要不断进行改进、完善或更新。

已建立或基本建立管理信息系统的企业应补充、调整、更新已有的管理流程和管理程序，建立完善的风险管理信息系统。尚未建立管理信息系统的企业，应将风险管理与企业各项管理业务流程、管理软件统一规划、统一设计、统一实施、同步运行。

五、内部控制系统

内部控制系统指围绕风险管理策略目标，针对企业战略、规划、产品研发、投融资、市场运营、财务、内部审计、法律事务、人力资源、采购、加工制造、销售、物流、质量、安全生产、环境保护等各项重要业务及其管理，通过执行风险管理基本流程，制定并执行的规章制度、程序和措施。内部控制系统是内部控制的构成要素相互联系、相互制约而形成的有机整体。内部控制系统由内部牵制、内部会计控制和内部管理控制所构成。

内部控制的三项目标包括：取得经营的效率和有效性；确保财务报告的可靠性；遵循适用的法律法规。

(一) 控制环境

控制环境包括治理职能和管理职能，以及治理层和管理层对内部控制及其重要性的态度、认识和措施。控制环境设定了公司的内部控制基调，影响员工对内部控制的认识和态度。良好的控制环境是实施有效内部控制的基础。

▶ 1. 美国反虚假财务报告委员会下属的发起人委员会(the Committee of Sponsoring Organizations of the treadway commission，COSO)角度

根据 2013 年修订发布的 COSO《内部控制框架》，控制环境要素应当坚持以下原则。

(1) 企业对诚信和道德价值观做出承诺。

(2) 董事会独立于管理层，对内部控制的制定及其绩效施以监控。

(3) 管理层在董事会的监控下，建立目标实现过程中所涉及的组织架构、报告路径，以及适当的权利和责任。

(4) 企业致力于吸引、发展和留任优秀人才，以配合企业目标达成。

(5) 企业根据其目标，使员工各自担负起内部控制的相关责任。

▶ 2. 我国《企业内部控制基本规范》角度

我国《企业内部控制基本规范》关于内部环境要素的要求如下。

(1) 建立规范的公司治理结构和议事规则，明确决策、执行、监督等方面的职责权限，形成科学有效的职责分工和制衡机制。

(2) 董事会负责内部控制的建立健全和有效实施。监事会对董事会建立与实施内部控制进行监督。经理层负责组织领导企业内部控制的日常运行。

(3) 企业应当在董事会下设立审计委员会。审计委员会负责审查企业内部控制，监督内部控制的有效实施和内部控制自我评价情况，协调内部控制审计及其他相关事宜等。

(4) 企业应当结合业务特点和内部控制要求设置内部机构，明确职责权限，将权利与责任落实到各责任单位。

企业应当通过编制内部管理手册，使全体员工掌握内部机构设置、岗位职责、业务流程等情况，明确权责分配，正确行使职权。

(5) 企业应当加强内部审计工作，保证内部审计机构设置、人员配备和工作的独立性。

内部审计机构应当结合内部审计监督，对内部控制的有效性进行监督检查。

内部审计机构对监督检查中发现的内部控制缺陷，应当按照企业内部审计工作程序进行报告；对监督检查中发现的内部控制重大缺陷，有权直接向董事会及其审计委员会、监事会报告。

（6）企业应当制定和实施有利于企业可持续发展的人力资源政策。

（7）企业应当将职业道德修养和专业胜任能力作为选拔和聘用员工的重要标准，切实加强员工培训和继续教育，不断提升员工素质。

（8）企业应当加强文化建设，培育积极向上的价值观和社会责任感。

（9）企业应当加强法制教育，增强董事、监事、经理及其他高级管理人员和员工的法制观念，严格依法决策、依法办事、依法监督，建立健全法律顾问制度和重大法律纠纷案件备案制度。

（二）风险评估

每个企业都面临诸多来自内部和外部的有待评估的风险。风险评估的前提是使经营目标在不同层次上相互衔接，保持一致。风险评估指识别、分析相关风险，以实现既定目标，从而形成风险管理的基础。由于经济、产业、法规和经营环境不断变化，因此需要确立一套机制来识别和应对由这些变化带来的风险。

▶ **1. COSO 角度**

根据 2013 年修订发布的 COSO《内部控制框架》，风险评估要素应当坚持以下原则。

（1）企业制定足够清晰的目标，以便识别和评估有关目标所涉及的风险。

（2）企业从整个企业的角度来识别实现目标所涉及的风险，分析风险，并据此决定应如何管理这些风险。

（3）企业在评估影响目标实现的风险时，考虑潜在的舞弊行为。

（4）企业识别并评估可能会对内部控制系统产生重大影响的变更。

▶ **2. 我国《企业内部控制基本规范》角度**

（1）企业应当根据设定的控制目标，全面系统持续地收集相关信息，结合实际情况，及时进行风险评估。

（2）企业开展风险评估，应当准确识别与实现控制目标相关的内部风险和外部风险，确定相应的风险承受度。在识别内外部风险时，应关注各自的相关因素。

（3）企业应当采用定性与定量相结合的方法，按照风险发生的可能性及其影响程度等，对识别的风险进行分析和排序，确定关注重点和优先控制的风险。

（4）企业应当根据风险分析的结果，结合风险承受度，权衡风险与收益，确定风险应对策略。

（5）企业应当综合运用风险规避、风险降低、风险分担和风险承受等风险应对策略，实现对风险的有效控制。

（6）企业应当结合不同发展阶段和业务拓展情况，持续收集与风险变化相关的信息，进行风险识别和风险分析，及时调整风险应对策略。

（三）控制活动

控制活动指有助于确保管理层的指令得以执行的政策和程序，包括与授权业绩评价、信息处理、实物控制和职责分离等相关的活动。

▶ **1. COSO 角度**

根据 2013 年修订发布的 COSO《内部控制框架》，控制活动要素应当坚持以下原则。

（1）企业选择并制定有助于将目标实现风险降低至可接受水平的控制活动。

（2）企业为用以支持目标实现的技术选择并制定一般控制政策。

（3）企业通过政策和程序来部署控制活动：政策用来确定所期望的目标；程序则将政策付诸行动。

▶ 2. 我国《企业内部控制基本规范》角度

控制措施一般包括：不相容职务分离控制、授权审批控制、会计系统控制、财产保护控制、预算控制、运营分析控制和绩效考评控制等。

（1）不相容职务分离控制要求企业全面系统地分析、梳理业务流程中所涉及的不相容职务，实施相应的分离措施，形成各司其职、各负其责、相互制约的工作机制。

（2）授权审批控制要求企业根据常规授权和特别授权的规定，明确各岗位办理业务和事项的权限范围、审批程序和相应责任。企业各级管理人员应当在授权范围内行使职权和承担责任。企业对于重大的业务和事项，应当实行集体决策审批或者联签制度，任何个人不得单独进行决策或者擅自改变集体决策。

（3）会计系统控制要求企业严格执行国家统一的会计准则制度，加强会计基础工作，明确会计凭证、会计账簿和财务会计报告的处理程序，保证会计资料真实完整。

（4）财产保护控制要求企业建立财产日常管理制度和定期清查制度，采取财产记录、实物保管、定期盘点、账实核对等措施，确保财产安全。企业应当严格限制未经授权的人员接触和处置财产。

（5）预算控制要求企业实施全面预算管理制度，明确各责任单位在预算管理中的职责权限，规范预算的编制、审定、下达和执行程序，强化预算约束。

（6）运营分析控制要求企业建立运营情况分析制度，经理层应当综合运用生产、购销、投资、筹资、财务等方面的信息，通过因素分析、对比分析、趋势分析等方法，定期开展运营情况分析，发现存在的问题，及时查明原因并加以改进。

（7）绩效考评控制要求企业建立和实施绩效考评制度，科学设置考核指标体系，对企业内部各责任单位和全体员工的业绩进行定期考核和客观评价，将考评结果作为确定员工薪酬以及职务晋升、评优、降级、调岗、辞退等的依据。

企业应当建立重大风险预警机制和突发事件应急处理机制，明确风险预警标准，对可能发生的重大风险或突发事件，制定应急预案、明确责任人员、规范处置程序，确保突发事件得到及时妥善处理。

（四）信息与沟通

信息与沟通是及时、准确、完整地采集与企业经营管理密切相关的各种信息，并使这些信息以适当的方式在企业有关层级之间、企业与外部之间进行及时传递、有效沟通和正确使用的过程，是实施内部控制的重要条件。

▶ 1. COSO 角度

根据 2013 年修订发布的 COSO《内部控制框架》，信息与沟通要素应当坚持以下原则。

（1）企业获取或生成和使用相关的高质量信息，以支持内部控制的其他要素发挥效用。

（2）企业与内部沟通的内部控制信息，包括内部控制目标和职责范围，必须能够支持内部控制的其他要素发挥效用。

（3）企业就影响内部控制其他要素发挥效用的事项与外部进行沟通。

▶ 2. 我国《企业内部控制基本规范》角度

我国《企业内部控制基本规范》关于信息与沟通要素的要求如下。

（1）企业应当建立信息与沟通制度。

（2）企业应当对收集的各种内部信息和外部信息进行合理筛选、核对、整合，提高信息的有用性。

（3）企业应当将内部控制相关信息在企业内部各管理级次、责任单位、业务环节之间，以及企业与外部投资者、债权人、客户、供应商、中介机构和监管部门等有关方面之间进行沟通和反馈。信息沟通过程中发现的问题，应当及时报告并加以解决。重要信息应当及时传递给董事会、监事会和经理层。

（4）企业应当利用信息技术促进信息的集成与共享，充分发挥信息技术在信息与沟通中的作用。

（5）企业应当建立反舞弊机制。

（6）企业应当建立举报投诉制度和举报人保护制度。

（五）监控

控制环境、风险评估、控制活动、信息与沟通四要素的调整和完善需要监控来保障，通过持续监控实现内部控制的动态更新，保证内部控制的有效性，进而促进企业实现发展战略。

▶ 1. COSO 角度

根据 2013 年修订发布的 COSO《内部控制框架》，监控要素应当坚持以下原则。

（1）企业选择、制定并实行持续及（或）单独的评估，以判定内部控制各要素是否存在且发挥效用。

（2）企业及时评估内部控制缺陷，并将有关缺陷及时通报给负责整改措施的相关方，包括高级管理层和董事会（如适当）。

▶ 2. 我国《企业内部控制基本规范》角度

关于内部监督要素的要求如下。

（1）企业应当制定内部控制监督制度，明确内部审计机构（经授权的其他监督机构）和其他内部机构在内部监督中的职责权限，规范内部监督的程序、方法和要求。

（2）企业应当制定内部控制缺陷认定标准，对监督过程中发现的内部控制缺陷，应当分析缺陷的性质和产生的原因，提出整改方案，采取适当的形式及时向董事会、监事会或者经理层报告。

（3）企业应当结合内部监督情况，定期对内部控制的有效性进行自我评价，出具内部控制自我评价报告。

（4）企业应当以书面或者其他适当的形式，妥善保存内部控制建立与实施过程中的相关记录或者资料，确保内部控制建立与实施过程的可验证性。

第四节　风险管理技术与方法

风险管理的技术与方法很多，既有定性分析，又有定量分析，这取决于不同风险识别技术和方法的特点。风险定性分析往往带有较强的主观性，需要凭借分析者的经验和直觉，或者是以行业标准和惯例为风险各要素的大小或高低程度定性分级，虽然看起来比较容易，但实际上要求分析者具备较高的经验和能力，否则会因操作者经验和直觉的偏差而使分析结果失准。定量分析是对构成风险的各个要素和潜在损失的水平赋予数值或货币金额，当度量风险的所有要素都被赋值后，风险分析和评估过程及结果就得以量化。定量分析比较客观，但对数据的要求较高，同时还须借助数学工具和计算机程序，其操作难度较大。

本节主要介绍头脑风暴法，德尔菲法，失效模式、影响和危害度分析法，流程图分析法，马尔科夫分析法，风险评估系图法，情景分析法，敏感性分析法，事件树分析法，决策树法，统计推论法。这些技术与方法适用于风险辨识、分析及评价等风险评估各阶段。

一、头脑风暴法

头脑风暴法是通过小型会议的组织形式，诱发集体智慧，相互启发灵感，最终产生创造性思维的一种风险管理技术与方法。它适用于在风险识别阶段充分发挥专家意见，对风险进行定性分析。

头脑风暴法激发了专家想象力，有助于发现新的风险和全新的解决方案；主要的利益相关者参与其中，有助于进行全面沟通；速度较快并易于开展。但采用头脑风暴法时，参与者可能缺乏必要的技术或知识，无法提出有效的建议；头脑风暴法的实施过程和参与者提出的意见容易分散，较难保证全面性；集体讨论时可能出现特殊情况，导致某些有重要观点的人保持沉默，而其他人成为讨论的主角。

二、德尔菲法

德尔菲法又称专家意见法，是在一组专家中取得可靠共识的程序，其基本特征是专家单独、匿名表达各自的观点，同时随着过程的进展，他们有机会了解其他专家的观点。德尔菲法采用背对背的通信方式征询专家小组成员的意见，专家之间不得互相讨论，不发生横向联系，只能与调查人员发生关系。此方法适用于在风险识别阶段，专家取得一致性意见的基础上，对风险进行定性分析。

采用德尔菲法的优点：由于观点是匿名的，专家更有可能表达出那些不受欢迎的观点；所有观点都有相同的权重，避免重要人物的观点占主导地位；专家不必聚集在某个地方，实施比较方便；专家最终形成的意见具有广泛的代表性。其缺点主要有：权威人士的意见难免影响他人的意见；有些专家可能碍于情面，不愿意发表与其他人不同的意见；有的专家可能出于自尊心而不愿意修改自己原来的意见；过程比较复杂，花费时间较长。

三、失效模式、影响和危害度分析法

失效模式、影响和危害度分析法可用来分析、审查系统的潜在故障(或称失效)模式。从因果关系出发，通过对系统各部件的每一种可能潜在的故障模式进行逐一分析，找出所有潜在的失效模式，并分析其可能的后果，从而预先采取必要的措施，以提高系统可靠性的一种活动。即通过辨识系统失去效用后的各种状况，分析其影响，并采取相应措施的方法。

适用于对失效模式、影响及危害进行定性或定量分析。失效模式、影响和危害度分析法适用广泛；识别组件失效模式及其原因和对系统的影响，同时用可读性较强的形式表达出来；能够在设计初期发现问题，因而避免了开支较大的设备改造；识别单个失效模式，以适合系统安全的需要。但此方法只能识别单个失效模式，无法同时识别多个失效模式；除非得到充分控制，并集中精力，否则采用此法较耗时，且开支较大。

四、流程图分析法

流程图分析法是对流程的每一阶段、每一环节逐一进行调查分析，从中发现潜在风险，找出导致风险发生的因素，分析风险产生后可能造成的损失，以及对整个组织可能造成的不利影响。

流程图分析法适用于对企业生产或经营中的风险及其成因进行定性分析。此方法清晰明了，易于操作，且组织规模越大，流程越复杂，流程图分析法就越能体现出优越性。但绘制流程图必须具有较高的专业素质，因此该方法的使用效果依赖于专业人员的水平。

五、马尔科夫分析法

马尔科夫分析法又称马尔科夫转移矩阵法，是通过分析随机变量的现时变化情况来预测这些变量未来变化情况的一种预测方法，是一种时间序列分析方法。

马尔科夫分析法适用于对复杂系统中的不确定性事件及其状态改变进行定量分析。它能够计算出具有维修能力和多重降级状态的系统的概率。但此方法假设状态变化的概率是固定的；所有事项在统计上都具有独立性，因此，未来的状态独立于一切过去的状态；需要了解状态变化的各种概率；有关矩阵运算的知识比较复杂，非专业人士很难看懂。

六、风险评估系图法

风险评估系图法又称风险矩阵、风险坐标图，指按照风险发生的可能性和风险发生后果的严重程度，将风险绘制在矩阵图中的风险管理方法。

风险评估系图法适用于对风险进行初步的定性分析。作为一种简单的定性方法，为企业确定各项风险重要性等级提供了可视化的工具，直观明了。但此方法需要对风险重要性等级标准、风险发生可能性、后果严重程度等做出主观判断，可能影响使用的准确性；所确定的风险重要性等级是通过相互比较确定的，因而无法将列示的个别风险重要性等级通过数学运算得到总体风险的重要性等级；如需进一步探求风险原因，则采用该方法过于简单，缺乏经验证明和数据支持。

七、情景分析法

情景分析法可用来预计威胁和机遇可能发生的方式，又称前景描述法，是假定某种现象或某种趋势将持续到未来的前提下，对预测对象可能出现的情况或引起的后果做出预测的方法。

情景分析法适用于对企业面临的风险进行定性和定量分析。对未来变化不大的情况能够给出比较精确的模拟结果。但在存在较大不确定性的情况下，模拟的有些情景可能不够现实；对数据的有效性，以及分析师和决策者开发现实情境的能力有很高的要求；将情景分析法作为一种决策工具，所用情景可能缺乏充分的基础，数据可能具有随机性。

八、敏感性分析法

敏感性分析法指从众多不确定性因素中找出对项目经济效益指标有重要影响的敏感性因素，并分析、测算其对项目经济效益指标的影响程度和敏感性程度，进而判断项目承受风险能力的一种不确定性分析方法。

敏感性分析法适用于对项目不确定性对结果产生的影响进行定量分析。它为决策提供有价值的参考信息；清晰地为风险分析指明方向；帮助企业制定紧急预案。但此方法所需的数据经常缺乏，无法提供可靠的参数变化；分析时借助公式计算，没有考虑各种不确定因素在未来发生变动的概率，因此，其分析结果可能和实际相反。

九、事件树分析法

事件树分析法是一种按事件发展的时间顺序，由初始事件开始推论可能的互斥性后果，从而进行危险源辨识的方法。即以树状图形的方式分析风险事件间因果关系的方法。

事件树分析法适用于具有多种环节的故障发生以后，对各种可能后果进行定性和定量分析。此方法以清晰的图形显示了经过分析的初始事件之后的潜在情景，以及缓解系统或功能成败产生的影响；它能说明时机、依赖性，以及很烦琐的多米诺效应；它生动地体现事件的顺序。但在此方法下，一切潜在的初始事件都要进行识别，这可能需要使用其他分析方法，但总有可能错过一些重要的初始事件；事件树只分析了某个系统的成功及故障状况，很难将延迟成功或恢复事项纳入其中；任何路径都取决于路径上以前分支点处发生的事项。因此，要分析各可能路径上的众多从属因素。然而，人们可能会忽视某些从属因素。如果不认真处理这些从属因素，就会导致风险评估过于乐观。

十、决策树法

决策树法是一种利用概率论的原理，用树形图来描述各方案在未来收益的计算比较及选择的方法，其决策是以期望值为标准进行的。

决策树法适用于对不确定性投资方案的期望收益进行定量分析。具有层次分明、逻辑清晰的特点，能够使决策者有步骤地进行决策；能够计算到达一种情形的最优路径。但大的决策树可能过于复杂，不容易与他人交流；为了能够用树形图表示，可能有过于简化环境的倾向。

十一、统计推论法

前推是应用最为广泛的类型，指根据历史的经验和数据出发，向前推测未来事件可能发生的概率及其后果。后推是把未知的想象事件及后果和某一已知事件及后果的联系来推断该未知事件的风险。旁推是利用类似项目的数据进行统计推论，利用某一项目的历史记录对新的类似项目可能遇到的风险进行评估和分析。

统计推论法适合于各种风险分析预测。在数据充足可靠的情况下简单易行，应用领域广泛。但由于历史事件的前提和环境已发生了变化，不一定适用于今天或未来；没有考虑事件的因果关系，使推论结果可能产生较大偏差。

本章小结

通过本章的学习，我们掌握了企业面临的主要风险，包括外部风险和内部风险。企业围绕总体经营目标，通过在企业管理的各个环节和经营过程中执行风险管理的基本流程，培育良好的风险管理文化，建立健全风险管理策略、风险理财措施、风险管理的组织职能体系、风险管理信息系统和内部控制系统，从而为实现风险管理的总体目标提供合理保障的过程和方法。

企业面临的外部风险主要包括政治风险、法律风险与合规风险、社会文化风险、技术风险、市场风险；内部风险主要包括战略风险、运营风险和财务风险。风险管理的基本流程主要包括收集风险管理初始信息、风险理财措施、风险管理的组织职能体系、风险管理信息系统、内部控制系统。风险管理技术与方法主要有头脑风暴法，德尔菲法，失效模式、影响和危害度分析法，流程图分析法，马尔科夫分析法，风险评估系图法，情景分析法，敏感性分析法，事件树分析法，决策树法，统计推论法。

课后自测

【即测即练】

【简答题】

1. 简述内部控制目标及要素。
2. 从企业制定与实施发展战略角度阐明企业战略风险具体体现。
3. 依据《中央企业全面风险管理指引》，简述财务风险主要包括哪些方面。

【案例分析题】

"顺风出行"创建于 2012 年。经过几年的发展，"顺风出行"从一个出租车打车软件平台，成长为涵盖出租车、专车、快车、顺风车、代驾及大巴等多项业务的一站式出行平台。

"顺风出行"的顺风车业务定位于"共享出行"，旨在进一步释放闲置车辆的利用效率。为了调动广大车主和乘客参与的积极性，"顺风出行"有意突出了其社交属性，"就像咖啡馆、酒吧一样，私家车也能成为一个半公开、半私密的社交空间"。然而，这一思路给顺风车业务带来灾难性的后果。

2018 年 5 月和 8 月，顺风车连续两次发生了女乘客被车主杀害事件，引发社会舆论轩然大波。有关政府部门在第一时间约谈"顺风出行"，责令全面整改。在"顺风出行"承诺给予被害者巨额赔偿后，国内一家主流报刊发文评论，"生命安全是人类最基本的需求，网络平台不能把资本思维凌驾于公共利益之上"。随后"顺风出行"发布公告，自 8 月 27 日起下线全国顺风车业务，进行内部整改。之后，顺风车开展了多项整改措施。

（1）调整产品定位和属性。坚决摒弃社交思路，回归顺风车"顺路"属性。顺风顺风车永久下线用户真实头像、性别等个人信息展示；限制车主接单次数，确保无法挑单；去掉非行程相关的评价标签，防止隐私泄露等。

（2）完善安全管理控制体系。顺风顺风车安全管理优化了 226 项功能，聚焦真正顺路、真实身份核实，以及全程的安全防护。

（3）改善激励机制与约束机制，打造友善出行环境。顺风顺风车将原有的"信任值"升级为"行为分"，更有效地引导车主和乘客双方在平台上的"好行为"。同时，顺风顺风车为用户每次行程免费提供最高 120 万元/人保额的驾乘人员意外险。

下线整改一年多后，2019 年 11 月 20 日上午 9：00 起，顺风顺风车终于开启试运营。

要求：

（1）简要分析"顺风出行"在 2018 年所面临的法律与合规风险；

（2）简要分析"顺风出行"实施收缩战略的原因和方式。

【综合测试】

参 考 文 献

[1] 中国注册会计师协会. 公司战略与风险管理(2009 年度注册会计师全国统一考试辅导教材)[M]. 北京：经济科学出版社，2009.

[2] 中国注册会计师协会. 2008 年度注册会计师全国统一考试辅导教材：审计[M]. 北京：经济科学出版社，2008.

[3] 王际峰. 公司战略与风险管理[M]. 北京：中国人民大学出版社，2021.

[4] 吕文栋. 公司战略与风险管理[M]. 北京：中国人民大学出版社，2020.

[5] 杨锡怀. 企业战略管理：理论与案例[M]. 第 4 版. 北京：高等教育出版社，2016.

[6] 蓝海林. 企业战略管理[M]. 北京：科学出版社，2022.

[7] 张东生，李艳双. 企业战略管理[M]. 北京：机械工业出版社，2018.

[8] 武艳，等. 企业风险管理[M]. 北京：清华大学出版社，2021.

[9] 上海国家会计学院. 企业风险管理[M]. 北京：经济科学出版社，2012.

[10] 肖智润. 企业战略管理：方法、案例与实践[M]. 北京：机械工业出版社，2018.

教师服务

感谢您选用清华大学出版社的教材！为了更好地服务教学，我们为授课教师提供本书的教学辅助资源，以及本学科重点教材信息。请您扫码获取。

≫ 教辅获取

本书教辅资源，授课教师扫码获取

≫ 样书赠送

企业管理类重点教材，教师扫码获取样书

 清华大学出版社

E-mail: tupfuwu@163.com
电话：010-83470332 / 83470142
地址：北京市海淀区双清路学研大厦 B 座 509

网址：https://www.tup.com.cn/
传真：8610-83470107
邮编：100084